生與羅

新關係
生命花園
合訂版

目次

合訂版序　　　　　　　　　　　　　　　　　004

脈絡

我們的關係計畫　　　　　　　　　　　　　010
花園中的生活：一則寓言　　　　　　　　019
共振與愛的狀態的本質　　　　　　　　　023
親密與溝通　　　　　　　　　　　　　　028
分享感受與情緒　　　　　　　　　　　　051

發現力量↔面對焦慮

成敗之間：自我憎恨與自我疼惜　　　　　063
從「物」到「人」，從物化到融入　　　　074
自我價值感、鏡映與自我疼惜　　　　　　089
理當享權　　　　　　　　　　　　　　　094
存在焦慮：人生在世的挑戰　　　　　　　100
定位：在時空中找到自由　　　　　　　　107

關係的階段

關係週期　　　　　　　　　　　　　　　120
浪漫期　　　　　　　　　　　　　　　　126
權力爭奪期　　　　　　　　　　　　　　134
　‧外在權力──內在力量連續體　　　　144
　‧再談外在權力與內在力量導向的區別　157
整合期　　　　　　　　　　　　　　　　173
承諾期　　　　　　　　　　　　　　　　182
共同創造期　　　　　　　　　　　　　　188

走過循環的週期

混沌與關係	192
從權力爭奪期進入整合期，之一	202
從權力爭奪期進入整合期，之二	220

愛的狀態

性欲	236
愛的狀態的面向	260
和諧的花園	288

健康與療癒

在病症與健康中學習	293
過敏症與畏懼症：關於自我界定的問題	303
多發性硬化症、癌症及難治之症：我們的進路	310
擺脫憂鬱	328
能量觀與健康	338

本書為《新生命花園》與《新關係花園》兩書之合訂精編版。兩書皆由張老師文化出版中譯本，譯者分別為易之新（《新關係花園》）與傅馨芳（《新生命花園》）。為維持閱讀的流暢性與設計一致性，正文中不另標註譯者姓名。以下為章節歸屬對照——

易之新：〈脈絡〉、〈關係的階段〉、〈走過循環的週期〉、〈愛的狀態〉。
傅馨芳：〈合訂版序〉、〈發現力量↔面對焦慮〉、〈健康與療癒〉。

合訂版序

一本新書

　　這本新書融合了我和黃煥祥（Bennet Wong）之前寫的兩本書——《新生命花園》（Being）和《新關係花園》（Joining）——的主要章節。它們最初是為說英語的讀者寫的，後來才被翻譯成中文。這兩本書經過多年不定期的編修和再版，不斷演進。英文版的銷售量顯示，多數人先讀的是《新生命花園》。但中文版的讀者情況不同，他們顯然更喜歡《新關係花園》。

　　這是第一次將我們的理念以中文版為首發的書，我們沒有計劃以英文出版此書。本書的編輯和校對者都是母語為中文的人士。

　　其實，《新生命花園》和《新關係花園》一直都是一體兩面，是彼此的陰與陽。現在，它們首次在這本書裡合體，融合了原先的《新生命花園》裡的訊息和《新關係花園》裡的素材。這些相互關聯的理念經過整合後，提供給讀者一個更為全觀的視角。

　　我和煥祥於一九八七年第一次受邀到中國去發表我們的理念。在我們其餘共事的職涯中，我們曾多次回到亞洲。許多人對本書的演進做出了貢獻，多得無法在此短短的介紹中提及。我記得你們是誰，且在寫此序時心念著大家。

　　但如果我不提到一個人，就太失禮了，那就是李聖潔女士。我對我們數十年來的工作關係銘感於心。最初張老師文化提出以這種形式出版本書，並與她達成共識，在將之實現的過程中的每一個環節都有她孜孜不倦的身影。

我們的關係實驗

如果我們放下我們的防衛，我們就會自然而然、毫不費力地進入親密關係。

——黃煥祥

五十多年前我和煥祥決心投入一項科學研究，這項研究有個非比尋常的目標：我們要探究如何深化和擴展兩人之間的關係。我們研究的關係就是我倆的關係。我們研究自己，並與對方分享我們的覺察。

我們都是醫學專業人士。煥祥是名醫師，並受過精神醫學的高階培育，我的專業則是西醫和中醫療法。在我們進行關係實驗過程中，我們在診療室和團體課程中與我們協助的對象分享我們的心得。我們逐漸發展出一個開啟自我內在學習和人際關係中學習的方法。最初我們開始以短篇論文發表我們的發現，然後將之寫成我們的體驗學習課程所使用的手冊。最後，我們將實驗結果出版為兩本書，《新生命花園》（Being: A Manual for Life）和《新關係花園》（Joining: The Relationship Garden）。第一本聚焦於自我個體的發掘；第二本闡述關係中的體驗。

我們的方法簡單明瞭——我們同意盡可能坦誠以對。我們同意每當對方詢問時，分享我們的想法、感受和觀點。我們同意不含糊其詞或欺瞞。我們同意近乎絕對的誠實，好能了解彼此的個人和私人生活。我們同意在感到難以化解的情緒時，讓彼此知道，並分享當下的正面及負面感受，而非僅以表面禮貌，且戴著面具來隱藏深層的自己。當我們發現這種方式，在自己防衛或責怪對方時尤為困難，有時甚至因意料之外或強烈的情感而感到害怕。我們的目標是與彼此同在，並於發現做不到時坦承不諱。我們同意對自己的想法、感受和行動承擔全部的責任。

我們兩人都崇尚存在主義的一個觀念，那就是——每個人就根本而言，都

是單一的人格結構。我們也崇尚東方的全觀視角，認為每個人的深層本質乃是與全人類，甚至整個自然界和宇宙合一的。

我們試圖變得愈來愈毫無保留地對待彼此。當然，這種方式頗為特別，畢竟我們是維持著專業醫療同事關係的兩個男人。我們會於平日工作前在我們的辦公室碰面，分享彼此的恐懼、焦慮、希望、夢想、心願。我們決心本著科學精神去探究這一切，去學習。我們承認自己的偏見、固著、滯礙、局限，並學習更加直接、開放地表達自己。就這樣，我們愈來愈深入地認識彼此和自己。我們將這些學習成果透過研討會、演講、著作分享給他人，直到煥祥於二零一三年過世。

關係與生命

這本新書的宗旨是將我和煥祥在漫長的友誼中學到和分享的點點滴滴加以更新，並將這樣的觀點與大家分享，我們努力將東西方的智慧融會貫通。

西方所發展出來的個人自我成長，局限於自我人格結構的調整，而實現此目標的途徑就是將思維上的洞見付諸行動。人們當然可以透過獲得洞見，在思想、感受、知覺上達到比較平衡的狀態。但另有一個更深入，超越思想、概念和文化極限的觀點，那就是學習活在每個當下，然後愈來愈安住在發自心的主觀生命覺知。

這進階的一步可以從古老的東方智慧中取得。在中國古籍《易經》中，有兩個世界，一個是時空的現象世界，另一個是現象世界生生滅滅的背景世界。現象世界是一個充滿個別物體的世界。這兩個世界自古以來便交織於中國文明的歷史和演進當中。中文獨特的語法和社會結構就是源自《易經》所蘊含的思想。

我們的學員很喜歡東西融合所帶來的豐富性，這讓他們不僅能認識身為個

體的自己，也能認識處於關係中的自己。

我希望這本新書對你的生命旅程和愛的關係也有所幫助。

當兩人發自內心深處地了解彼此，他們的言語芬芳又濃郁，一如蘭花的香氣。[1]

——孔子

心存感激的麥基卓，二零二四年十二月

1　譯註：原文「同心之言，其臭如蘭」，出自《易經・繫辭上》。《繫辭》分上下兩篇，為《十翼》之一，相傳為孔子註釋《易經》所作，用以闡釋《易經》卦辭之義。

終有那麼一天，
在駕馭風、控制潮水、利用地心引力之後，
我們終將運用上帝大愛的能量。
在那一天，
人類有史以來第二次，
發現改變世界的火。

———德日進（Pierre Teilhard de Chardin）[1]

---

[1] Pierre Teilhard de Chardin, from "The Evolution of Chastity" (1934), as quoted in E.H. Sell, The Spirit of Loving (Boston: Shambhala, 1995), preface, p.6.

脈絡

我們的關係計畫

煥祥：那一年是一九七〇年，當時我從事精神科私人執業已有十年，專長是青少年問題。那十年正是「嬉皮革命」如火如荼進行的時代，我充滿興奮之情，覺得眼前有一個可能實現的夢。我的老師就是那些青少年；當我努力了解橫掃社會的現象時，我的同仁對叛逆的力量充滿困惑，無法提供什麼資訊或支持。我在專業社群中常常覺得非常孤獨，有時甚至受到明顯的排斥。當時的處境重新喚起我內在的童年痛苦，只有在辦公室進出的無數青少年與我分享情緒時，才使我稍得慰藉。

基卓：我的童年受到同儕排斥，非常寂寞，大學時，學業和社交的成功使我的痛苦大為減輕。一九七〇年，我新婚不久，前往西岸實習，想到自己能改善別人的生活，就滿懷興奮之情。我在醫學訓練的後期，接觸街頭幫派的年輕人，幫助他們處理毒品和退學問題時，找到有意義的存在感。我的目標是完成醫學院的實習後，專攻精神科，好讓我的工作能更有效。我離開街頭診所時，受到許多年輕人祝福，他們建議我去找溫哥華的精神科醫師黃煥祥（Ben Wong）。我安頓好卑詩省新西敏區皇家哥倫比亞醫院的實習工作後，就準備拜訪煥祥，想和他討論是否可能在他的診所安排一部分實習課程，向他學習。我很有自信，他一定會像我受訓時的其他良師一樣接受我，因為我知道如何給別人留下深刻的印象。我穿著時髦的衣服，留有一頭鬈曲的長髮和配合時尚的八字鬍，他立刻就會知道我很「進入狀況」，了解他熟悉的青少年文化！

煥祥：我當時很納悶，「這位年輕醫師想從我這裡學到什麼？我猜等他一現身，我立刻就會知道了。」接待員通知麥基卓（Jock McKeen）醫師到達，聽到敲門聲時，我請他進來，門打開時，我起身準備握手，但一時間整個人完全愣住！我驚訝地看著這位年輕的麥基卓醫師，他全然是歌手東

尼‧奧蘭多（Tony Orlando）的翻版，八字鬍、鬢角和其他打扮！我實在忍不住，放聲大笑說：「你一定是在尋我開心！」坐定之後，我和基卓正式討論，立刻發現他是典型的自戀狂，但他也很快展現出機靈的一面，充滿好奇心和冒險心，願意嘗試與成長，以及渴望全心投入和參與的熱情。他年輕、敏捷的身體裡，擁有古老的靈魂！會面不到十五分鐘，我就知道我們注定會共同創造出一些東西。我告訴他，我相信我們將來可以一起工作。這句話似乎讓他很高興。

那次重要的會面後，我們就計畫接下來的學習方式。由於精神醫學並沒有訓練基卓特別感興趣的領域，煥祥勸他不要接受精神醫學的專科訓練，最後，基卓遠赴英國牛津研習針灸和傳統中醫。從此以後，我們就全心投入東、西方哲學與各種療癒傳統的結合。

你們很可能會問：「為什麼**兩個大男人**合寫一本關於愛的狀態和親密發展階段的書？他們怎麼可能了解這種事？因為這些事通常涉及一個男人和一個女人，或是一群家人。」第二版的《關係花園》出版時，我們已在一起共度四十三年，這段期間中，愛的狀態與親密的學習是我們關切的核心。兩人都是受過專業訓練的科學家：煥祥在拿到醫學學位後研習精神醫學和精神分析；基卓在醫學院畢業後，接受傳統中醫和針灸訓練。兩人都醉心於宗教和靈性，也都非常投入與人密切的工作，探索這些人關心的事。我們遇見的大多數人最關心的就是關係與愛的狀態，卻找不到任何權威能回答「什麼是愛？」、「什麼是親密？」，以及「我如何深入一份關係，而不失去自我？」這些是我們嘗試回答的問題。

計畫

多年來，我們投入一起自我探索的計畫。在七〇年代的探索精神中，我們一致同意要一起探索什麼是真正的親密。我們所謂的「親密」（intimacy）是

指彼此深入了解對方，互相坦露自己；這個字的拉丁文來源是 intimus，意指「內部」。打從一開始，我們就像兩個有興趣探索的科學家，盡其所能投入這個研究。我們的基本規則很簡單，但很嚴格，就是互相同意向對方打開內心世界，意思就是其中一人可以詢問：「你正在想什麼？」另一人同意就自己當時所知，盡可能地回答。但我們有一項保留條款，可以回答「我選擇不告訴你」。當煥祥嚴守口風，不讓基卓事先知道生日禮物是什麼的時候，就幽默地顯明這個條款的重要了；因為嚴格要求說出一切，就會破壞拿到禮物時的驚喜。所以誠實地坦露自己也包括可以坦率地有所保留。

同樣地，我們同意盡可能自發地互相分享自己的感受、知覺和評斷，所以不需要提出詢問，各人的責任就是願意提供這些資訊，好讓對方能加入自己的世界。一開始，基卓並不擅於此道，他做好心理準備，願意提供純然的事實，可是他不了解煥祥要的是**細節**！於是，我們開始分辨真實卻冷冰冰的摘要報告和具體的坦露有何不同，我們想要分享，為的是更深入經驗：包括每一刻的思緒、感受、知覺和印象。身為訓練精良的科學家，我們需要使勁掙扎，努力進到更深處，進入活生生的**個人**存在層面。我們從報告的**客觀**世界轉進不同的領域，需要發展自己的語言和溝通方式，才能分享生活中**感受到的經驗**。

我們在這項計畫中磨合、發展出「溝通模式」（Communication Model），基本規則雖然簡單，卻非常嚴格，我們會在本書與其他地方加以探討。欺騙是親密的敵人，基卓發現自己是個騙子，他並非刻意如此，而是因為一輩子都嘗試以最適當的表現贏得別人的鍾愛和肯定。我們過去並沒有練習自我坦露，而是遵循欺騙、隱瞞、大事化小、轉移話題的方式；換句話說，我們發現自己採用的是社會既定的各種方式，卻妨礙坦誠的溝通。「溝通模式」幫助我們以耐心通過這道障礙。

我們從一開始就抱持一項重要的態度：沒有真理，也沒有客觀的真實。我們各有自己的經驗，這個經驗受自己過往時光、既有成見的汙染，除此之外沒有「真理」。所以我們可以不從對錯的角度分享自己的觀點，這有助於我們在

脈絡

關係的發展中，不以指責的方式對待彼此，各人完全為自己**負責**。由於沒有人是**對或錯**，我們就只是分享自己的觀點和看法，任何情況中都不需要決定誰是「正確」的。所以，我們避免了大多數人身陷其中的規範結構。

基卓：我們對自己的具體發現，以及對關係的整體認識，可說是美好得令人讚嘆！在這同時，我內心深處被一種不安的煩惱折磨，那是一種難以言傳、莫名所以的恐懼，連我自己都無法解釋。潛意識求生存的需求常常把我擊倒，我開始體認每當我與煥祥特別親近時，就會找出許多理由減少見他的次數，我太忙啦，或是和別的事撞期，接下來就是連續幾週不打電話給他。在過去的關係中，別人最後都會主動與我聯絡，煥祥卻從不這麼做。我感到非常困惑！

一開始，我們各有自己的婚姻，兩人是社交關係，都對心理方面有學術興趣。我們發現共處的時光非常刺激、興奮。基卓學完針灸從英國返回後，在煥祥隔壁開業，兩人共用一間候診室。我們每天見面討論看病人的經驗（沒錯，他們在那個時代被稱為「病人」，我們當時尚未跳脫治療師和病人的醫學模式），討論自己如何處理病人、什麼方式對病人最有效。當然，我們是以心理學的角度處理病人，都相信人只有改變態度和生活方式才能改變人生，即使病人的問題是身體上的不適，我們最大的興趣仍然在於他們如何與自己的世界建立關係。探索的媒介往往是我們與他們之間建立的關係，許多人都敞開地分享生活中的親密與痛苦，也就是在治療關係中向我們敞開。

討論病人的臨床問題時，我們的興趣都在於如何與病人有更深的接觸；我們和他們的接觸愈有意義，他們就愈能得到扎實的收穫，進而處理生活的問題。換句話說，如果我們愈了解他們，他們就愈了解自己，能從不同的角度來看自己的生活，進而促進療癒。所以，我們想知道，有什麼東西會妨礙我們更深入地了解他們。

其中一個障礙就是我們被訓練出來的專業距離。病人向我們分享自己的生

活和問題是被接受的，但我們卻被教導要與他們保持客觀的距離，這種方式顯然使我們無法全然投入治療。於是在時代精神的影響下，我們決定嘗試敞開自己，更以「人」的方式陪伴案主（當我們敞開自己願意分享時，「病人」就成為「人」而不是「物」，所以現在改稱「案主」而不是「病人」）。可是我們發現自己會有防衛，以自己的偏見限制案主，還有認為事情「應該」如何的僵化態度，而不是單純地欣賞他們。

我們在一起討論「案主」的晨間會議中，開始注意自己身為人的限制如何局限了我們與他們的關係，我們想要找出自己的心牆和防衛，克服我們與人保持距離的習性，好讓療癒的過程更深化。我們決定在這種精神下，探索自己如何設下障礙，與對方保持距離。簡言之，我們決定看看彼此能親近到什麼程度，並解決每一個妨礙親近的心理防衛作用。

我們開始談論自己的感受以及對彼此的感受，這才發現我們多麼不敢也不擅於把感受化為言詞。我們能自在地在餐廳搶著付帳，或互相讚美對方，作為關心、喜歡對方的表現，卻很難直接說：「我喜歡你這一點。」更困難的是直接說出負面的話，但負面部分是必然會浮現的。我們過於客氣，無法說：「我不喜歡你這一點。」我們了解要使親密愈來愈深入，就必須說出正面和負面的感受。付諸實行後，我們的晨間會議出現重大的突破，沒多久就不再多談案主的情形，而愈來愈常討論對彼此和對自己的感受。這個歷程需要耗費更多時間，我們為了這個「歷程」，開始提早一小時到辦公室，然後是一個半小時，接著是兩小時。每天工作結束時，也會討論當天的想法和感受，以保持密切聯繫。每天晚上又再花一小時打電話分享。我們愈熟悉彼此，就愈了解自己，以及兩人共有的歷程。每當我們在晨間會議有什麼新的發現，接著就會驚訝地看見同樣的問題出現在當天許多案主身上，好像我們必須先面對自己的問題和自身的關係問題，才看得見別人身上的相同問題。於是我們開始建立理論：專業人員只能陪伴案主走到專業人員本身準備好要去的地方。

案主非常著迷，可能也有一點吃驚，他們開始把會談中學習的人際技巧應

用到家人和朋友身上。我們發現他們提早抵達診所，和我們的祕書聊天（她也參與這種方式的人際溝通），案主間開始互相談話，在候診室發展友誼！由於我們的案主包括非常不同類型的人，因此產生一些有趣的動力。煥祥的案主大部分是青少年，他們要處理的是人生方向和親子、學校問題；基卓的案主是上了年紀的人，他們為了西方醫學無法處理的慢性疼痛和特殊疾病而接受針灸治療。候診室成了這兩群人的熔爐，他們真心欣賞彼此，從相互的關係中學習。矮小的老太太帶餅乾給小太保吃；我們一直不確定年輕人帶了什麼玩意兒回報老人家！

令人驚訝的是，我們發現這些人對彼此愈來愈感興趣，對「醫生」反而漸漸失去興趣。他們甚至互邀對方在自己的約診時間前來，在會談中愈來愈對自己負責。一天的工作結束時，辦公室常常聚集了好幾個人，他們是在會談後自動留下來的。於是我們有了團體溝通的歷程，案主的問題則日漸改善！

接下來我們開始到鄉間帶領短期的住宿體驗學習團體，這些工作全部用團體方式進行。我們在候診室和辦公室的經驗中，已看見團體工作的效果。大家在團體中的收穫使我們感到振奮，如此豐碩的成果遠超過個別諮商的有限工作。團體歷程有助於避免卡爾·華特克（Carl Whitaker）針對個別心理治療所說的「情緒相姦」（emotional incest）。[1] 我們開始夢想擁有一座農場或鄉間場所，成為大型的候診室，讓眾人同聚一處、彼此相會、互相了解、幫助對方得到療癒。

接下來，我們開始同住一處，除了專業的工作時間，還能共享私人時光。

---

[1] 華特克（1912-1995）是精神科醫師與開創性的家族治療師，曾在一九八〇年代到海文學院教學。他的取向是反傳統的，有時會用出乎意料的說法撞擊參與者，常常直搗事情的核心。他斷言個別治療是「情緒相姦」，即為一例。他拒絕以個體的方式看人，相信要從整個家庭與社會系統的角度來看案主，才是唯一有價值的取向。譯註：情緒相姦，出自私下談話的內容，意指個別治療中，治療師和案主常常沉溺在相互的關係、深刻的對話中，但沒有貼近真實的生活。

當時，我們各自和妻子分居，兩人的兒子都和母親同住，所以我們都是自由的，於是兩個單身漢決定同住。處理家務時，我們讓每一件事都成為學習的機會，沒有任何事是微不足道而不需要探索的。禪的傳統中，每一分鐘都是永恆，每一個小動作都包含整個宇宙。我們會為最微小的細節討論、檢視、爭辯，學習觀察共同洗碗時的優美和拙劣之處。一起用餐時，看我們如何在食物的選擇與料理中分擔工作，可說是充滿了美感。如果基卓為煥祥拿了一個他不需要的湯匙，就會因為缺乏「當下的同在」而產生一長串討論與探索。

簡言之，我們學習要在當下彼此**同在**，並在發現失去當下的同在時，願意承認。我們變得對彼此非常敏銳，失去這種敏感度時就加以承認。

煥祥：我們的計畫非常成功！我可以清楚感受到兩人之間的接觸逐漸滋長！我突然想起高中時寫了一篇作文，標題是「我的摯友」，我在其中詳細描寫自己和一位想像中的摯友間所有可能的情形。老師顯然對我坦露內心的願望感到不安，她雖然給我「優等」的分數，卻附加了一小段話，提醒我永遠不要把文章內容向任何人坦露！基卓和我現在活出了我在二十二年前的作文所描述的一切細節。

雖然經歷這種實驗的是兩個男人，但我們把自己看成兩個想測定愛的狀態要素的人，**一起探索親密關係**。我們在共同生活、探索的過程中發現關係中的許多要素，也了解這些原則適用於任何關係。我們的課程教導大家認識這些要素，是任何長期或短期關係都會發生的共通歷程和議題，因此，人們可以與不認識的人在週末工作坊一起處理短期關係的相處模式。同樣地，共度多年時光的人就像剛開始互動的人一樣，也有相同的議題需要處理。

關係的性質也不重要。只要任何兩個人願意承諾對彼此誠實、好奇，就可以產生深入的親密關係。這個原則不但對同性與異性的伴侶非常重要，也適用於朋友、親子、手足與同事。

脈絡

克服控制

我們在關係的初期就體認到想要控制對方的迫切渴望：我們愈能控制，就愈覺得有安全感。可是我們也發現所有種種的控制最終都會破壞關係，因此下定決心要揭露所有可能出現的控制動機和手段。可是，我們怎麼知道自己是在控制，還是單純的渴望呢？如果我們所做的只是渴望某件事發生，當沒有得到自己想要的結果時，就會坦然接受事實；如果我們想控制對方，在達不到目的時就會覺得怨恨、生氣。

基卓：我現在了解自己從親密中退縮的模式是因為恐懼，我一生都害怕被人擄獲，我相信別人與我的接觸都是想從我這裡得到某些東西，目的是為了他們自己的快樂。為了徹底擊潰他們，我學會以絕佳的方法在他們抓住我之前先抓住他們，包括引誘、討好、成就和偽裝，目的都是要別人照我的意思來做。煥祥卻是全然不同的人，他對我一無所求，也不會糾纏我，不管我怎麼努力都沒有用！我不知道如何面對這種情形。

煥祥：我的朋友很關心我與基卓的關係，他們認為他想利用我，從我這裡學到他需要的東西之後就會拋棄我，讓我心碎、受傷。我只能一再向他們保證，我知道他當然會試圖這麼做，但我非常了解自己，我不會付出自己不想給予的東西，我如果被人操縱，也是出於自願。我知道我們唯一需要憂心的是自己到底想做什麼，如果投入一件事，自己就要為結果負責。我覺得可以和基卓一起實現年輕時的幻想。

基於需求而建立的關係必然是控制的關係，控制的人容易把自己的重心放在別人身上，分手時就成為充滿怨恨與憤怒的受害者。相反地，完整的人在失落時會覺得哀傷，但是沒有怨恨。匱乏的人會彼此糾纏，缺少適當的界線，無法成長。完整的人在關係中會更成為自己，關係成為滋養每一個人的花園，包括孩子與成人，讓人成長、茁壯、完全發揮潛力。即使兩人分手，也能繼續欣賞彼此曾有的學習。

基卓：煥祥是我靈魂轉化與展現之旅的引領者。我走過好幾個階段，了解自己在尋找什麼。我在初期會說：「我的靈魂希望被人看見。」稍後，等我較不害怕親近的接觸時，我的話就變成：「我的靈魂希望被人碰觸。」一旦我穿越依賴的需求，了解自己不需要被愛，而是需要去愛人時，就說：「我的靈魂需要誕生。」

關係花園

打從一開始，我們就把目標訂為關係花園的照料和維護，兩人都能在其中得到最好的成長。即使這項任務需要投入難以計算的時間和精力（四十三年中，我們每年看不到對方的時間只有幾天而已），我們相信自己的發現可以幫助別人在自己的時間架構中得到相同的結果。我們共同活出本書的原則，長達四十餘年，在其間經歷與他人的婚姻和離婚、撫養孩子、發展事業與海文學院、傳承與退休的議題、老化、疾病、衰弱與失落，我們一直秉持原則，以平靜、喜悅與快樂共同活出這些原則。朋友一直擔心我們可能過於陷入這項計畫，而在評估個人自主性地成長時欺騙自己，他們的擔心也許是合理的，如果我們分開的話，就會出現真正的考驗；然而我們自信能成功通過這種考驗。隨著年齡漸長、智慧漸增，我們逐漸相信永恆的愛的狀態，因此我們開始認為兩人永遠不會分開，我們知道這無法用塵世的考驗來證明！

你最愛的才能長存，
其餘都是糟粕。

——艾茲拉・龐德（Ezra Pound）[2]

---

[2] Ezra Pound, "Cantos LXXXI," in Selected Poems of Ezra Pound (New York: New Directions Publishing, 1957), p.174.

花園中的生活：一則寓言

　　很久很久以前，整個宇宙充滿了無拘無束、自由流動的能量，在能量花園中歡樂、隨意地四處跳舞。宇宙在漫長的時間中享受這種存在、這種自由，然而，這一切過於完美而可預測，宇宙逐漸感覺到一種不安的乏味感。於是，有一天在嬉戲時，就只是為了好玩，他決定要創造一些生命，從自己分出一些能量，把一種生命形式塑造成三角形，另一種塑造成圓形，並塗上彩虹的顏色，命名為「三角先生」和「圓小姐」，以便區分。雖然他們的能量流動仍與源頭連結，彼此也互相連結，但宇宙讓他們不受約束，自由地流動、旅遊、嬉戲，以盡情享受生活。他們也確實如此！

　　三角先生和圓小姐一起享受和宇宙共有的生活，探索浸浴在溫暖燦爛光芒中的能量花園的每一個角落與縫隙。他們裡面的天、地、萬物都是彼此連結的，也與他們連結，都有待他們的探索，非常愉快！由於流遍三角先生和圓小姐的能量，和宇宙及其內所有其他生命流動的能量是相同的，所以他們無所懼怕。好奇是他們的天賦。

　　就像前面提到的創造者（宇宙）一樣，他們玩了千萬年之後，對萬物都非常熟悉。三角先生和圓小姐開始感覺到一成不變，而有不安的乏味感，希望有一些不可預知的趣味，於是玩起捉迷藏的遊戲，不但自己玩，也跟宇宙和其中的所有萬物玩。多麼有趣！

　　又過了好幾千萬年，捉迷藏的遊戲不但好玩，而且變得引人入勝！隨著遊戲的競爭性愈來愈強，他們發現彼此跟萬物的連結在中斷或隱藏時，會讓躲藏的效果更好。不久之後，他們經驗到彼此失連的感覺比連結的時候多，各自都開始覺得孤立和寂寞。由於彼此不再知道對方在想什麼或做什麼，捉迷藏的遊戲開始出現焦慮與絕望的情形。樂趣變成恐懼，生命也變得嚴肅！

由於他們現在無法依靠自己與其他萬物之間能量流動的基本連結，圓小姐和三角先生極力發展出種種手段來控制對方和宇宙。即使相互為伴時，他們也無法忍受可怕的孤立感！於是開始發展各種操縱、引誘以及討價還價的方法；他們聯手讓宇宙向他們的意志低頭，並且征服和摧毀掉大部分的宇宙，以獲得更多的安全感。但他們愈是這樣做，就愈失去其能量與所有一切的連結，並對彼此和整個宇宙更加懷疑。原本溫暖燦爛的光芒就變得刺眼、銳利了！

　　他們在互相凝視或注視宇宙時，開始感覺彼此間有一道可怕的深淵。他們沒有回到能量原本已經連結著的根源（他們早已遺忘），反而全心築橋，想要跨越深淵，以接觸彼此。這些橋樑包括社交技巧、迷人的消遣、宗教、科學發現、更新更好的通訊與交通工具，群聚以形成共通的語言、家庭和伴侶。由於害怕失去既得利益和對彼此的控制，就用嫉妒的方式保護這一切。從這種恐懼滋生出嫉妒和受傷的感受，最後變成報復與暴力。宇宙覺得非常悲哀！

　　即使如此，他們仍然關心彼此，因為根本上他們是一體的！在感覺不到彼此能量流動的連結時，他們開始在較表淺的層面連結。當他們沒有互相競爭時，並沒有去感覺彼此是一體的，而是開始對別人感到同情。他們發展出互相照顧的欲望，以這種方式保持關係的控制，再度覺得有安全感。習俗與宗教就是在這種道德系統中發展出來的，而結果自然就是自以為正當的自鳴得意與自負驕傲。

　　現在，分別站在深淵兩側的三角先生和圓小姐，各自表達需要對方的強烈需求，並且發誓會照顧對方。當然，他們早已忘記的事實是他們原本就是完整和相互連結的，所以，彼此互相需要的信念其實是個大謊言。然而，由於他們能以全心和花朵裝飾這個大謊言，所以包裝得非常有吸引力，並稱之為他們的「愛情故事」！現在，他們要求彼此發誓一輩子忠貞不渝，哪怕這麼做是在扼殺他們個別的自己。他們不得不付出的代價是犧牲自身生命的潛能！不過，他們不太在意這些，因為服從別人的控制，是刺激與充滿安全的保證。現在，他們不再凝視深淵那頭的對方了，而是把時間花在電影院與遊樂場所，好讓自己忘掉實相！他們把

時間花在互相照顧，而不是彼此關懷。雖然他們不再感覺到彼此的連結，還是努力了解對方以便取悅彼此。

事實上，圓小姐和三角先生現在覺得，彼此占有和控制是確切無疑的事。有很長一段時間，這不是問題，直到控制不再管用！最後，孤獨的事實會赤裸裸地浮現，有時是因為自然的老化或失去生活中的角色，或是其中一人決定退出愛情故事。當這些情況發生時，三角先生或圓小姐都會感到孤獨的痛苦，由於痛苦過於難忍，他們就將之轉變成受傷和憤怒，然後開始互相指責。這種策略是避免自己墜入深淵的絕望做法。只要有可以指責的對象，這種憤怒的能量就會讓可怕的虛無經驗與沮喪有了暫時的意義。這種指責的傾向讓人產生一種全新的生命態度——成為「受害者」，讓別人來負責！於是生命不只是嚴肅的，也變得不負責任！

逐漸地，習俗代替了個人的責任，每個人只能做合乎時宜的事。為了讓生命更可以被預測，三角先生與圓小姐被禁止成為三角形或圓形，每個人都必須看起來像灰色的盒子。自發性、個體性和個人的自由都成為往事！能量花園裡的宇宙之光變得昏暗朦朧，因為所有動作、聲音和色彩都受到規範。

然而，被囚禁在合乎時宜的灰盒子中的圓小姐和三角先生，渴望恢復原本的形狀與色彩——成為自己！當他們看到彼此的痛苦就感到難過，想要互相幫助。當他們了解最初的陷阱就是想要照顧彼此時，便拒絕再犯同樣的錯誤；他們知道自己無法消除對方的痛苦，但學會如何為自己的痛苦負責，並在當下見證對方所受的苦，也學會分享而不是指責。這麼做的時候，他們開始感覺到其根源與他們的能量是連結的，並發現他們受傷是出於分離的痛苦。當他們感受到彼此的連結，就知道各自的痛苦正是對方的痛苦——痛苦不僅僅是相似，就是相同的！現在，他們能夠與彼此的感受共振，不再感到孤獨。

伴隨著這樣的共振，一切生命又重現色彩與活力。能量花園開始盛開，能量也再次自由地流動。對於三角先生和圓小姐來說，生命又自由了，充滿了光

芒和活動。他們跳舞唱歌，全心玩耍與工作。於是，宇宙微笑了！

起初……

共振與愛的狀態的本質

愛是從分裂到合一的驅動力。

——保羅・田立克（Paul Tillich）[1]

我們和宇宙能量的連結

前一章談到的圓小姐和三角先生的故事當然只是一個神話，然而，它反映出的觀念也符合現代物理學與當代心理學，以及古代的中華哲學與醫學。我們在一起的工作與生活中，汲取所有這些來源。在本章要探討一種模式，既可見於圓小姐與三角先生的故事，也見於我們對關係所探討的許多觀念，稱為共振模式，有時也稱為「自我與連結」模式，其中包含的觀念與一般人對生活與關係的想法與實行的方式有極大的差異。

我們在這個模式中假定人都出於能量之海，我們稱為宇宙能量；有人可能稱之為**氣**或**普拉納**（prana）[2]或上帝。每一個生命在受孕時都是獨特的，但也都連結到這個躍動的能量。每一個人在出生與成長時，都會經驗到逐漸和宇宙能量分離，分離的方式如下文的描述。人終其一生都渴望這種原初的連結，卻似乎有某種強制性的規則讓我們注定要經歷分離，才能個體化——成為個別的自己——然後才能再度得到更強烈的那種宇宙連結感。這是我們面對的雙重任務，就如《易經》所言，我們必須學習「既分離又合一」。

隔頁的圖示中，圓形和三角形代表從宇宙能量流出的兩位個體的獨特模

---

[1] Paul Tillich, Love, Power and Justice (Oxford: Oxford University Press, 1954), p.25.

[2] 編按：普拉納為梵語 प्राण 之音譯，在瑜伽與印度哲學中代表維持生命與意識的根本氣息，類似於中醫所說的氣，或氣功所說的炁。

式。我們認為在受孕時，宇宙能量都在這些生命中自由流動，然而，他們的能量連結有可能在子宮裡就受到擾亂。然後在出生時，孩子很明確地與母親在身體上分離，在心理上與能量的層面也有不同程度的分離。這種分離的經驗非常關鍵，並在孩子與環境互動的成長過程中持續發生。

順應的過程

圖中以圓形和三角形代表的兩位個體都出生進入一個他們若要生存就必須受到保護與照顧的世界。頂端的方形代表權威人物——家庭、學校、宗教、社會——他們的照顧者。方形的照顧者代表孩子所在的環境要求，促使他們放棄（大多是出於潛意識）自己的個別差異，他們學會討好與順從，變成「方形」，藉此得以適應與生存。

教導適當文化行為的過程是可取而必要的，在任何社會中，大小便訓練、健康的飲食習慣、適當的人際社交行為都是必要的。可是，發展中的孩童為了適應社會的要求，必須放棄或壓抑許多自己的真實本質；為了更像方形，他們必須在四周建立心牆（圖中以圍繞在三角形和圓形外面的方形盒子來代表），他們以這種方式削減和控制內在躍動的能量，使其振動幅度大為減少。外圍盒子的僵固或「凍結」讓人失去自己和宇宙能量之海的連結感。圖中以盒子下方的三條細線表示能量因這種方式受到限制。這種持續不斷的分離感決定了生活中大部分的行為，特別是會造成人基本的內在孤立感，以及為了避免這種感覺而發展出的許多策略。

人學習彼此「照顧」或「照護」，這是社會所認為的「愛」，以取代宇宙能量的連結與彼此的連結。這種「愛」（照顧與照護）能滿足孩子發展成方形的需要，以及方形照顧者的需要。這是社會接受的愛，也是高度附帶條件的愛（如果你照顧我，我就會照顧你）。這種愛建立了社會與文化，對人在社會中的存活是必要、方便且實用的，卻也是許多情緒問題的來源。人為了順應方形

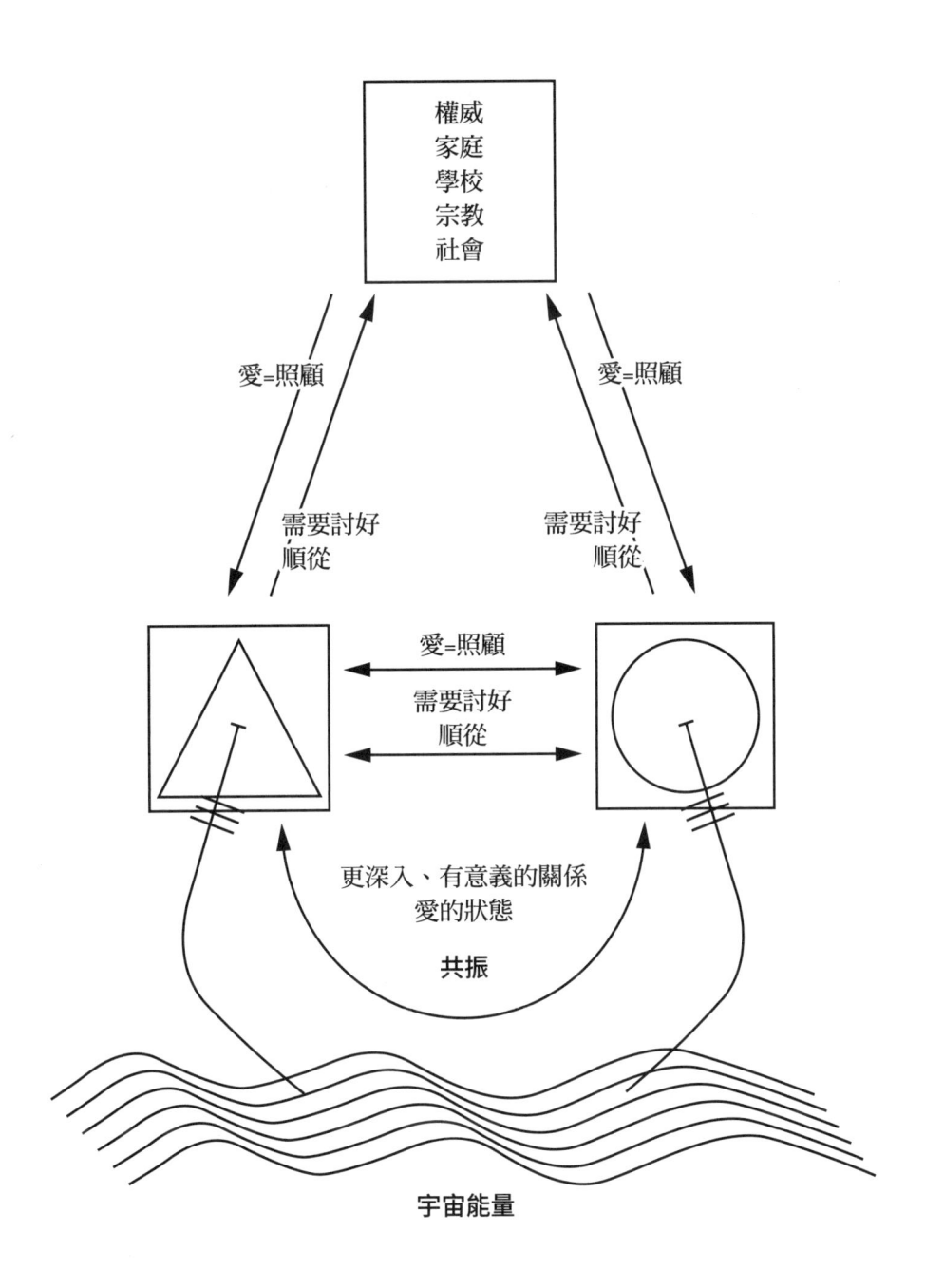

```
         ┌──────┐
         │ 權威 │
         │ 家庭 │
         │ 學校 │
         │ 宗教 │
         │ 社會 │
         └──────┘
        ↗↙      ↖↘
   愛=照顧       愛=照顧
    
   需要討好      需要討好
   順從          順從

  ┌────┐  愛=照顧   ┌────┐
  │ △ │ ←──────→  │ ○ │
  │    │  需要討好  │    │
  │    │  順從      │    │
  └────┘ ←──────→  └────┘
      ↖   更深入、有意義的關係  ↗
           愛的狀態
              共振
  ～～～～～～～～～～～～～～
  ～～～～～～～～～～～～～～
           宇宙能量
```

文化的期望而與自己隔絕，也切斷了和宇宙源頭的連結。由此而陷入兩難的情境，一方面想要安全感以及被照護和互相照顧的回報，所以有「歸屬感」；另一方面，他們也渴望有更深入的關係，以及社會中愛的典範所無法提供的意義感和連結感。

愛的狀態的可能性：坦露、解凍與共振

　　許多人發現自己長期陷入這種兩難的情境，不知道要運用更好的策略以確保自己得到別人的照顧，還是要發展出某種方法和宇宙能量重新連結。大部分的關係都是以前者為基礎，大部分的靈修和宗教則宣稱是以後者為基礎。因此人有時會放棄關係，在宗教或靈性尋找深度和意義。可是，在我們的經驗中，這種兩難可以在關係中加以探索，且大多能加以化解。關係能做為滋養、保護的花園，每個人在其中都能靠自己成長，找到深度、意義與連結，同時也是社會中的負責公民。關係能鼓勵人從依賴和被照顧的限制走出來，邁向在宇宙能量的層面連結的更自主過程。我們將後者的過程稱為「愛的狀態」，與社會所說的「愛」加以區分。兩者在關係中都是可能的。

　　雖然大部分人失去了自己和宇宙能量間自由流動的連結，但內在的能量振動並沒有完全停止，通常只是幅度縮小，無法直接碰觸自己的感受。所幸仍有可能重新得到和宇宙能量更強烈的連結感，進而得到彼此間的連結。這要透過坦露的過程，讓先前在周圍凍結的心牆得以「解凍」，我們將這個現象稱為共振。

　　海文學院的工作坊中，許多人在開始參加時處於防衛狀態，不太願意分享自己，他們在周遭建立的心牆或盒子是僵硬、易碎、凍結的，他們只經驗到低強度的能量振動，常常覺得疲倦或沮喪。然而，當有人開始坦露自己內心的傷害與恐懼時，其他人就開始產生共振，因而感受到自己的痛苦和焦慮。隨著內心受到攪動的幅度增加時，即使是凍結地最厲害的人也會開始解凍，好像周遭的心牆開始變軟、融化，變得較容易穿透，好像春天在長久的冬天之後浮現的感覺。在這種釋放中，內在的能量逐漸滋長，人會開始重新連結到宇宙能量，並與其他成員有更深的連結。

　　發生這種情形時，人有時會認為自己感受到別人的痛苦。但我們認為並非如此，而是感受到自己的痛苦，開始與別人的痛苦在共振中振動或移動。這種

過程需要觀察者願意留在當下、更加開放自己。當團體共振的程度增加時，成員就容易自然地迸發感受，逐漸發展出與人合一、連結的感覺。雖然這種共振常常發生在隱藏的痛苦被分享的過程，但人並不是只能透過痛苦來連結。事實上，當人彼此敞開時，就能與任何經驗共振。解凍的過程可以發生在各種感受的分享，包括憤怒、哀傷、害怕、悲慟與喜悅。

受到限制的呼吸是十分常見的習慣，用來壓抑感受，以保持冰凍的狀態，減少共振。因此，工作坊的成員常常被鼓勵更充分地呼吸，我們會引介各種呼吸練習。

當然了，團體的工作坊只是練習的場所，並非成員的日常生活。海文學院的目標是提供課程，透過開放、分享與親密，協助人強化意義感與個人的實現。我們建議各人要把自己在這些課程中學到的東西帶入他們的主要關係之中。

共振的現象是同理心與親密感的重要面向，也可以發生在朋友、同事之間，也會出現在配偶、情人之間。當人透過呼吸、溝通與連結而學會辨識、實踐共振時，就能促進自己在日常生活中經驗到同理心與親密感。

共振能使人連結到自己最深的本質，以及連結彼此，而能經驗到真正的愛的狀態。因此是自我覺察和與人交流的發展中非常重要的元素。

親密與溝通

「親密」的定義

「親密」（intimacy）這個詞的意義和使用常有許多混淆。一般的用法中，親密是性關係的委婉說法，其實性關係往往與我們所說的親密完全無關！

我們在這裡談的親密是指「親近」和「被人了解」。親密這個詞來自拉丁文的 intimus，意指「最內在、最深層、最深邃、最私密」。[1] 親密是一種存有狀態，把自己最深處的部分向他人也向自己展現，沒有任何偽裝或防衛。所以，親密是透過自我揭露而呈現的脆弱和了解狀態，不是經由一般人際關係中的角色和義務而達到的狀態。根據這個定義，一個人可能是親密的（也就是坦露和脆弱的），而對方可能並不是以親密回報。但在親密關係中，這種坦露和脆弱是雙向的。

在本書中，我們把「親密」的用法保留給親近和了解，所以，親密與性慾是不同的現象，而且往往以對立的方式出現。然而，親密關係也完全可能包含性慾。

連結感的喪失

我們假定在胚胎受孕時的最初狀態中，人和宇宙之愛的能量是合一的，因為他們就是一體，並不需要被別人了解，也不需要互相坦露自己。可是，從嬰兒期開始，人就因為讓自己符合角色、扮演角色，而和宇宙能量分離，孩子由此學會把別人和自己看成**物**（object）[2]，這是社會化的必要功能。兒童在發展中的學習過程就是物化，將事物賦予名稱的語言也鼓勵物化的過程。這種社會

化所付出的代價就是失去與宇宙能量最深刻的連結；這種連結被互相照顧的行為所取代，這種互相照顧通常被稱為「愛」（這正是「愛」這個字最為人熟悉的意義）。當失去和宇宙振動的接觸時，社會化的人也失去認識自己的能力。這個物化的過程可能會持續一生，於是愈來愈接觸不到自己深層的本質。物化並不是壞事，事實上，它是必要的。可是，若要與他人建立更深、更親密的接觸，就必須學習穿透物化、超越物化。

兒童的發展

孩子在一開始並不怎麼知道自己以外的世界，父母或照顧者會滿足他們的需求。嬰兒會專注於發展自己的感知動作系統，他們也確實有這個需要。在這個原初的自戀狀態中，孩子把每一件事都體驗成自己的延伸。等他們得到某種程度的身體能力和功能時，才開始逐漸意識到周遭環境，並對這個世界感到好奇。孩子以這種方式開始區分自己與他人，學習看見自己與周遭世界的關係。他們會逐漸社會化，對他人感興趣；最初似乎完全只是為了滿足自己，期望他人提供食物、照顧和刺激。隨著他們學會對父母、手足和其他人建立更細膩的關係時，就展開愛的狀態的初期發展。由於學會把他人物化，所以他們也面臨挑戰，需要學習超越物化，對他人的人性有真誠的同理。

兒童的發展是從依賴和場域關係進入獨立和個體化的過程。在心理發展的早期階段，兒童的觀點比較僵化，根據的是黑白分明的劃分，把經驗歸類為好或壞。隨著孩子的成長，逐漸有更多機會看見別人的感受、興趣、關懷的事，與自己不同，於是學會把他人的獨立性化為概念，從孤立的自戀開始與他人建立真實的關係。當孩子逐漸學會認識別人的世界，就有可能開啟自由和創造

---

1 J. Traupman, *The New College Latin and English Dictionary* (New York: Bantam Books, 1966), p.156.

2 譯註：由於本書會夾雜一些學術的討論，譯者根據不同的脈絡，有時將此字譯為「對象」或「客體」，比如 object relation theory 就譯為「客體關係理論」，而 objectification 也會視脈絡譯為「物化」或「客體化」。

生與愛

力,成為真正自主、關懷別人的個體。這種人能接納他人的差異,所以能與人和諧共處;他們敏感而負責,能學習用個人意志調合自己、他人和社群的需要,不至於產生衝突。

孤獨與分離

我們採取存在主義哲學家的觀點,認為人類的處境是孤獨而分離的;雖然原本和宇宙能量連結,但以人的形態生活就是要**存在**(exist),也就是要「站出來」(stand out)。人活在自身的皮囊之內,永遠不可能完全了解別人,個體只能知道他們對彼此的**經驗**。人透過方便的社會和物化的世界來適應分離;但人與人之間仍是分離的。親密包括承認和接受存在的這種分離本質,但因為知道彼此**相關聯**而有站穩的力量。分享孤獨感能產生一起的感覺。

根據這個觀點,我們認為人類經驗的核心有一種根本焦慮,稱為「存在性焦慮」(existential anxiety)或憂懼(dread)。人類活動大部分是為了適應這種基本感受,許多人試圖埋藏或否認這種感受,於是忙於各種瑣事,以得到能與他人連結的錯覺。

其實大部分人尋找關係都是為了克服這種根本焦慮,他們常常試圖滿足扭曲的需求而找人照顧自己,希望別人能填補自己內心的空虛。他們通常把伴侶當成自己的財產,從控制別人得到虛幻的安全感,就如同嬰兒想擁有父母,希望由充足的控制得到安全感,確保父母總是會回來。

安全感和控制的錯覺會妨礙親密,如果把心力投注在控制被物化的伴侶於他們心裡的意象,他們親密和愛的狀態的能力就會受到限制。

客體恆常性

所有人終其一生都要面對艱鉅的任務：從嬰兒期視他人為「物」的狀態，進展到體認他人都是「人」的狀態。由於「母親」的照顧功能，自然會把她視為供應者和撫育者，孩子很難從母親本身的角度體認到她是一個人，有自己的欲望和恐懼，有自己的人生經驗，以及容易出錯的缺陷與美德。孩童常常陷在早年把父母視為非好即壞的階段，沒有跨出重要的一步，接納他們在養育子女的部分已經「夠好」了。

孩子的安全感從一開始就與父母提供的照顧品質有直接關聯，父母在這個階段完全被視為供應者，而不是真實的人。嬰兒對毀滅的基本恐懼，會因照顧者愛的狀態的同在而減輕，嬰兒基本上是根據碰觸和眼神的品質，以及是否透過安全舒適的方法得到穩定的餵食與照顧，來評估愛的狀態的**同在**。孩子開始學習爬行和走路時，自發的身體分離就成為事實，這時較重要的是眼睛能**看見**父母，所以剛學爬的孩子會不斷回頭看母親（以確定她仍在場）。

經過一段足夠的時間練習分離，並測試父母必定在場後（每個人所需的時間不同），孩子通常就能接受父母有一段時間不在場，這是因為孩子對父母持續的同在有足夠的記憶，就如同母親（客體）的意象已經進入孩子內在的自己，由此提供不間斷的關懷。這個過程被稱為**客體恆常性**（object constancy）。

客體恆常性的狀態被建立後，孩子就逐漸能忍受父母的不在場，這時孩子可能會利用「轉移性客體」（transitional object），比如娃娃、泰迪熊或自己最喜歡的毛毯，藉此得到替代性安慰，在與父母分離時得以安心。發展客體恆常性的重要過程，有可能因為讓孩子覺得受到威脅的環境和事件而受到干擾，比如焦慮、不可靠的父母、任何原因的家庭破碎、電視上的暴力節目、虐待經驗、照顧者讓人難以捉摸或常常不在。在這些情形下，許多孩子無法在內心發展出穩定在場的權威照顧者的內在意象。多年下來，這種人一直是**依賴場域**的

人，會不斷從自己以外的「對象」（包括人和物）尋求保證和安全感，渴望被人注意，有控制、占有、抓緊伴侶的傾向，孤單時就缺乏安全感，或是盡可能購買和蒐集轉移性客體（比如汽車、珠寶、電子產品，清單是無止境的）。

我們每一個人都會以不同的方式與程度在這個發展路程中停滯。親密關係中，伴侶會探索、表達、承認這種不安全的嬰兒式渴望，而不被這些渴望控制，這種關係讓我們可以持續穿越自己不擅長或卡住的發展階段。

害怕親密

向另一個人表現親密與坦誠，有助於人克服物化的傾向，重新找到自己。可是，人通常以為在某種程度上，親密會造成自我的**喪失**，於是盡一切可能避免親密感的滋長！出於最初的分離經驗，而形成我們扮演的各種角色，於是人學會如何將彼此物化，「母親」成為供應者和保護者；手足容易成為競爭對手；父親則成為權威人物。這些都是真實人物的**物化版本**，讓人無法認識他們的其他面向。孩子很少想到去問父母到底是什麼人，他們渴望什麼、恐懼什麼，他們的熱情何在。即使孩子問了，也只有很少父母會給出直接的答案！大部分父母可能自己也不知道真正的答案，由此就建立出心牆、角色，以及一生的行為模式。所以大部分人認同自己的心牆，無法碰觸內在核心的真實自己！

不幸的是，由於長久自我保護的習慣，人多半相信坦露真實的自己只會招致別人的批判、拒絕和拋棄，很難相信有任何人會接納我們內在本質裡的魔鬼：我們所受的傷害、憤怒、小氣、嫉妒、恨意、邪惡的欲望和可恥的貪念。連父母都無法接納我們內在的這些東西，更何況認為我們既美好又善良的伴侶或朋友呢！現在怎麼可以向他們坦承自己一直在欺騙他們呢？親密和坦誠豈不等於自我放逐或自尋死路嗎？不！不！我們最好還是當更完美的伴侶，努力討好別人，更加壓抑自己可怕的本質。即使這樣做會使我們更沮喪、更加依賴藥物和酒精，或是產生嚴重的疾病，都沒有關係，至少我們不會被拋棄。我們寧可當

慢性病人,也不願意被人拋棄、一無所是!

迷失與尋回

然而,經過多年對保護性心牆的認同,許多人最終會開始感到內心有股翻騰的渴望,想要認識真正的自己。他們開始了解自己不僅僅是自我保護的表象,發現這種認同完全是錯覺。這也許會成為在靈性上追尋自我的激發因素,用各式各樣的修行方式來尋找,有時甚至用矛盾的否定自己的方式。可惜這種嘗試往往導致新的自我錯覺,或是在發現自欺的能力是如此隱微而深遠時,陷入更深層的絕望。

親密性質的關係中,人會有較大的能力辨識自己的心牆,加以承認,然後降低心牆的高度,逐步邁向展現內在自己的道路。如果不再集中心力去保護自己或朋友和伴侶,堅定地與某個人分享自己的發現,就會找到獨特而有效的方法來發現自己。親密關係是讓人能在其中成長的花園!

角色和意象

人從一出生就被期望成為適當的公民,家庭透過無數期望和隱微的要求,教導孩子如何社會化,孩子因為自己的表現和成就而得到獎勵,卻忽略內在的感受和個人的願望。於是許多人從很小就學會扮演角色,服從義務,符合已被物化的意象。雖然這些角色和意象會帶來一些舒適感和安全感,但日後卻往往會阻礙親密的發展。

沙特(Sartre)認為人沒有活出真正的自己,人活出的不是自己。[3] 他的意

3　J.P.Sartre, *Being and Nothingness* (New York: Washington Square Press, 1972), p.36.

思是人活在自己的意象中，卻不知道角色和文化期待的面具之後隱藏著更深的本質。

追逐成就的孩子會發展出「理想我」的形象以討好別人（最初是父母，後來是其他人），他們學習當「善良」、「適當」的人，卻不了解自己內在的存有。他們長大成人時，多半已深深壓抑自己的感受和意見，幾乎完全不認識自己的真實本質。這些人進入關係時，通常只會提供自己的成就與他們能扮演的角色，以及能為彼此做的事，卻無法更深入地認識自己或伴侶。由於親密意味著分享自己，因此自我覺察不足的人，與人親近的能力也很有限。

意象的投射

人通常不了解彼此，而是以投射到彼此身上的意象來建立關係，這種現象在臨床上稱為「投射」和「轉移」，通俗的說法則是「幽靈化」（ghosting），是正常的情形。孩子學習和物化的父母建立關係的方式很像他們與填充玩具建立關係的方式，在角色與期待的投射背後有一個人的事實會逐漸浮現，這是親密發展歷程的一部分。

所以在關係中，很容易把自己的同伴看成父母、老師或其他權威人物，也可能把同伴視為具有孩子、寵物或泰迪熊的特徵。只有藉由承認和坦露這些投射，才能逐漸接近自己的感受，發現更人性化的觀點，而看見同伴的獨特性。

許多人害怕看見角色和投射背後真正的自己，因為擔心真實的自己不被他人接納，害怕自己一旦坦誠以對，就會面對拒絕和被拋棄的危險。這確實是親密的風險。許多人因為害怕承擔這種風險而選擇隱藏自己：扮演角色、控制、投射和退縮，於是關係不是花園而成為遊戲場，上演各種幻想，卻沒有真正的成長。

照顧或關懷

照顧別人和關懷別人是不同的。兩者都有其用處，但在親密關係中，堅持照顧對方是會造成問題的。關懷別人通常會讓對方保有自己的感受，與他們建立全然成人式的關係，並沒有試圖幫助或梳理他們。一般說來，人較有動機去照顧別人，其實就是將對方嬰兒化，以試圖紓解自己的痛苦或焦慮。照顧者在心裡其實想得到被照顧者的重視，這種擬似父母照顧孩子的情形，往往是為了處理照顧者深處的焦慮。

真誠關懷別人時，即使對方感到痛苦或難過，也不是去消除對方的感受或經驗。關懷包含分享彼此的感受，不會企圖消除感受。照顧則會輕忽對方的經驗，貶低感受的重要，甚至完全不顧對方的感受；當人在照顧別人時，其實不是在關懷對方，而是抗拒自己的存在焦慮。關懷別人是接納自己和別人，照顧別人則是企圖控制別人和別人的經驗。

大部分的人都有未被解決的童年議題，通常歸因為「內在小孩」，人生的熱情大多與滿足這個「內在小孩」有關——被照顧往往被視為這些需求或欲望中的一種（其他可能還包括想要與眾不同、可以不負責任地行動，甚至亂發脾氣）。任何親密關係都必須包含表達這些欲望的可能性，可是必須在一開始就承認這些是童年的議題，只在**限定的時間**中表現，以減少藉此控制對方的危險。

同在

同在是親密的必要條件。若要以親密的方式建立關係，雙方就必須在互動的當下同在。透過與人同在，就有可能在自己與他人的鴻溝間架起橋樑，提供一種相互給予和接受的方法。可是，人生經驗會使人發現外在世界是不安全的，較極端的情形是肢體暴力或性侵害，較輕微的方式則是父母的不一致表現

或不夠體貼。不論是哪一種情形，大多數人學會退縮而變得不與人同在，這原本是為了保護自己，有時甚至是為了活下去；對無助的孩子來說，不與人同在可能是避免痛苦的保護機制。但學會不與人同在後，卻可能藉此達到其他目的，例如，不與人同在可以引發自己想要在伴侶身上得到的效果（比如引起對方的關心），於是這種方法就成為操縱、控制的工具。當伴侶從同在退出時，完全同在的人往往會經驗到受傷和失望。

不與人同在的情形達到極端時，就是「分裂」的前奏，那時自己似乎與身體分隔開來。這種機制對受到攻擊的無助孩子可能是有益的，但對試圖建立親密關係、能夠自我負責的成人，卻是一種障礙。這種分裂，以及「往事重現」（自發地退化到過去的創傷經驗，有如「時光旅行」），都會在當事人對現在的事件尚未於情緒上準備好（或心裡頑強抗拒）用負責、成熟的方式處理時所引發。這些反應其實是讓自己成為往事的受害者。不同在、時光旅行和分裂，在過去可能曾是有效的行為，現在卻會妨礙親密的發展（且有一部分可說是防衛機制，用以對抗親密造成的威脅感）。當然了，就像所有已形成的壞習慣一樣，光是知道還不足以讓自己停止這麼做，但改變的第一步就是在每當發生這種情形時，向親密伴侶承認這個過程，以減少用這些機制控制對方的可能性。

在分裂的極端形式中，人可能太快「離開」，沒有時間做出這種承認，這種情形下，另一方可以呼喚對方回到同在，也許是握住對方的手，促使他感覺站在地面上的雙腳。他們可以清楚說出自己的名字（比如「這是瑪麗」），並告訴對方，希望能回到當下的情境，並說明這樣做是安全的。有時甚至需要高聲大喊才能喚回分裂的人。每一個人終究要自己負責保持同在、從分裂回到同在。關係的發展中，各人要為自己的部分負起責任，同時要記得，分裂不代表「壞」；雖然每個人都要為自己負責，但沒有人是錯的。分裂或不與人同在都是關係花園中的雜草，需要一起處理。

許多人誤以為強烈投入就是同在，當他們充滿衝力或極度投注於某個人或活動時，就以為自己是同在的。著迷的狀態是強烈的投入，卻沒有同在；著迷

脈絡

的人強烈執著於自己對別人的**看法**，而非真正參與實際在場的人。所以著迷的戀人特別執著於自己對愛情的看法，而不是與對方親密，他們「陷在」自以為的浪漫之中，反而妨礙與對方真正同在的能力；因此錯失了親密關係的可能性，卻在強烈的欲望中感到苦惱，誤以為這是愛或同在。

同在不一定需要意識的覺察，甚至可能在睡眠中與人同在。入睡的母親可以整夜保持與小寶寶同在，孩子只要有一點不安，往往就足以喚醒母親。關係中的人可以在忙碌時，仍然保持彼此的同在。距離並不重要，彼此親密的人即使是身體的分離或死亡，仍然可以持續感覺到伴侶的同在。有人可能會辯稱這只是良好的「客體恆常性」的跡象，把對方的意象內化到自己裡面，成為持續的記憶。我們相信客體恆常性的發展通常關係到雙方高度的同在。親密關係中，伴侶會透過彼此持續的同在而有共振。

溝通模式

本章概述的模式是我們發展自己的親密關係時最重要的方法，是我們自己的關係花園中最核心的工具。這個模式在一個層面上只是描述每個人內在發生的歷程，但在另一個層面上，藉由向別人坦露這個歷程、對別人的經驗感到好奇，就有可能建立連結、清明而親密的關係。我們認為溝通包括下述幾個面向：

・脈絡
・知覺
・解讀與核對（架橋）
・感受
・意圖
・行動

為了清楚起見，我們會依序介紹這些元素，但其實這些元素對不同的人在

不同的時間會各自成為明顯的前景。隔頁的圖示試圖展現出溝通是這些元素重疊形成的返復循環；其次是需要兩個人才能形成溝通。獨白轉成真正對話的關鍵在於核對自己的解讀，並向對方發展出好奇。如此才能創造兩人之間的橋樑。

・脈絡（背景）

每當你進入新的情境，都會帶著基於過去經驗（包括最近與久遠的過去）而有的脈絡。你進入新的情境時，並不是一張白紙，而是會用既有的其他經驗為現在的情境染上顏色。舉例來說，如果你今天過得不順利、覺得煩躁，遇到人時，可能會以煩躁的心態與人互動。相反地，如果你心情愉快，遇到困難的處境時，也比較容易用正向的心態來面對。以下舉例說明久遠的過去形成的脈絡：如果你在兒時有被大狗驚嚇的經驗，就可能影響你第一次見到隔壁羅威納犬的經驗！

脈絡是觀看當下情境時，原本具有的背景或基質。所以定期核對自己的內在世界，看看自己的脈絡是什麼，是有益處的。不應該把脈絡當成理所當然的事，因為脈絡是會轉換、改變的。請閉上你的眼睛，檢視自己有什麼思緒與感受，會讓你對自己帶進來的背景產生一點印象。當你觀察自己的思緒、注意自己的感受，就會發現看似微不足道的經驗（重複出現的思緒，或似乎毫無來由的模糊心情，都請加以注意），其實有可能會為你進入的情境染上顏色。事實上，脈絡甚至會幫助你從無限可能的各種知覺中挑選出你會注意的部分。

・知覺（五種感官）

當你張開眼睛觀察另一個人，就已開始吸收與這個人有關的資訊了。透過你的感官——看、聽、聞、嘗、碰觸，在短短幾秒鐘就會吸收到數百甚至數千的訊息。你會快速吸收大量的資料，大部分是在潛意識中運作。有趣的是，這些資訊本身沒有一項具有任何意義——它們純粹是神經系統受到刺激的結果，會被大腦經驗為原始的感官資料——形狀、顏色、質地、氣味及聲音。

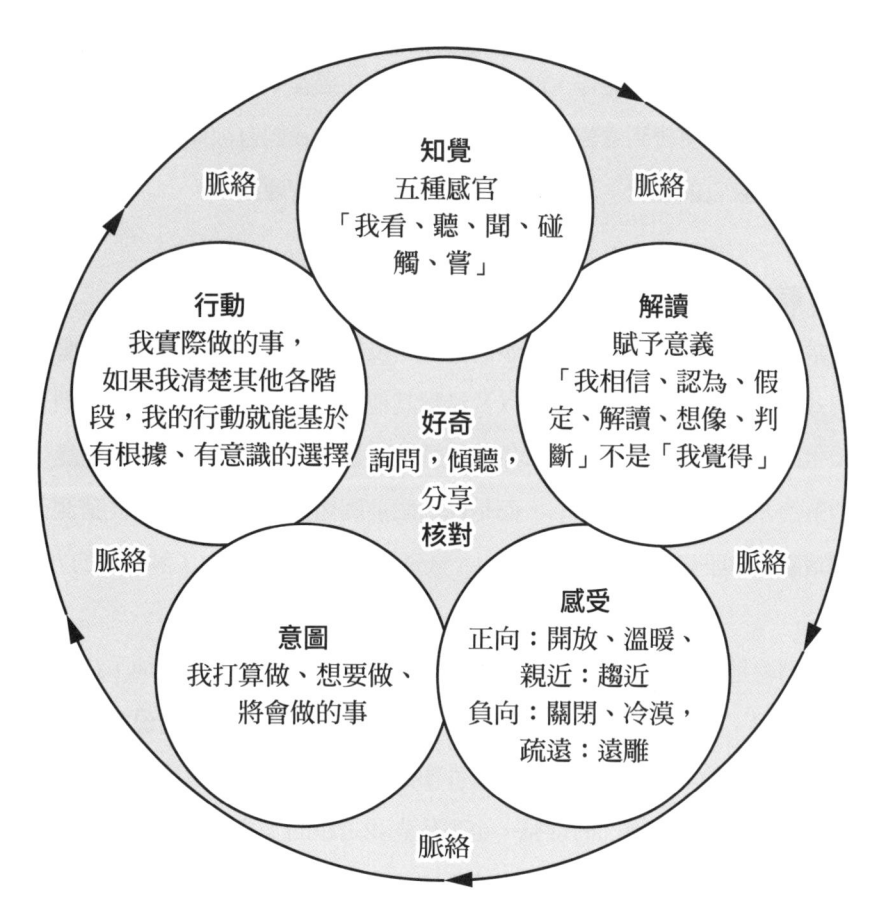

```
                    知覺
                   五種感官
     脈絡        「我看、聽、聞、碰      脈絡
                  觸、嘗」

   行動                              解讀
   我實際做的事，                      賦予意義
   如果我清楚其他各階                   「我相信、認為、假
   段，我的行動就能基於    好奇         定、解讀、想像、判
   有根據、有意識的選擇   詢問，傾聽，    斷」不是「我覺得」
                     分享
                     核對

    脈絡                              脈絡
                                  感受
                                 正向：開放、溫暖、
         意圖                     親近：趨近
     我打算做、想要做、               負向：關閉、冷漠，
     將會做的事                    疏遠：遠離

                     脈絡
```

溝通需要兩個人，所以：

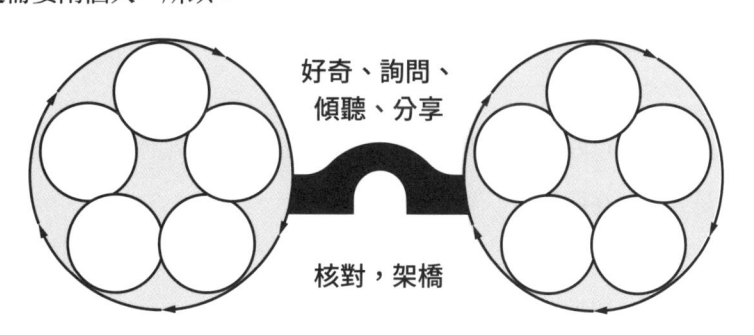

好奇、詢問、
傾聽、分享

核對，架橋

想的是彼此同意或不同意，而不是誰對誰錯。對彼此真實的情形好奇。
溝通時也要讓彼此清楚你的意圖。

請注意，這些往往是微妙的印象——香氣、聲音、別人臉部的動作。為了讓我們的世界能被了解，我們會下意識地為這些訊息賦予某種意義，也就是說，我們會進行心智的運作，加以解讀。我們在過程中也會過濾這些知覺，決定要把哪些訊息更帶到意識的前景；若不這麼做，我們會被如此大量的資料淹沒。知覺是感官的感覺；而解讀則是提供意義的心智運作。

・解讀（賦予意義）與核對（架橋）

當你觀察同伴時，對他或她坐的方式、皮膚的顏色、手的位置、衣服的顏色與式樣、首飾、膚質、髮型，以及無數其他特徵，包括他的言詞與音調，都會產生印象。你從這些印象會聚集出整體的圖像，加以解讀。重要的是能了解你的解讀非關「對」或「錯」，而是你對眼前圖像的意義所做的最佳猜測。這些解讀協助你理解各種感官接收到的大量資訊，它們就只是你了解資訊的方式。

我們總是應該與人核對，看看他們是否同意各個解釋。同樣地，這不是對或錯的問題；我只能核對看看我對你的解讀版本是否符合你對自己的解讀，或是我對一件事的經驗是否符合你對那件事的經驗。如果你表示同意，也不代表我是對的，如果你有不同的意見，也不代表我是錯的；我們只是彼此同意或不同意。我們的經驗可能相似，也可能不同。當解讀有差異時，我們可以對不同的觀點感到好奇，並更多地學習認識自己與對方。這種非關對錯的好奇態度讓我們能開啟持續的學習；堅持誰對誰錯的態度會扼止學習。

核對解讀，以好奇和開放的心詢問與傾聽，是把獨白轉化成對話的關鍵步驟。這是人可以在彼此間「架橋」的方法。

表達解讀（與加以核對）的常用說法有：

※ 我認為你是善良的人（你也這麼認為自己嗎？）
※ 我相信你是誠實的（你是不是呢？）
※ 我想你很害羞（你的經驗也是這樣嗎？）

脈絡

※ 我假定這對你是困難的（對你而言，是不是這樣呢？）
※ 我想像你覺得不舒服（你是嗎？）
※ 我判斷你很努力嘗試要溝通（對嗎？）
※ 我推測你正在想別的事（你分心了嗎？）
※ 我有個想法，你覺得非常焦慮（你的感受是什麼？）

解讀是一種牽涉到思考的心智運作。常見的錯誤是混淆了解讀與感受。所以「我覺得你是……」的說法通常並不是在談感受，而是在表達「我認為你是……」。我們認為在談話中放進真正的感受（稍後會討論），是非常有用的；但若不清楚什麼是自己的感受、什麼是自己的想法時，就不容易這樣做。

許多人因為認為評斷別人會顯現負面的意涵，而不敢表達自己的解讀。然而評斷（解讀）只是你理解資訊的方式，好讓你更深入了解別人。評斷不必然意味著拒絕；事實上，純粹的評斷只是在描述特質，好讓凌亂的資料得以被了解。你的所有感受都是出於這些解讀：你如何解讀感官接收到的資訊，會決定你想要接近或遠離另一個人。

· **感受**

根據你做出的解讀，會產生你的感受。感受是身體的經驗，牽涉到血流的變化與能量的轉換。基本上，有兩種感受，我們稱之為正向感受（接近對方）和負向感受（遠離對方）。這並不是指一種是好的，另一種是壞的。我們可以借用汽車電池的意象來說明，如果電池要能運作，兩極都是必要的。

正向感受是身體的血管打開來，伴隨溫暖與舒服的感覺。當你感覺到這種正向感受，就會想靠近對方。你會用這些方式表達正向的感受：「我喜歡你」、「我想接近你」、「我被你吸引」、「我和你在一起覺得自在」、「我覺得與你親近」、「和你在一起，我覺得溫暖」或「我愛你」。整體的經驗是一種親近與舒適的感受，想要接近對方。

負向感受是身體的血管收縮，伴隨緊繃、不舒服、冰冷的感受，想要離開。你可能以下述方式表達負向的感受：「和你在一起，我覺得不舒服」、「我不喜歡你」、「我覺得與你有距離」、「我怕你」、「我恨你」或「我想離你遠遠的」。整體的經驗是一種疏離、冰冷的感受，想要離開。孩子比較願意表達這種負向的感受，然後放下。成人往往不太願意如此直接說話；然而，這種表達可以促進溝通。

請注意，負向感受並不表示對方是壞人或有錯，只是反映出具有負向感受的人內在的評斷，他因為某種理由經驗到想離開的渴望。舉例來說，當你今早選擇所穿的衣服時，就是對衣櫃的其他衣服表示負向的態度；當你選擇巧克力冰淇淋時，就對其他沒有選擇的口味表示了負向的意思。所以負向與正向感受牽涉到選擇與價值判斷；這不是在談別人的價值，而是具有感受的這個人內在的價值判斷過程。

還要注意另一點，你的感受是基於你的脈絡與解讀。同樣的知覺在不同的脈絡與解讀下，會受到不同的影響，而任何知覺都有可能被感受為正向或負向。例如，對於一個拿著刀的大漢，可能有不同的解讀。如果解讀成可怕的殺手，就容易產生負向的感受而逃離；如果解讀成正要切開烤牛肉的廚師，就可能會想靠近以拿到第一片烤肉！所以感受是由人對知覺的解讀而決定的。

因此，把你伴隨解讀而有的感受告訴同伴是有用的。例如，假設你有一個解讀「我認為你很聰明」，你的感受可能是佩服、溫暖，想要靠近他，也可能是感到壓力而想離開。所以我們要重提前面的例子，但這次要把感受加進來：

※ 我認為你是善良的人。和你在一起時，我覺得放鬆而溫暖。你認為自己是善良的人嗎？
※ 我相信你是誠實的。我覺得害怕，你發生了什麼事呢？
※ 我想你很害羞。我覺得不知所措，有點疏離。你害羞嗎？或是發生了別的什麼事呢？

脈絡

請注意，這些例子中，說話者為自己的感受負起責任。我們常見到大家說「你讓我覺得放鬆／害怕／不知所措」，這樣的話表示別人要為他的感受負責。事實上，他們是讓自己依賴別人而有好的感覺，或是在覺得糟的時候成為別人的受害者。我們建議大家注意用字遣詞，不只是為了有「正確」的說法，而是向大家強調去面對為自己的感受負責的挑戰。當人學習為自己的感受負責（其實也是對自己的知覺與想法負責），就能在日常生活中運用自己的自主性與力量，且負責地行動。

・意圖

意圖是有意識地運用意志，把感受轉為行動。每一個知覺／解讀／感受的綜合體都有可能發展成你想怎麼回應的意圖。你並不是每次都必須跟隨感受；人有自由意志，可以決定做出與感受相反的行動。比如說，你被某人吸引，但因為你對既有的關係已經有了承諾，於是決定不追隨這個吸引力。同樣地，你也許害怕某人，卻決定接近這個人，談談你的害怕，而不是跟隨感受而退縮。所以，不論你是否跟隨感受，總是可以在任何情境中都有所學習。

同時，你應該隨時準備好在對話中詢問別人：「你告訴我這件事的意圖是什麼？」這個問題把兩人的相遇提升到具有更深意義層次的溝通。例如，如果一個人的意圖是表達憤怒，以釐清狀況而可以跟你更接近，你可能會有興趣留下來面對他的憤怒；如果他的意圖只是想要威嚇或控制你，你可能就不想理他。澄清意圖能讓溝通進入更深的層次。

・行動

行動來自決定。這往往是潛意識中進行的過程，但透過溝通模式的運用，就會漸漸被帶入覺察之中。一旦你能反思這個過程，就能做出更有意識的選擇，採取符合你價值觀和願望的行動。當你了解自己與他人時，就更容易為自己的行動做出有根有據的決定。

你所有的行動脈絡都取決於你決定要開放或關閉、好奇或防衛、趨近或遠

離別人、連結或斷離。所有這一切都會影響你的行動。

不論自己是否知道，我們總是在做選擇。如果我們不知道做選擇的過程（這牽涉到我們的脈絡、知覺、解讀與感受），人生可能看起來就只是「剛好發生」在我們身上。如果我們了解自己能做出有意識的選擇，我們的行動就會回應我們對自己與彼此的經驗，我們會對自己的行動更負責任。這能帶來絕佳的自由，往往也會帶來焦慮。

一旦你清楚了解自己的知覺、解讀、感受與意圖，並對他人的經驗也感到好奇時，付諸行動的決定就較不複雜、更容易被別人了解，也會更有效地執行。藉由處理這樣的過程，就能發展更多自我負責的能力，你的內在力量也會成長。由此你能發展出大量的能力，回應你選擇的每一個處境。

你有選擇的自由，你自由採取的行動會塑造你的人生，這會為你的個人成長、擴展與轉化，開啟大量的可能性。

為感受負責

就如先前指出的，重要的是透過這個溝通模式而採取**沒有人可以讓別人感受任何東西**的觀點。很多人往往會認為自己的感受是別人的行為造成的結果，然而感受是人類有機個體的內部生理狀態的表現，來自內在。一個人不會開啟或關閉另一個人的感受，也無法使別人興奮或厭煩、憤怒或快樂。每一個人都是自己開啟和關閉這些感受，使自己興奮、厭煩、憤怒或快樂。事實上，就一個負責的人而言，自己的感受、思緒、態度和經驗都是要自己負責的。雖然這通常發生在意識層面之下，但就自身經驗的某個層面而言，人是要為自己負責的。

我們的思緒與態度也是如此，雖然這些可能是從模仿別人而來的，卻是個人內在選擇去模仿。每一個人終究要為自己的思想、偏見、態度、感受、反應

和欲望負責。把這種事情的責任放在自身之外，要別人為我們的感受負責，實在是一種惡劣的社會習慣。因此，若要邁向負責（與自由）的位置，就必須認真處理這些深植人心的態度。當人開始為自己負起責任時，很容易在社會中被視為異於常人。語言和文化一再反覆強化這種信念：別人會牽動我們身上的木偶繩線，所謂「正常」的情況就是：我們是別人造成的受害者。

對許多人而言，這種負責模式最困難的一點就是了解別人不可能傷害他的感受。當然了，有些人確實常常在言談中意圖傷害別人的感受，但其實他們做不到。受傷感的生理機制在當事人的身體裡，由自己的大腦對別人的言行所產生的知覺和解讀來控制。人要為自己的知覺和解釋負責，他們可以用這些武器「刺傷」自己、傷害自身的感受。所以，為受傷的感受譴責別人是沒有為自己負責。但仍可以分享受傷的感受，讓伴侶知道你容易對什麼事感到受傷。透過分享，有可能不再以受傷的感覺控制伴侶。在這種表現脆弱的過程中，彼此會更加坦露自己；親密就是以這種方式滋長。

沒有責備

雖然每個人都要為自己的感受負責，但不代表可以麻木遲鈍。分享感受時，可以同時也體貼別人的觀點。溫柔的開場白，比如：「我想說一件事，但我怕你可能覺得受傷。你願意聽嗎？」可以展現出邀請別人參與時的敏感度，而不是表現防衛的態度。沒有人需要為別人的感受被責備，沒有人要為別人負責，也沒有人對別人有義務。在這之中有極大的自由，如果兩人一起建立關係，是由於雙方都憑自由意志和渴望而做出選擇。當人真的對自己和對方感到好奇，關係就能像盛開的花朵，不需要為任何事內疚或受責備。如果雙方不試圖控制對方，就能對彼此有真誠的興趣，愛的狀態和活力得以在其中展現。當人陷入權力、控制和支配，親密與愛的狀態的可能性就逐漸消散。

雙方不需要有相同的知覺和解讀，也不需要同意對方。當一方分享不同的

解讀產生的感受時，另一方不需要放棄自己的立場。重要的是能尊重彼此的立場，特別是要避免貶抑或輕視對方。這種方式有時會讓人因意見不合而覺得不舒服，但這是需要學習去接受、與之共處的。雙方共處有某些緊張時，若能增進這種接納彼此差異的能力，對任何關係都是有益的。

偏見（預先的評斷）和解讀是組織世界的方式，卻會使人無法了解彼此。人所知道的其實只是**自己**對別人的**看法**。透過與人分享難以改變的態度和成見，就能坦露自己，於是開啟了一扇窗，使親密得以滋生。「溝通模式」的前提就是沒有對錯，只有同意或不同意。當人相信自己受到不公平的對待而生氣時，他確實覺得真是如此，但不表示這是對的！事實上，對方甚至可能也同意他的看法，但仍然不代表這種看法是對的，只表示兩人的看法相同。同樣地，彼此可以互不同意，但沒有人是錯的。由於所有感受都來自大腦對知覺訊號的解讀，所以重要的是能核對各自的解讀。許多人為了想像中的輕視而難受得不說話，對他們所愛的人感到疏離或生氣，都是因為沒有核對自己對事件的解讀！

許多關係因為陷入誰對誰錯的正義戰場而破裂，其實通常只是不同意彼此，並沒有誰對誰錯。當人跨出這種幼稚的行為，學習尊重和接納別人不同的觀點，也不用放棄自己的觀點，就能和諧共處。雙方不需要自我防衛，而是對彼此感到好奇，進一步探索各自為什麼有不同的看法。這種方式能使雙方更了解自己和對方，進而強化彼此的親密感。

內疚、羞愧與寬恕

關於內疚（guilt）和羞愧（shame）的觀念，有許多令人誤解之處。一般說來，這兩種感受都被視為負面狀態。但我們將這兩種感受做出非常明確的劃分：內疚會妨礙個人的發展和親密；羞愧則非常有助於個人成長，並強化親密。

內疚是良心產生的痛苦內在壓力,當事人認為自己的想法或行為違反某些外在環境加諸於人的法律或規定,把自己視為犯錯的人,是需要懲罰的對象。內疚的人自認做了平常不會做的事,希望得到寬恕,所以內疚會否認自己的真實本質,試圖將自己與行為分離開來。所以內疚是一種不願負責的立場,內疚時說的話可能是:「我不是會做這種事的人。」

相反地,羞愧是**認識**自己時產生如潮水般的感受,任何寬恕都無法消除這種體認,因為自己的言語行為確實呈現出自己是什麼樣的人。羞愧時說的話可能是承認「我正是會做這種事的人」。在佛教哲學中,羞愧(慚)被視為高度滋養的意識狀態,重要性相當於信心和同理心。[4] 羞愧會帶來坦誠和體認,兩者都是回到自己真實本質的關鍵因素。

不應把羞愧和內疚混為一談,也不要誤解成一般人常說的「有害的羞愧」(toxic shame,我們認為這是另一種形式的內疚,會造成非常負面的結果),父母常常分不清兩者,所以會生氣地責備孩子說「你該覺得羞愧」,意思其實是「你該覺得內疚」。

內疚會使人覺得自己渺小、沒有價值,伴隨生理上的關閉,身體與能量緊繃、受到壓縮。羞愧則會開啟身體的能量,充滿溫熱、開闊的感覺,覺得無處躲藏。由於內疚會關閉與否認自己,所以不利於親密;羞愧包括對自己的認識、向別人真誠地坦露自己,這正是親密的基礎。

比如我和你跳舞時踩到你的腳,我可能自動說「對不起」以得到你的原諒,好使我不會內疚。其實我是在表示自己通常不會踩到別人的腳,這次可能只是意外。可是,當我以負責的態度看待這件事,就會承認自己正是會踩到別

---

[4] Lama Anagarika Govinda, *The Psychological Attitude of Early Buddhist Philosophy* (New York: Samuel Weiser, 1974), p.121.

人腳的人,因為我才剛發生這種事!體認這一點時,我會充滿羞愧(以及尷尬,這是羞愧的特殊形式),知道你無法以原諒的方式使我變成另一種人,我確實是笨手笨腳的人,和我跳舞就要冒著被踩到腳的風險!知道這一點之後,我就無法要求你的原諒,只能請你了解和接納。這種接納的態度使我更靠近你(和我自己),而內疚的反應只會使我們陷入權力的角力而拉遠彼此的距離。

人通常會從道德的角度來看寬恕,在這種觀點中,我會評斷你做了某件錯事,要你離我遠一點。我寬恕你時,就允許你再度靠近我,這是一種包含階級高低、上下尊卑的觀點,認為其中一人是對的,是犯錯者行為下的**受害者**。

以更負責的方式來看寬恕時,就會體認**沒有人是錯的**。我不喜歡你的所作所為時,可能覺得受傷、生氣,然後離開你。寬恕的行為則是放下怒氣,轉成與你同在,並不是允許你回到我身邊(你可能並沒有離開),而是**我離開了**,然後選擇回來。

熟悉不是親密

當彼此知道更多對方的資訊時,就會產生熟悉感,好比間諜了解敵人,拳擊手深知對手的特性;戰爭中,將軍知道敵人會如何行動,戰壕裡的軍人非常注意敵軍的一舉一動。長時間同住的人也知道彼此的習慣。所有這些例子中,人與人之間都知道許多彼此的資訊,而建立高度的熟悉感,但不必然很親密。親密還需要高度的脆弱性,擁有了解彼此感受的途徑。

當人沒有彼此分享內在的感受,就沒有親密,因此也不會覺得親近。他們在一起不論是為了安全感、方便或任何其他原因,都可以共度滿意的生活。可是,他們的關係會缺少熱情、關愛或個人的成長,要產生這些經驗,需要分享感受,特別是關懷與愛的狀態。若要擁有完滿的關係,較陰暗或負向的感受也必須浮現出來、加以分享。

電影《影子大地》（Shadowlands）描述路易士（C. S. Lewis）晚年對親密與愛的狀態的探索，就刻劃出從熟悉到親密的過程。有一幕中，路易士的妻子喬伊已經知道自己將死於癌症：[5]

喬　　伊：我們還有很多路要走。

路易士：我將一點一滴地縮小成一位丈夫。

喬　　伊：而我將愈來愈胖，就像一位妻子。我聽得出你的腳步聲，在你離家還很遠時，我就知道你回來了。我知道走在路上的正是你。

路易士：我不曾想過自己會如此快樂，而且是在一大把年紀之後。每一天，我回到家，就看到妳。

喬　　伊：從你回家說的第一句話，我就知道你的心情如何，光聽你的聲音就知道了。即使你不說話，從你臉上的線條，我還是看得出來。我看著你坐在書桌前工作，研究你、了解你。

路易士：每一天，我回到家，就看到妳。我還不習慣這種情形，每一天都令我驚喜，妳在家裡！這種純然的快樂令我目瞪口呆，我回來就能看到妳，我擁抱妳、親吻妳，我需要做的只是回來，妳就在家裡。妳使整個世界都變美了，令我如此感恩，為所有普通的居家快樂而感恩。

親密的等級

我們不可能和許多人都有相同程度的親密，由於時間有限，只能和少數人分享大量的私事。人在不同關係中會有不同的位置和遠景。家庭中，每個人都在彼此的生活中占有特殊的位置；有些關係比較親密，有些關係的性質本來就不同於其他關係，例如，夫妻間的親密不同於親子間的親近分享，即使父母和各個孩子的親密程度相同，但分享的內容也會有所不同。

5　William Nicholson, *Shadowlands*, from Plays International, Vol. 5, No. 5, December 1989, p.49.

各人的親密程度會形成許多距離不等的同心圓，最靠近中心的人會與你建立主要關係，你願意分享最多自己的事，也預期能從對方得到最多的回饋。這種關係的發展和維持需要彼此坦率、誠實，你在這份關係中會覺得自己最脆弱，可以探索最深的感受，並激發最大的成長與連結。

　　親密同心圓中第二親近的關係會包括許多不同的人，可能是你的孩子、朋友或其他家人。各人會把這些對象放在不同的位置，並沒有標準做法。當牽涉到孩子時，我們建議夫妻要堅定地把主要關係放在彼此身上。如果父母把主要關係放在孩子身上，會使孩子覺得自己要為父母的健康快樂負責，而逐漸滋生內疚和怨恨。此外，這種孩子容易發展出理當享權的感覺，這是不切實際的，有可能使孩子將來無法主動積極地發展自己的情感和職業。

　　雖然每個人都有許多不同親密程度的同心圓，但主要關係產生的滋養可以運用到所有其他層次的關係；彼此坦露的過程所建立的共同創造模式，可以使人得到啟發，影響所有層次的關係。對一種關係有益的方式，也對所有關係都有益處。

分享感受與情緒

我們會在本章看一看各種感受的分享，比如憤怒、哀傷與受傷，會如何成為滋長親密關係的方式。一開始，我們想先談談如下的情況，許多人會說自己或他們的伴侶沒有感受或沒有情緒，這種情形有可能是關係緊繃的原因。舉例來說，一方可能認為自己藉由劈柴、修理房子來表達感受，而不懂伴侶為什麼不了解他在表達愛的狀態，雖然不是如泣如訴的表現情緒，但她應該看得出來。

對這種情形，先來區分情緒與感受的不同，可能很有用。每一個人都有感受，只是有時不太了解感受。是否以情緒表達這些感受，則是另一回事。

感受可說是內在環境的量尺，就好像溫度是測量外在環境的方法，冷熱的起伏能使人經驗到溫度，有變化才有比較。這種情形也適用於感受，就好比住在恆溫環境的人會失去冷熱的感覺，內在感受變化不大的人也是如此。感受本來就存在，問題在於感受的變化不大時，就容易完全忽略感受。被別人視為「冷酷、控制」的人同樣有各種感受，只是沒有流露出來。

情緒是表達感受的工具，當感受從內在向外界呈現時，就是情緒。所以，一個人可能內心覺得哀傷，但透過流淚或脫離社交接觸來表現。許多自認為害怕感受的人，其實是害怕外顯的表現：情緒。釐清這一點之後，就可以盡力熟悉內心世界，而不用耗費極大的能量來控制外在的表現。害怕情緒通常表示害怕失控或變得過於脆弱，這種人會發展出「進入腦袋」的模式，為了安全感而表現出理性、疏離的樣子，建議他們流露情緒就好像要他們不帶糧食武器到荒野叢林中探險，是非常可怕的提議！

不願流露情緒的人需要高度的了解與鼓勵，才能幫助他們在關係中流露情

緒。不表達情緒的人並沒有錯，也不是不正常，若用對錯的觀點來看他們，很容易引發心理防衛。分享感受是互惠的冒險，雙方都能有所學習。分享感受的意圖必須被提出來討論與澄清，如果能讓關係變得更深入，即使是害怕分享的人也可能願意嘗試。任何與控制、親密和信任有關的議題，都必須先提出來討論，讓不流露情緒的人知道自己處在安全、接納的環境。許多人認為探討過去因為缺乏安全感而不願表達情緒的情境，是很有用的方法。有些人覺得表達當下基於過去經驗而有的情緒，可能會發生很可怕的後果。辨識這些後果可能會很有用。親密關係中，可以學習找到方法，在當下表達與分享自己的感受。

若要這樣做，需要先深呼吸。常常練習深呼吸，可以幫助不論是什麼原因造成與自己的感受「失去接觸」的人，再次體認這些感受，並與伴侶分享。人會以各種不同的方式與風格來表達感受，有些人大聲而明顯，有些人較安靜、含蓄。親密關係中，可以互相探索感受與情緒，促進彼此的親近感。

有些人在經驗到感受時，可能無法形容這些感受，常常很難清楚說出自己的感受，或是不會解釋感受的由來，因此以為自己沒有任何感受。其實他們需要學習表達自己體驗到的任何內在氛圍：腸胃裡的緊繃感、胸中的壓迫感、加速的脈搏、喉嚨的窒息感、想離開的渴望等等。檢視並解釋這些感覺之後，就能逐漸學會辨識感受，說出感受的名稱，由此愈來愈了解自己的經驗，也幫助別人了解。

感受浮出表面時，會表現為情緒。情緒表現出來的原因有很多可能，例如，哭泣可能是操縱的策略，也可能是真實情緒的表達。與真實情緒有關的哭泣可能來自好幾種感受，從哀傷到憤怒、快樂、內疚或緊張，都有可能。親密關係中，重要的是讓彼此知道情緒背後的感受（以及與感受相關的深入脈絡與意義），以避免誤解。重要的是分享這些感受的原因，可以增進親密感和彼此的了解；表達情緒可以讓能量被分享的方式更為深入，提供更大的連結感。

為感受負責與選擇分享

感受是與外在客觀經驗有關的內在主觀氛圍，可以幫助我們在生活中做出選擇。基本上有兩大類感受：促使人彼此靠近的「正向」感受和使人互相遠離的「負向」感受。痛苦的感受，比如受傷和焦慮，會促使我們離開別人、保護自己；而較正向的感受，比如吸引、親近、溫暖、快樂和喜悅，容易驅使我們靠近別人。

以下舉例說明我們描述的感受如何分別屬於這兩類：

正向感受	負向感受
興奮	焦慮
感動	厭惡
放鬆和舒服	苦惱、不舒服
愉快、開放	緊繃、關閉
充滿能量、投入	疲倦、退縮
欣賞	嫉妒、羨慕

感受的產生和責任都在於自己，而不在其他人身上。我自己的知覺和解讀造成這些感受，為我提供最好的反應。例如，我和兒子玩官兵捉強盜遊戲時覺得溫暖、快樂，但如果我突然想到兒子對遊戲過於認真，把遊戲當成真實的世界，於是我開始覺得不舒服，變得擔心、煩惱。差別不在於他們以什麼方式玩遊戲，而在於我以不同的方式解讀他們的行為！

關係中，一方開始出現遮遮掩掩的跡象時，另一方可能開始焦慮，經過一些偵察後，她發現他在為自己安排充滿驚喜的生日宴會，當解讀改變時，所有的擔心就消失了，即使他仍然鬼鬼祟祟，她仍有關愛、溫暖的感覺。有的人會說他遮遮掩掩的行為造成她的焦慮，等於把她視為對方行動之下的無助受害

者。更負責的態度是看見自己的感受來自我們對知覺的解讀。因此，這是一種選擇，在心煩意亂或是為任何特殊感受有所行動之前，都要先與對方核對感受背後的解讀。

所有感受都是出於自己的解讀，了解這一點之後，就可以做出進一步的選擇：可以向別人分享感受，也可以保留在心中。如果分享出來，就得以釋放自己的能量，建立更強的親密感，因為對方可以更了解我們，我們也覺得與對方更親近。如果選擇保留不說，身體的能量就必然會關閉，於是覺得不被了解、與對方疏離，放棄更了解彼此的機會，而減少親密感。這種情形特別容易發生在負面的感受，如果不承認自己有嫌惡、生氣、嫉妒或哀傷的感受，就會因為有所保留而與對方疏離。

如果我因為不喜歡某件事而對某人不舒服，我可能因為擔心傷害對方而不敢說出自己的不舒服。可是，我其實無法傷害他的感受，因為只有他可以傷害自己。我更擔心的通常是他可能因為我的做法而不喜歡我、排斥我，可是如果我不說出感受，他就更不了解我，我們就更不親密。如果我想分享這種感受，就要先徵求許可，這非常重要。我愈為自己的感受負責，就愈能以不責備、不要求對方改變的方式分享。於是負面的評斷就可以被當成資訊來接收，也許有益，也許不被理會。如果我對這種結果覺得失望或怨恨，就知道自己的分享帶有期望，有可能是控制，因此可能危害彼此的關係。當然了，分享我對自己想要控制的自我覺察，本身也能促進親密！

分享憤怒

大部分人都害怕憤怒（anger）。小時候，我們面對憤怒的場面大多伴隨著暴力（我們對「暴力」的定義是：任何跨越已知界線的行為）。重要的是了解憤怒並不等同於暴力！大多數憤怒都不是原發的，通常是對某種傷害所產生的反應。當我們用不同的方式表達這種自然的感受，就可以有所不同。如果學

會負責任地分享憤怒，就能強化親密和親近感。但憤怒的表現常常伴隨脅迫、控制、報復的意圖，這些情形都會破壞關係。如果能注重彼此的安全和尊重，表達憤怒反而能在伴侶和家人中創造更深的認識、了解和親近。

憤怒的作用是能引發行動，關鍵在於我們的行動是否有著暴力。這一點對退縮或退化到長期無助狀態的人特別重要，他們可能是面對威脅或無法處理的勢力或權威，或是因為拒絕、死亡或任何形式的分離而失去摯愛。這種退縮常常伴隨壓抑或否認感受，壓抑的憤怒得到表達時，能提供脫離這種停滯、阻塞狀態的能量。

分享憤怒要以安全、非暴力、負責的方式進行，比如運用「公平決鬥」之類的技巧，這是喬治‧巴赫（George Bach）在《親密的敵人》（The Intimate Enemy）一書中首度提出的方法，[1] 巴赫談到「維蘇威火山技巧」，就是在仔細設定安全的情境和時間的限制後，在其餘家人的同意下，憤怒的人在家人面前發洩自己的感受。值得注意的是，表達憤怒時，某些不公平的責備和謾罵可能悄悄潛入，所以要訂好規則，在維蘇威火山爆發之後，由憤怒的人負責「清理」，說明自己完全為感受負起責任。事先承諾在表達憤怒之後會有「清理」時間，並實際執行，是維蘇威火山的過程能否成功的關鍵。這是重新連結的時光，雙方一起分享，強化親密的意圖。

表達憤怒的其他安全方式包括用拳擊沙袋、打枕頭或床墊、撕碎舊電話簿或廣告型錄、捏麵包或砍木柴。至於小孩子，可以為他們安排安全的情境以表達憤怒，比如表演、把石頭丟入大海、打安全氣袋、踢床墊和大喊大叫。必須牢牢記住，表達憤怒時必須設定界線和安全，並要強調分享憤怒（這是受鼓勵的）和發洩暴力（這是被禁止的）的差別。

---

[1] George R. Bach, *The Intimate Enemy* (New York: William Morrow and Company, 1969).

人往往害怕向自己摯愛或依賴的人表達憤怒，因為害怕傷害這些人的感受。為了深化親密感，就必須一再保證沒有人可以傷害其他人的感受，因為每個人都要為自己的感受負責，所以分享感受是安全的。剛開始學習表達憤怒時，有時需要讓生氣的對象離開現場，但希望後來能鼓起勇氣向當事人分享憤怒；一般說來，最好能先向怒氣的對象解釋表達的目的，以幫助他們了解這個過程的意圖，並得到他們的允許。

極力推薦每一位想深入探討這個主題的讀者去看瓊安‧派特森（Joann Peterson）的書《憤怒、界線與安全感》（A Book about Anger, Boundaries and Safety）。[2]

分享嫉妒

嫉妒（jealousy）是另一種在關係中很難處理的感受，因為這種感受大多被用來控制對方的行為：我因為你的行為感到受傷，所以你必須停止這種行為！其實嫉妒就像所有感受一樣，是自己產生的，它的根源是早期童年的不安全感、害怕自己不夠好、擔心被遺棄。嫉妒時，會把對方看成比自己還重要，重心從內在轉移到別人身上。從正向的角度來看，這種投射是對他人的極大肯定；從負向的角度來看，傷害和嫉妒會被用來控制和占有別人。如果嫉妒被用來控制他人，任何關係都會受到破壞；如果是分享嫉妒，就可以從正向的角度來看：**只要彼此同意不讓這些感受掌控行為**，雙方會因為彼此重視而高興。彼此可以因嫉妒而受傷，並向對方分享，但不要求對方改變行為。如果對方對這些可怕的受傷感覺有敏銳、了解和接納的回應，就可以產生高度的親密和關懷。具有接納氛圍的親近關係中，彼此會有足夠的安全感來討論過去的議題，並療癒童年受到傷害、排斥的舊傷。

分享哀傷和受傷的感覺

大部分人認為，自己不管為了什麼原因哀傷（sadness）或受傷，都容易被別人從負面的角度解讀。另一種常見的想法就是不應該與人分享哀傷，應該讓愛我們的人快樂，而不是沮喪。認為應該安靜或孤獨承受痛苦的人，較容易壓抑各種受傷的感覺，導致生命能量受到阻礙，結果會以較輕微的方式在較長時間中慢慢表現受傷的感受。這種態度通常是我們在孩童時期從父母那裡學來的，因為父母常會說：「不准哭，小心我對你做出真的讓你哭的事！」或「回你自己的房間！沒有人喜歡看你那張臭臉！」

孩子在這種環境中很快就學到自己的哀傷感受是不受尊重的，但他們仍常常有辦法讓父母內疚，以達到目的，常見的方式是「為自己難過」。有受傷感覺時，最好的慰藉就是自憐，可是這種自我紓解的方式常常被濫用成控制對方的方法，以達到目的。板著臉、噘嘴、發牢騷、抱怨都是這種過程的一部分。就像嫉妒一樣，表達自憐而毫不控制對方的經驗，具有療癒的作用。由於自憐常常連結到控制，有效的解決方式就是在你想好好自憐一番時，暫時離開對方，獨自享受這種絕美的感受。如果你有親密的伴侶，甚至可以分享這種經驗（但要在彼此同意的時間限制之內），或是在自憐之後，才向伴侶描述這種感受！

厭煩和冷漠

厭煩（boredom）和冷漠（apathy）雖然都反映存在性的失去目的感，但兩者間具有重大的差異。冷漠的人和世界沒有真實的接觸，處在能量低的狀態，缺乏興趣和關懷。羅洛·梅（Rollo May）在《愛與意志》（Love and

---

2　Joann Peterson, *A Book about Anger, Boundaries and Safety* (Gabriola Island: The Haven Institute Press, 2006).

Will）中描述冷漠是「愛與意志的退縮[3]」，所以是愛的對立面。這種人冷淡、缺乏熱情和情緒、不願投入、疏離、不與人建立關係、不願為關係而努力，身體能量極度緊縮而無法運用、缺乏效能。這種人在關係中不再爭吵，甚至完全不投入，失去意義和希望，沒有改變的動機。冷漠的關係中，伴侶可能以有效的方式處理日常瑣事，但完全沒有熱情。由於他們不爭吵，別人容易將之視為理想的關係。我們會鼓勵冷漠以對的伴侶投入一些充滿能量的活動，比如激烈的紙牌遊戲或網球比賽。一起做呼吸練習也有這個效果，或是一起健走、以某種方式一起運動，都有助於從身體面和情緒面再次推動關係。

相反地，覺得厭煩的人則充滿能量、坐立不安、渴望改變。雖然對身邊的人或工作可能沒什麼興趣，但有強烈的衝動想要找出某個人或事，可以在其中發展興趣。厭煩的人常常責備別人或某件事造成厭煩的感受（「他們好煩」或「這件事好煩」），而使自己成為無助狀態中的受害者。依我們的觀點，他們是自己不投入興趣，自己造成厭煩的感覺。

為自己厭煩的感覺負責，意味著承擔付諸行動的責任，運用意志、主動進取、鼓起勇氣、發揮創造力，以做出必要的改變。在關係中，向對方坦露厭煩的感覺是很重要的，因為分享問題就需要共同找出解決辦法；當一個人感到厭煩時，雙方都面臨挑戰。這時重溫溝通模式會有幫助，強調各人擁有自己的感受，避免任何責備。請牢記這個格言：**沒有令人厭煩的人，只有感到厭煩的人。**

大多數人以為厭煩是對人或某個主題缺乏興趣，確實常常如此，在這種情形下，探討自己為什麼只付出極少的能量，是很有意思的事。關係中面臨厭煩時，可以考慮在限定的時間中嘗試「興趣試驗」，以了解他們發生了什麼事，並積極對彼此產生好奇。在某些情形下，厭煩其實是一種防衛方式，避免自己太過投入。親密關係中，厭煩有可能只是隱藏對親密的害怕。厭煩包含的情緒能量愈大，就愈可能是一種防衛。

內在風景

　　所有感受在每個人心裡都是一幅巨大的風景：這裡有一座代表平靜的涼快山谷，那裡有一個代表絕望的沙漠；這一區象徵坦誠的遼闊平原，再過去是興奮、喜悅的群山，旁邊還有代表冒險的可怕懸崖；這一邊可能下著哀傷的細雨，那一邊是一片代表欲望的狂野叢林。當你處在內在地形中任何一個區域時，很容易覺得那個區域就是全部，忘記自己只是把當時的特殊感受放到最凸出的位置。所有其他感受（風景中的其他區域）仍然存在，只是暫時退到背景，你可以確定自己在其他時候會移到別的區域。牢記這一點，就可以在自己卡在某個感受跳不出來時，想到其他遠景。當你陷入沼澤時，請記得山巔。當你攀爬喜悅的高山時，也記住沙漠就在不遠處，好在你滑落到沙漠時，不需要覺得絕望。請帶著指南針和遠景與你同行！

3　Rollo May, *Love and Will* (New York: W.W. Norton & Company, 1969), pp.29 - 30.

發現力量↔面對焦慮

發現力量

昨天我遇到一個全人。那是千載難逢但總能發人深省、激發高尚情操的一種經驗。成為一個完整的人是一個艱辛的過程，以致鮮少人有足夠的領悟或勇氣去付出必要的代價——他必須全然拋開自己對安全感的索求，伸開雙臂迎向生命的挑戰。他需要像愛人般地擁抱這個世界，但不求輕易得到愛的回報。他需要接受痛苦，視之為存在的必然。

——莫利斯・韋斯特（Morris West）[1]

面對焦慮

最大的奧祕不在於我們被隨機拋擲到這個豐沛的地球上和銀河系裡，而在於我們可以在這個牢獄中塑造足夠強大的自我形象，來否定我們的虛無。

——安德烈・馬爾羅（André Malraux）[2]

---

[1] Morris West, Shoes of the Fisherman (London: William Heinemann, 1963), p. 204.

[2] André Malraux, quoted by Maurice Friedman in To Deny Our Nothingness (New York: Dell Publishing Co., 1967), p. 17.

成敗之間：自我憎恨與自我疼惜

從多年來的助人工作上，我們覺察到一個十分普遍的困境。我們遇到的人多半都隱約覺得自己不大對勁，我們自己也有過這種經驗。它不見得會出現在意識的前景，然而每當我們向內探尋時，就會發現這種莫名的迷失感，或者「身心不安頓」的感覺，生命似乎出了什麼差錯。許多人也表述過類似的經驗，這促使我們開始探究人為什麼會有這種感覺。人們也常覺得自己沒有完成該完成的事，也許覺得自己做錯了什麼，或者自己的存在本身就出了問題。我們發現這跟我們與自己較深的本質失聯，以及那伴隨而來驅使我們去解決這個問題的動力有關。

本章所提出的思想架構，探究的就是這個現象。它是我們過去四十多年來工作上的基石，也是我們自己的人生基石。這個架構為人們提供了一個觀看自身處境的視角，以及一個跟他們已經步上的某些道路的不同選擇。簡言之，我們相信在力圖達到理想的自我形象卻未能如願的過程中，人們脫離了他們真實的本質，困在自我憎恨的循環裡，為自己帶來種種且往往是悲慘的後果。深諳成功之道的人，往往也是備受敬重、被推崇為楷模的人，但這些成功者的內心裡，卻常因為寂寞、對內在本質的渴望和無孔不入的自我憎恨，而飽受煎熬。

我們認為人們可以選擇去運用他們自我疼惜的能力，去開創不同的人生。這些是我們根據凱倫・霍尼（Karen Horney）、西奧多・魯賓（Theodore Rubin）和其他人的論述[3]，經過多年探究所建立的想法。我們很欣慰已有許多人因實際應用這些概念而找到了新的人生方向。

3　K. Horney, *Neurosis and Human Growth: The Struggle Toward Self-Realization* (New York: W.W. Norton and Co., 1950) and T. Rubin, Compassion and Self-Hate (New York: David McKay Co., 1975).

真實我、理想我和現實我

我們稱這個思想架構為三「我」：真實我（Authentic Self）、理想我（Ideal Self）和現實我（Actual Self）。不過要聲明的是，這些「我」並不是分離、個別的實體，而是一個過程的情意叢（constellations）。你也可把它們想成是一個人的不同面向，或是一個歷程的不同元素；然而，它們並非是靜止的「東西」。

我們假設每個個體生來都是一個獨特的存有，在這個架構裡，我們稱它為真實我。我們說過，使用這個具體化的標籤是權宜之計；它其實不是一樣東西，而是一種存在狀態。這種存在狀態有著雙重的本質：一方面，每個個體的「存在狀態」都是獨立且獨特的；但另一方面，它也是整個宇宙的一個示現。以此而論，我們在根本上不僅彼此相連，也跟宇宙的運行相連。因此，每一個人都是獨立、分離的個體，同時也都彼此相連，或共屬於一個更大的系統。因為這樣的本質，我們注定會感到既孤獨又相屬。個體的真實我面向從嬰兒的基本本質和人格特質即可見一斑。一如許多母親可證實的，似乎每個孩子自生命之初即展現出獨特、個別的性格，一種個體生命的特有本質。有些人也許會稱這個真實我為「靈魂」，但無論我們叫它什麼，它包含了個體生命的所有潛質，這些潛質可以隨著時間推移和未來的經驗而開花結果。一如沒有兩片雪花是相同的，每個人自生命之初便是獨一無二的。然而，縱使每個人都如此特殊，但每一個真實我都會從所有其他的我以及整個宇宙顯現出來，而且始終與之相連。這就是我們的靈性本質。

大多數的父母在孩子還小時，就開始幻想孩子將來可以成為什麼樣的人。他們殷切、竭盡所能地提供孩子所需的一切，夢想孩子將來能超越自己的成就。他們也許會思考如何幫助孩子成長與發展以達到這個目標，一個激勵孩子和父母去追逐成功與成就的過程（若孩子做「對」了，父母便成功了）於焉展開。這是一個必要的過程，但也會帶來很大的問題。父母鼓勵孩子完成簡單的工作，然後熱烈地獎賞他們，從而啟動了一個詭異的動力機制。在殷殷期盼孩

子成功的同時，父母經常也會對孩子當下的行為表示不滿。面對這樣的處境，孩子得到的信息是：自己還不夠好，他們必須設法改變這一點。即使得到父母正向的回饋，年幼的孩子也認為那是對他們達到理想我的獎勵，而不是對他們本然存在的認同。他們了解到自己的目標就是實現那個理想我，成為一個跟本然自我不一樣的人。真實我顯然是不夠的。就這樣，孩子將父母和他人的期許內化為對自己的期許，開始建構我們所謂的理想我；那是孩子取悅重要他者應有的形象，畢竟那些人是他們賴以生存的對象。

這是孩子成長的常軌。來自孩子以外的期許、要求、指令被正規化、銘記在心，成為他在漸趨成熟的過程中內在世界的行為自律系統。孩子想做的、想

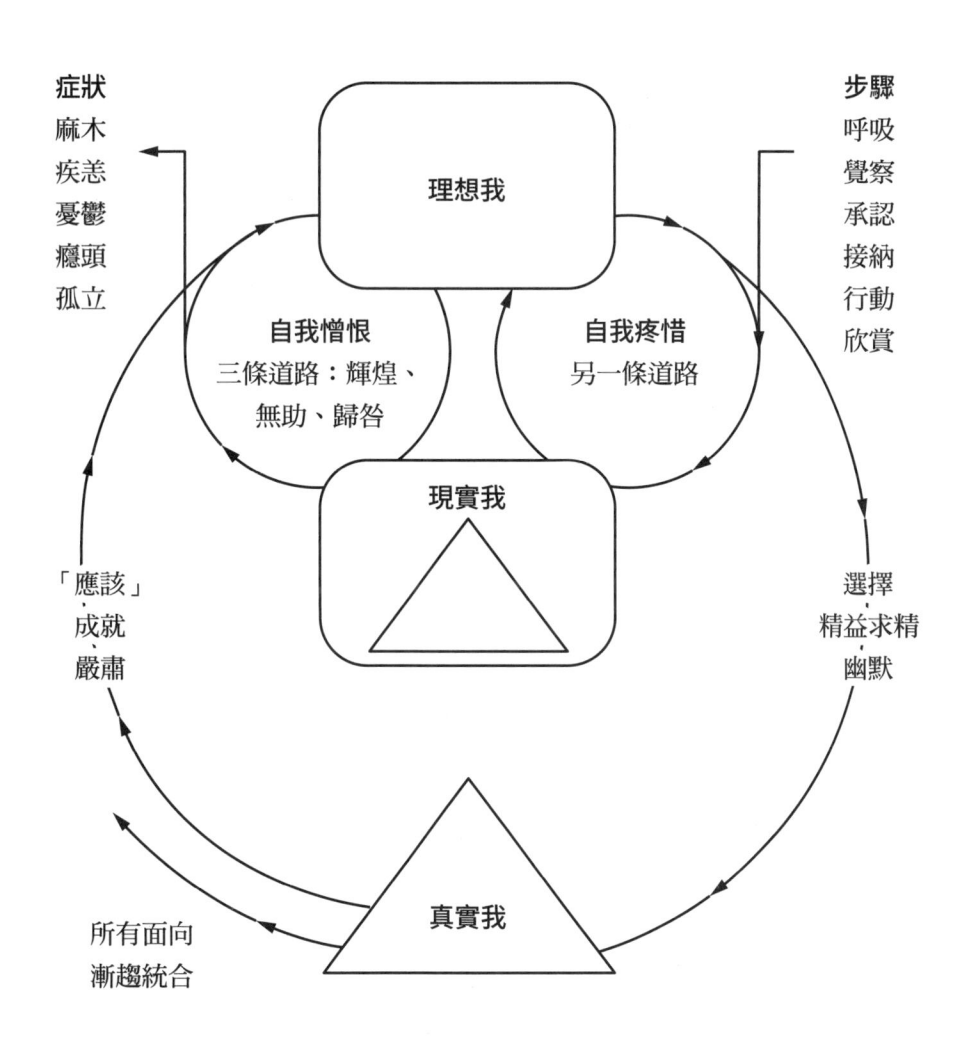

症狀
麻木
疾恙
憂鬱
癮頭
孤立

理想我

自我憎恨
三條道路：輝煌、
無助、歸咎

自我疼惜
另一條道路

步驟
呼吸
覺察
承認
接納
行動
欣賞

「應該」
成就
嚴肅

現實我

選擇
精益求精
幽默

所有面向
漸趨統合

真實我

生與鬱

要表達真實我的衝動，經常與父母的期許背道而馳。但那些期許逐漸成為孩子人格的一部分，一個自我管理的理想我，真實我與理想我的交戰就此變成一場內鬥。一旦這個過程被內化，即使沒有父母或任何外在權威的監督，它仍是會發生。這個自制機制在生命最初的幾年便穩當地建立了。就這樣，孩子從很小的時候就給自己套上了枷鎖。

理想我的期許通常會以「應該」的形式表現；套用凱倫・霍尼的一句名言，我們讓自己活在「應該的暴政」之下。[4] 這個暴政有著不可違逆的絕對性：因此，「我時時都應寬容體貼」、「我時時都應成功」、「我任何時候都不該生氣」等等。一旦將這些絕對的應該內化，我們便注定走向失敗，因為要達到這些理想根本是天方夜譚。

最後的結果通常是某種形式的妥協；現實我就是在這種情況下形成的。現實我既達不到理想我的標準，也無法展現全部的真實我。然而，就是透過這樣的過程，成長中的孩子才能變得比較中規中矩、守紀律、有教養，準備為將來成年後的責任接受教化。

表面上，也許這個過程看起來相當平和。我們看到年幼的孩子逐漸長大，發展成一個「好」孩子、一個合群的學生、一個有責任感的公民。畢竟，所做的妥協並不是毫無道理的；那些妥協對孩子在家庭或社會中生存和發展是有益的。然而在內心裡，成長中的孩子卻因為活在三個我裡——真實我、理想我、現實我——痛苦掙扎著，試圖滿足所有的我，好讓心緒能保持在還算平衡、安適的狀態，不至於神志失常。這樣的嘗試，通常會讓一個人陷在我們所謂的自我憎恨循環裡。這個循環具有兩個主要面向。

首先，人們會強迫自己追求他們的理想我，然後因為達不到目標而憎恨自己，並再接再厲。倘若真的達到一個目標，他們通常也會將門檻提高，使得這個循環永無止境地持續下去。其次，在挫敗感加劇的同時，一個人也會覺得自己拋棄了真實我。當人們益發努力地按照自己的理想我行事，從而與他們的真

實我失去連結時，就會感到非常失望，進而加劇了那不斷攀升的自我憎恨心。就這樣，人們為了達到那個理想我而憎恨自己，又為達不到那個理想我而憎恨自己。這種自我憎恨會以許多方式表現出來，這部分會在本章稍後繼續探討。

這個過程會產生一個凶險的作用。我們自童年起便學會輕忽來自真實我的感覺，而愈來愈專注於迎合他人、功成名就。孩子愈來愈在意外在的人事物，而不是傾聽內在的聲音，於是培養出一種迎合他人、討好他人、表現給他人看的人生態度。這就是我們所謂的「依賴場域」（field dependency），這裡的場域是指「外在」世界，而不是我們的內在世界。這個情況甚至會變本加厲，因為正如之前特別提到的，人有將場域內化的傾向。因此比方說，我們的心裡可能會時時迴響著母親的聲音，即使她與我們的生活已經沒有直接的關係。結果，我們愈來愈無法察覺到較屬於自己內心深處的聲音。每一次孩子聽從場域的支配（不管它顯然是外在的或已被內化的）而犧牲真實我時，就會有一種與自己失聯的感覺，一種背叛、離棄、迷失的感覺。這種背叛感是自我憎恨裡的一個幽深部分。任何一個重視成就的文化，都會為其子民製造這麼一個進退兩難的處境。我們意識到我們必須學會聆聽和回應他人，然而這麼做的後果之一，可能就是與自己失聯，陷入失衡狀態，繼之引發各式各樣的問題。

了解到理想我是自己創造出來的意象是很重要的。它不僅是父母和社會強加給我們的，我們也並非只是成長環境下的受害者。事實上，孩子（以及長大成人的他們）始終都在主動地參與選擇，自覺或不那麼自覺地，決定將哪些理想納入自己的理想我形象中。這些選擇，有的顯然跟生存需求有關；嬰兒期的我們都必須學會基本的生存之道，以確保能從母親那裡得到溫飽。其他選擇則跟我們想得到的讚許和愛有關，我們決定了它們的優先順序，決定什麼是我們願意捨棄的、什麼是我們想要納入的。

4　Horney, *Neurosis and Human Growth*, Chapter 3, "The Tyranny of the Should."

我們的同事偉恩・道奇，以自己的童年故事將這一點刻劃得淋漓盡致。他的父親是一個很熱衷的棒球迷，希望偉恩也能打棒球，所以常會花很多時間跟他在院子裡玩投接球。但儘管父親費心盡力地調教，偉恩對棒球既展現不出什麼天分，也沒什麼興趣，所以他並沒有將父親對他在棒球上的期許納入自己的理想我中。不過偉恩倒是對家族裡的另一個理想，音樂，產生了熱情的回應，進而希望自己能成為優秀的音樂家，這個期許逐漸成為他理想的自我形象的一部分。由此來看，理想我跟現實我一樣，是一個人真實我潛質的一種（有限的）表現方式。對偉恩來說，才華洋溢的音樂家這個自我形象，一如他實際在音樂方面的表現，是其真實我的一個示現。如果我們對理想我和現實我之間的不一致產生自我憎恨的反應，因為我們始終都知道不論理想我或現實我都不是真實我的充分展現，問題就來了。它們所體現的都只是真實我的一小部分，而當我們愈來愈聚焦於它們之上時，也就愈來愈看不見自己的所有潛能。

三條道路和自我憎恨症狀

　　在我們的社會裡，最終能登「頂」，成為政治、經濟領袖或媒體寵兒者，往往是那些最積極進取的人，而他們之中不乏充滿自我憎恨與憤怒的人。不過這個現象並不局限於頂端那一小撮的勝利組，每個人多多少少都會面臨如何平衡這些內在驅力和張力的兩難課題。這也不是純屬西方人的現象；在我們接觸過的許多亞洲以及來自其他文化的人身上，也見證到同樣的現象。為了發展理想我，人們學會採納和扮演社會接受的角色；這些角色也許因文化而異，但它們的運作全都是為了維持理想的自我形象，不惜犧牲真實我。

　　當人們陷入這種自我憎恨循環時，通常會步上歸納如下的三大類道路：

※ 輝煌之路：人們可能會否認他們陷在自我憎恨的循環裡，或試圖忽視它的作用。他們可能會繼續朝自己的目標奮鬥，不斷提高門檻。他們也許成績斐然，但永遠不會知足。在這個過程中，他們會與自己的真實本

質漸行漸遠。

※ 無助之路：人們可能會因為必須對抗這個必然且令人無奈的處境而陷入絕望或自憐，從而感到憂鬱和焦慮。

※ 歸咎之路：人們可能會一味地怨怪他人或體制（如父母和其他掌權者）為他們製造了這個困境，或者將自己無法企及理想我的問題歸咎於他人。他們也許會執著於報復和懲罰，心中累積的憤怒可能為身心帶來嚴重的後果。

無論一個人選擇哪條路——事實上我們很可能會在不同時候選擇不同的道路——都可能引發諸多症狀，這些症狀也會因不同的選擇而有所不同。為了努力對抗自己的深層本質，人們變得麻木、拘謹、僵固。他們的呼吸模式和肌肉受到壓縮，而且體驗不到全然活著的感覺，或與他人接觸的樂趣。這種與自己的感覺失聯的狀態，最終會在生理、心理或心靈上以症狀表現出來。

自我憎恨的症狀包括壓力、憂鬱、執念、強迫性思考和各種形式的自毀行為。因為想要麻痺自己，讓自己感覺不到自我憎恨心，人們常會沉迷於某種物質或活動；因此，在酗酒及其他成癮和依賴行為的核心裡，經常都潛藏著深深的自我憎恨心。它可能會在生理上引發各種病症；往往是過敏症和其他所謂的界線症及許多其他身心症的肇因（關於過敏症和其他所謂界線症將於〈健康與療癒〉章節討論），也經常是畏懼症的根源。這些人在心靈上可能會體驗到空虛或混亂、生活缺少方向感或有很深的罪惡感，甚至有輕生的念頭。

諷刺的是，懷揣著高度自我憎恨心的人，往往也是那些看似飛黃騰達的人。這個現象曾在我們參加一個電視談話節目，與電影明星和其他名人的短期接觸中，赤裸裸地呈現在我們面前。這些人散發著無比的魅力、能量和光芒，讓與他們一同現身於訪談現場的我們望而生畏。但令我們受寵若驚的是，有好幾回，在後台的化妝室，這些名人會悄悄過來敲我們的門，想跟「生活態度專家的醫生」聊聊。我們很驚訝地發現他們說的竟是同樣的故事：外表上，這些人功成名就，但他們的關係卻是一團糟，他們有著難以克服的癮頭和其他自我

挫敗的行為，而且極度缺乏安全感。外在成就與內在不確定感之間的天壤之別，令人咋舌。我們知道，最具進取心、高成就的人往往也是社會上位高權重的人。這些人如何處理他們的自我憎恨心，會為社會帶來許多重大的後果——包括家庭失能、反社會行為、社會動盪甚至戰爭。不過這種自我憎恨心是我們每個人都有的。

另一條路：自我疼惜循環

所幸，除了這些道路和自我憎恨循環，另有一條路可走。任何時候，現實我都有能力以兩種不同的態度去看待同一個處境。誠如我們所見的，人們可以選擇野心勃勃地追求理想我，從而激化自我憎恨循環；也可以選擇自我覺察和自我接納，從而啟動我們所謂的自我疼惜循環。在兩者的交界處，是一個存在現象，那就是選擇：雖然我們無須為陷入身處的困境自責，但卻可以選擇如何去看待它及處理它。現實我具有自我憎恨的一面，也有自我疼惜的一面。要置身於哪一個歷程，人們隨時可以選擇。

當人們開始覺察到自己的困境，他們可以選擇接受自己的本然，並意識到自己可以選擇何時執行追求完美的衝動、何時不這麼做。他們可以選擇疼愛自己，偶爾放鬆一下，滿足自己對消遣或娛樂的需求。這就是自我疼惜之路。我們視之為一種循環，並為它設計了幾個步驟，含納在 BAAAAA 這個字首縮略詞裡：以 B：呼吸（breathing）來帶動接下來的五個 A：覺察（awareness）、承認（acknowledgment）、接納（acceptance）、行動（action）、欣賞（appre-ciation）。

我們說過，為了對抗較深層的本質，我們通常會去壓縮自己的呼吸。選擇較充分且深度地呼吸，可以開啟新的可能；它代表並促使我們願意去體驗自己當下的內在所發生的。呼吸時，我們會開始對自己力爭上游的模式有較多的覺察。接下來就是向他人和自己承認這些模式；承認可幫助我們克服僵固的否認

自我疼惜循環步驟（BAAAAA）

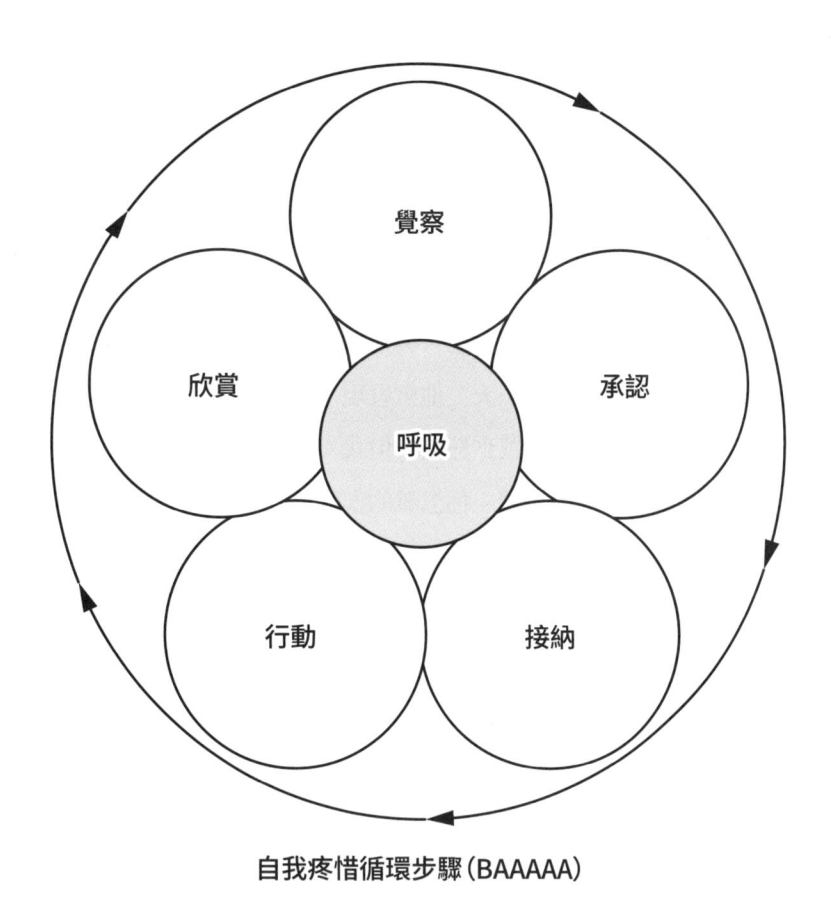

模式，解開固著，再度與他人連結。揭露自我，不僅代表接納也可增強接納。然後我們將之付諸行動，透過更加自覺的選擇採取行動，這個自我疼惜的過程便能進一步維繫下去。在行進中對這個過程的省思，可讓一個人因為勇於面對內在的掙扎而欣賞自己。

將這些步驟觀想成一個自我疼惜的循環，人便能提醒自己這是一個持續不斷的過程。在這條路上，一個人可以一再地省察自己不同的面向，並體驗到愈來愈深化的自我疼惜和接納。在上圖的圖示中，我們將呼吸置於圖中央，以強調它在整個過程中的重要性。

一開始，覺察和承認表面上也許產生不了立即的效益，但很快地，這個過程就會發揮它的作用，一個人就會開始接納自己；起初只是曇花一現，但後來

就會愈來愈尋常、愈來愈可靠。在這個過程中,一個人要面對的挑戰就是承認自己的不完美,包括力爭上游和追求權力以證明自己的迫切心理。這個步驟常會讓人感到忐忑,因為有了覺察,人會愈來愈發覺自己的不完整,甚至難以啟齒的動機。但另一方面,一個人若能接受這項挑戰,那固著的理想我形象就會開始隕落、隱沒,取而代之的是比較安頓的內在所帶來的自信。成就循環的孤立和寂寞會逐漸成為背景,而與自己、與他人、與整個生命歷程的連結感會逐漸生根、愈來愈扎實。然後有一天,他會發現:「我喜歡這個敞開心房揭露自己的我。雖然揭露的缺點令我感到難堪,但我喜歡這樣的自己,所以我願意這麼做。」這樣的感悟經常會伴隨一種溫暖的安適感。褪去的是寂寞、麻木或失聯的感覺。我與自己連結了!我能夠接受自己所表現和揭露的現實我。我能夠接受自己如此不顧一切地去創造和維持這個理想的自我形象。對於自己心焦意切地想做到這一點,我懷著溫暖的疼惜心。我真切地覺得比較自在了,且體驗到一種與自己連結的平靜感。

當我體驗到這些時,隱約捕捉到自以為早已失去的東西:我開始看見那深層的自己,瞥見了自己的真實本質!我在感受自己、理解自己,然後發覺那些努力、那理想的自我形象、那個現實我和它的不足、投入這個過程的勇氣、對自己的感覺……全都是我真實存在狀態的不同面向。它們全都是我的一部分。

一開始透過承認,進行一點點(但勇敢)的分享,然後再一點一滴接受自己的拚搏和自我設限。這個過程的強度便會與日俱增,成為日常生活的常態。這時候,自我接納就會變得比較容易。自我憎恨會失去它劇烈的刺痛感,安然自處的感覺會穩定地增長。我不再嚴肅地追逐成就,而能以一顆溫暖的心幽默地看待自己和人生際遇。同時,我對自己有了更開闊的看法,我體驗和見證到自己的各個面向:拚搏的我、現實我、理想我,啊!還有深層的本質或真實我。自我疼惜的循環擴大了、增強了,擁抱著我所有的怪癖和獨特性。漸漸地,我成為自己人生的主人翁。

這個過程好比一座水車。當水車轉動時,空的水桶浸入水中去舀取較深層

的自己。隨著自我疼惜水車的持續轉動，愈來愈多深層的自己被汲出水面，跟現實我和理想我一起攤在陽光下。當來自深層本質的水滋養現實我和理想我時，整個過程就更有能量，水車會更加強而有力地轉動，浸入深處，去汲取更多的水上來。渾然一體的過程！

危險：拋棄理想我，把真實我當成理想

在這個自我疼惜的道路上，人們有機會去接受自己的所有面向，包括追求完美的這個部分。理想我是經過多年的構築和修整打造出來的意象；它是一個追求的目標，理應受到尊重。試圖否認理想我注定是會失敗的，而且這麼做最後可能會使人轉而追求真實我，如此一來，真實我不過是變成另一個理想我罷了！這會重新開啟自我憎恨的可能。雖然成就倫理可能會成為一個強制性的陷阱，但拋棄它同樣會導致固著；我們推薦的是學習接受我們存在狀態裡的這個面向，然後選擇你想要的生活方式。

從「物」到「人」，從物化到融入

在本章，我們要檢視物化現象。我們會先探索它在孩子正常發展過程中的緣起，並指出對孩子而言，要在這個世界上為自己建立一個安全的地方，並在意識到自己的存在時，應付那排山倒海而來的強烈焦慮，物化是多麼有用和必要。接下來，我們會探討固著於物化會帶來的一些限制性和分裂性的後果。最後，我們會對如何超越物化的限制，坦誠地與他人互動和對話，提出一些建議。

首先，我們要強調物化是完全正常和必要的。但人若固著於物化，而對自己以及如何與人連結近乎完全無知，問題就來了。

物化

人物化彼此的能力可說是非比尋常。所謂物化就是把對方當成可以被我們使用的事或物來對待，而不是有其思想、欲望與感受的活生生的人。我們的工作中，主要是透過客體關係理論來了解這個現象。

根據這個理論的觀點，人的早期經驗大多是物化（或譯為客體化）的經驗，嬰兒只有透過別人的照顧才能存活，需要有人為他們準備食物、清洗、保暖。人在出生時具有的只是成為個人化自己的潛力，所以早期經驗會把別人當成不具人格的物體，就像孩子對父母一樣，並不是人對人的經驗。最初的生命經驗中，這種態度是必要的，因為初生嬰兒只需要有人扮演供應者和保護者的角色，就此而言，「父母」可說是最理想的角色。父母受到某種原始的驅力推動而生養兒女，興味盎然地回應這項任務（這種驅力寫在基因密碼中，由複雜的內分泌和生化系統調節）。父母和孩子都不知道對方的原貌，在早期階段也

不需要知道。這是一種物體和物體之間的物化關係，對人類種族的延續非常重要，但這種關係裡的雙方都看不見物體背後的真實人物。

這種狀況有一套複雜的變數在運作，以確保孩子成長時的安全和健康，那時的孩子還沒有長出「我」（self，或譯為自體）。角色、期待、理所當然的感覺、義務、道德和禁忌、內疚和自負，都是這種物化經驗的一部分。隨著意識不斷成長，孩子最終長出「我」，而有潛力逐漸成熟，發展成完整的人。在這之後，才有可能出現人對人的互動；不幸的是，物化的經驗如此深植於大多數個體與社會中的運作，以至於對大多數人而言，很少發生人對人的接觸！

我們發現這個關於物化的思考架構非常有用，然而，它並沒有說出完整的故事，事實上，有些人質疑其基本前提。客體關係理論認為要到三足歲才會出現自己，他們堅持孩子在那之前大多生活在物化的世界。有些人不同意，比如丹尼爾・史騰（Daniel Stern）就說「我」是在一開始就出現的，是「預先建構好的新生實體」。[1] 當代的研究提出良好的證據，認為孩子在客體關係取向認可之前早已具有同理心，會與人互動；依此觀點，就比較不會強調物化在人生早期階段的角色。

心理學理論中這種分歧的看法被莫里斯・伯曼（Morris Berman）稱為「混濁領域」（murky territory）。[2] 我們認為兩種取向都有優點。我們喜歡史騰的觀點，他認為「我」是一種預設的潛力，但我們同時也看到，直接處理「我」的發展過程中不可避免會出現的許多物化議題是有價值的，所以在我們自己的思考中同時會運用這兩種觀點。我們認為嬰兒相對較沒有能力辨識周遭人物的興趣和關注；直到三歲，孩子才能好好遵守規則，但還不擅於考慮別人的感受和經驗。但也不是某些客體關係理論家所認為的可以用年紀做出清楚的劃分。所以我們現在的立場是做為個人的「我」在出生時只是一種可能性，在與他人

1　Cited in Morris Berman, *Coming To Our Senses* (New York: Bantam Books, 1990), pp.32-34.

2　Ibid.

互動的過程逐漸發展出來。同時,我們深信從一開始就有一個明確的存有,同時具備了把別人物化與人性化的潛力,這是個體人格的種籽。[3]

不論「我」的產生與其物化和人性化的能力是什麼,我們清楚看見大部分孩子受到的養育是一連串訓練的過程,而不是鼓勵個人的發展。他們被教導要有合宜的行為,學習可以依賴什麼人、如何區分對錯,了解感激和內疚的意義,於是學會在角色與物化的世界中運作;但沒有接受足夠的教育,學習如何以個人或成為自己這個人的方式與他人建立關係。他們盡可能凡事做到最好,努力成為完美、成功的某物(客體),扮演社會認可的角色(也就是成為「好」孩子,然後是「好」學生、「好」丈夫、「好」妻子、「好」公民、「好」商人等等),這種努力對他們大部分的人生可能相當有用,可以為他們提供存在的意義;如果功成名就的話,人生就更有意義了。可是,即使很成功,許多人到了某個年紀卻會開始懷疑這一切是為了什麼,而感到缺乏滿足感,這才發現他們沒有把自己或別人看成一個人,他們認識的只是他們的角色:物化的我!

學習物化:一個至關重要的課題

孩子出生時,雖然身體脫離了他們的母親,但並未隨即帶來心理上的分離。新生兒在經驗上和心理上,似乎無法從他的整個環境分化出來;所有的東西都是孩子的某種延伸。因為感知器官尚未發展,早期的經驗都是模糊不清的,而且非全即無,因此,孩子對飢餓或飽足、熱或冷、痛苦或愉悅、黑暗或光明所體驗到的反應是非常籠統的。

隨著感知能力的提升,孩子逐漸能辨識出周遭的一些顯著形象,並給這些形象貼上標籤。他們學會辨識一個巨大的形象,它來來去去,而且似乎跟痛苦的解除有所關聯。這個形象,他們最後叫它「母親」,或任何代表主要照顧者的名稱,不論性別。在生命最早的十八個月裡,隨著感知能力的快速發展,孩

子逐漸能夠辨識和指稱物體（包括人）。藉由命名，讓孩子得以將經驗象徵化，將感知到的整理成可複製的現實。孩子透過辨識和命名這些發展的必要過程，學著去辨識周遭的世界，並開始去理解它，逐漸建立他們對周遭事物的掌控。

　　成長中的孩子在充滿物件的環境中四處移動和玩耍。他們開始離開能提供安全保障的主要客體，亦即他們的母親或那些擔任「母」職的人，到處探索。爬離母親身邊時，孩子會轉過頭來確定她仍在那裡。隨著信心的增長，他甚至能單獨在房間裡玩耍，不時以聲音與一牆之隔的母親互動。就這樣，孩子組裝出母親的形象，也就是客體關係理論學家所謂的「內在客體」。[4] 當這個客體漸趨穩定時，孩子知道他們的父母（以及父母提供的保護）始終都在，也就更加安心地到處走動了。就此而論，將他人形象化是控制和穩定心理的一個很重要的方法。

　　在最初兩年，即使孩子已經開始指稱物體，他們可能仍然無法清楚分辨周遭的物體是與其分離的實體。孩子體驗到的那個來來去去的「母親」，是自己的延伸。孩子抱著的玩具熊仍然是自己的一部分，而不是一個分離的實體。的確，孩子很可能覺得所有他們指稱和物化的都是自己的一部分；這就是嬰幼兒

3　若想更深入了解客體關係理論與「我」（自體）的問題，可以參考《存乎一心：東方與西方的心理學與思想》電子書，特別是在第二部第三章與第五部第五章。我們就這個主題與蓋瑞・福斯特（Gerry Fewster）與喬福瑞・卡爾（Geoffrey Carr）有長期的對話，不時有熱烈的討論。這兩位實務工作者都沉浸在兒童發展的學術研究，兩人都堅稱我們過度倚重客體關係取向的觀點。我們在他們敦促之下進行研究，顯示有某種認識他者為「人」的狀態在更早期就有發展，並發現明顯的證據顯示我們的孫女在非常幼小的年紀就具有各種行為表現。我們目前認為兩種取向是不同的，但是相容的。一種取向認為孩子從很早期就與母親結盟，且與他人有密切的交互影響，這個概念是本質主義者的取向；史騰的觀點所認為的出生前的潛力，類似榮格的原型觀念，以及希爾曼的橡實觀點。另一種取向認為每一個人都是以單獨的身體獨自出生，需要發展知覺與理智的系統，以得到客體化，發展出內容物，這樣的概念比較偏向存在主義者的取向，我們認為這個取向也有用處。對我們而言，各個體系雖然有不同的脈絡，但都有其用處。

4　D. Rinsley, "The Developmental Etiology of Borderline and Narcissistic Disorders," Bulletin of the Menninger Clinic, 44(2), 1980, p. 129.

期的「原型自戀」（primary narcissism）。雖然他們在辨別不同的物體（從而磨練辨別力），但仍然把那些物體當成自己。因此在孩子眼裡，母親是自己，玩具是自己，食物也是自己。

許多理論家認為，孩子要到兩、三歲有了自我覺察後，才能清楚地將「我」從周遭的物體分化出來。也就是在這個階段，孩子意識到「我在這裡！」因此，這些「難搞的兩歲幼童」其實是在實驗自主性的意志，和建立一個比較穩定的自我感；到了大約三歲的時候，那個自我終於「誕生」了。從此時起，孩子開始展現他的個人意志和選擇，並準備為個體化的人生拉開序幕。我們要特別聲明，並非所有的理論家都同意自我感是到三歲左右才穩定下來的，有些作者根據當今的一些研究，指出自我是從人出生時就有的。我們個人認同的觀點則是：自我在出生時只是一個「尚未顯現的潛能」；我們主張人自生命之初即有一個本體，而且自我是透過經驗發展出來的。

人格物化對關係的限制

一如歐內斯特・貝克（Ernest Becker）所描述的，孩子眼中的父母是巨大且強大的，能保護他們不被宇宙摧毀的庇護者。[5] 有父母在身邊，孩子覺得很安全。然而慢慢地他們發現，萬一這些無比強大的父母不高興了，對他們的福祉可是一大威脅！於是孩子對他們的照顧者產生了矛盾心理——他們的父母，強大得足以抵擋宇宙的威脅，但也能運用同樣的威力來毀滅他們。

父母比生命還大，理應被敬重、感激與畏懼。於是孩子學會臆測大人想要什麼，然後一心一意地去取悅他們，以便掌控那被他們物化的父母。孩子當然害怕遭到遺棄，所以會想確保這個照顧他們的客體不會棄他們於不顧。起初，這種取悅行為很原始，也起不了什麼作用；孩子學會用蠟筆塗鴉和捉迷藏遊戲來引誘大人。但很快地，這些行為就會變得比較裝模作樣且熟練，並被納入非同小可的依賴場域的迎合過程中，而讓人們在面對外在的想像要求時，抑制自

己的渴望。

孩子就是透過這個過程，建立了理想我，用以掌控情勢、確立安全感、對抗焦慮，免得遭到遺棄。就這樣，孩子出賣了剛萌芽的真實我。如果孩子選擇使用控制和操弄模式來發展一個防衛性的自我，他就會與真實我失去連結。大多數孩子就這樣被箝制在一個客體世界裡，而為了控制環境裡的客體，得到安全感，否定了自己的自主性和自我發展。大多數成人（至少在某些部分）也保留了這種看待關係的幼稚方式，因而限制了他們與他人的連結。既然沒有學會把這些客體當成人來對待，他們也就不可能與他人有真實的對話。

這就是馬丁·布伯所謂「我——它關係」（I-It relationship）的基礎，在這樣的關係裡，人們基本上是把彼此當成物體而不是人來看待。[6]我們會發現，要發展出成熟的、真正的人與人之間的「我——你」（I-You）關係，一個人必須正視他對非存有的恐懼，並接受孤獨以及無法控制外在客體的事實。如此，他才可能與他人建立真正的個人關係。

促使兩人進入關係的性衝動和性吸引力經常都帶有物化的成分。這也是物化的許多用途之一！不過，性關係並不等於親密。事實上，除非一個人學會將這種基本上不把人當人的衝動轉化為人與人之間的真情，否則性行為很可能會成為我們所界定的親密的一個障礙。

界線與心牆

界線是自我與他人之間感覺到的介面，是有彈性的，會不斷移動，有時向

5　E. Becker, Denial of Death (New York: The Free Press, 1973), p. 146.

6　M. Buber, I and Thou (New York: Charles Scribner's Sons, 1970).

外移動以得到經驗,有時向內縮以保護自己。碰觸界線會刺激內在自我做出靠近或遠離的動作,這種具有方向性的反應就是人際溝通時的感受。個人的感受則是依據當事人對接觸性質的解釋而產生的。

角色可以保護「我」,避免易受傷害的接觸。扮演角色時,「我」會築起心牆以維護自身和控制他人。心牆不同於界線,是缺乏彈性又不會改變的,充滿「應該」和規條,沒有什麼適應變動情境的能力。心牆裡有主要的防衛機制,用來與人保持距離,還有種種社會化的訓練,以確保社會的接納和賺錢的能力。由於心牆既厚又無法穿透,所以對外界不起反應,缺乏敏感度。心牆就好像矗立的宏偉城堡,雖然好看,但作用是防衛——對阻擋敵人非常有用,但住起來卻又冷又難受。

心牆只能從內在改變。人在親密關係中會降低城牆的高度,打開門窗以呈現內部。帶著伴侶同遊心牆內部,就是承認自己在什麼地方、為什麼、用什麼方式來防衛和控制,讓對方知道你的內心世界,進入容易受傷的親密狀態。當你有足夠的安全感讓伴侶探訪內心世界時,就會開始拆卸心牆,改以界線取代。心牆存在太久的人,在遇到合適的伴侶時,常常急著擺脫心牆,很想與對方融合,但這是另一種喪失自己的方式。「獻出你自己,但不要放棄自己」[7]。

建立界線時,首先要體認你只對自己、自己的感受和行為充分負責;在此沒有責備他人的立場。然後就能看見眼前的所有選擇,一旦做出選擇後,就準備接受其結果。在我與他人的介面間所做的選擇,就創造出界線;請記住,這種選擇可以是「是」,也可以是「否」。在界線中,你可以自由改變心意,只要讓對方知道你的改變即可。在這種方式中,界線能保持彈性,較不易再度凝固成心牆。形成界線就是變得人性化,親密關係中的人完全生活在彼此的界線之間;物(即被物化的人)則被心牆分開,最多只能彼此熟悉,但缺少親密。

父母若想鼓勵子女發展成一個「人」,就必須能一直看見孩子的觀點。「睡覺時間到了,現在上床睡覺」,這種話是不重視「人」的規條,如果父母能說:

「我知道要你停止現在的活動一定很難受（看見），但需要足夠的休息才能進行明天的活動（結果），你現在必須去睡了（界線）。」這種方式就與規條非常不同。規條是控制行為的捷徑，但會讓人築起心牆，使人物化；相反地，界線則能強化人的發展。放任則是同時放棄心牆和界線，也會阻礙人的發展；孩子常常把放任解讀為缺少關懷（事實往往確實如此！）。

政治操作與人性化

我們把「政治」界定為與權力有關的情形；一般說來，政治關心的是掌控和順服。「人性」則與「成為一個人」的發展過程有關，與權力、掌控或順服完全無關。在政治中，人不受到重視；在人性中，則關心人。當人取得權力，雖然強而有力，卻失去與自己真實本性的接觸。當人更真誠時，會因為與自己和他人的接觸而展現「（內在）力量」，雖然沒有什麼權力，卻能呈現出自己。

大部分教育體系的本質都是威權主義，鼓勵物化的行為，以產生社會經濟的安全感。人在其中被教導要發展勝過別人的**權力**（power），這種情形下，教育就淪為**政治**，這時關心的是如何處理外在環境中其他被物化的人。所幸還有一些學校和老師嘗試教導人發展內在**力量**（strength）。然而大部分人在學校和家中接受的就是這種政治化的教育，所謂「一切都是為你好」。這些人進入關係時，往往以物化（政治）的態度對人，關心權力的控制或被控制、擁有對方或被別人擁有。

---

7 D.H. Lawrence, Aaron's Rod (Harmondsworth: Penguin Books, 1950), p.200.

花園：從政治操作到人性化

關係花園能促進成長，我們建議伴侶要同意除去所有政治操作人際行為的雜草，一旦出現這些行為就要加以辨識。基本的原則是彼此坦露，並承認所有試圖控制他人的方法。一旦發現政治化行為，就把焦點轉移到分享行為背後的感受：是不是覺得受傷或害怕呢？如果關係保持在政治化的氛圍，就好像警察局或法院，企圖判定誰傷害誰、誰說過什麼話、誰應該被責備。當關係變得人性化時，雙方會採取坦露和脆弱的態度，各自為自己的感受負責並願意分享出來，在這種氛圍中，兩人都能充滿力量地成長。

物化可以對我們很有用，所以仍然值得尊重，不需要加以指責。但若要創造親密關係，就必須學習超越物化的新技巧，並在伴侶的了解下，一起學習、發展親密的技巧。

製造敵人

生命的混亂帶來的焦慮似乎讓人無法招架，所以人們覺得有必要去整頓、控制周遭的物體（以及被物化的人）。在這個過程中，他們創造了意義，也就是決定什麼是「對」、「錯」，什麼是「善」、「惡」，什麼是「得當」、「不當」。就這樣，人們創造了倫理道德來支配他們與他人的互動，以期為個人和文化提供一種持續性和安全感。不幸的是，誠如佛洛伊德和其他人所指出的，這種道德規範被賦予的重要性似乎已經超過這個基本功能；道德所提供的行為準則被嚴格地制式化了，並在其功能之外被賦予了其他意義。道德成了一種將人物化為「他者」或敵人的方法。[8]

自古至今，不計其數的人在維護文化和道德的旗幟下慘遭殺害。將人物化（敵人、異教徒或野蠻人），無異於剝奪他們的人性；既然敵人已經被非人化了，戰爭中實際的殺戮不過是再前進一小步的行動而已。這就是為什麼軍事訓

練要花這麼多功夫去教化士兵如何將「仇敵」去人格化。要一個孩子的父親去殺另一個父親，很難；但若要一個「士兵」去殺一個「敵人」，一個「征服者」去殺一個「土著」，一個「信仰捍衛者」去殺一個「異端邪說者」，就容易多了。

人們也在日常生活裡做著同樣的事，物化他人以便控制他們，並在這個過程中將他們塑造為敵人。這個過程可能還含有一個更深的層次。因為內在世界的混亂更貼近自己，所以它可能比外在世界的混亂更可怕。許多從內心生起的衝動和感覺（例如不懷好意的殺人衝動）是他們無法接受的，最方便的解決之道就是壓抑、否認這類衝動，試圖將它們隱藏在榮格所謂的影子裡。與此同時，人們可能還會將自己的這些影子向外投射到其他人身上，以紓解內在世界的壓力，儘管這麼做可能會讓外在世界變得更恐怖。於是，這些向外投射者就這樣被認定為「敵人」或「野人」或「瘋子」了。不只是個人，整個文明社會似乎都需要這些投射者，甚至成立一些常設機構來為其服務。

人們就是透過這種物化過程，在自己與他人之間製造了間隙與隔閡。凡是不熟悉的都被詮釋為威脅；為了控制它，人們將之物化，視之為敵人。這是許多女人和男人、文化和社會、宗教和機構看待彼此的方式。在關係裡，這是導致親子疏離、伴侶分離的過程。道德的建立鞏固了人與人之間的隔閡；有人永遠必須是「對」的，所以其他人必然是「錯」的。這打不破的藩籬使得人們怨憤難消，於是懲治成為必要的手段。消除隔閡，意味著放棄擁有投射對象所帶來的便利；如此一來，人就必須面對內在的恐懼，對抗內在空間所湧現那不被接受的衝動和感覺，最終為自己負責。同樣地，機構也必須負起責任，而不是譴責、迫害其他機構或個人。然而，負責的態度並不常見。伴隨這種責任而來的巨大恐懼和焦慮，說明了人和機構為何拚命抓著僵固、代表正義的道德觀，判定別人是錯的，而不是選擇放下控制，創造比較快樂的生活。

---

8 S. Freud, *Civilization and its Discontents* (New York: W.W. Norton and Co., 1961).

我們在海文學院開設了一些課程，來幫助人們覺察他們將自己的一些面向投射到他人身上的現象，並學習接受它們為自己的影子。值得注意的是，在這個學習過程中，人們經常發現在力圖追求理想我的同時，他們不只是壓抑、否認了自己「低劣的本質」，還有如今很想在生命中凸顯的一些本質，例如幽默和喜樂！有了這樣的覺察，一個人就比較能重新接受並負責任地面對過去否認的那些面向。

與身體解離

類似的物化過程也會發生在一個人的內在，在自我與身體之間。因為人們經常將自我視同為覺察和意識，所以認為自我即是心智本身，獨立於身體之外。因為身體內部的狀態，有太多是人們意識不到和無法控制的，所以人們常將身體置之度外，把它當一個物體看待。又因為身體時時都與自己同在，所以人們可把它當作唾手可得的屏幕，把自己的焦慮、恐懼、憤怒、恨與愛都投射其上。許多人就這樣把自己的身體當成了敵人，否認並疏遠它們。他們愈是疏離自己的身體，就變得愈害怕、提防。他們愈是與自己的身體解離，與他人的距離感就愈大。間隙因此擴大。與身體和他人的切割，可能會導致許多病症開始生根、成形，而這個過程看起來好像不是當事人能掌控的。

架橋：邁向對話

湯瑪士·薩斯（Thomas Szasz）指出人有能力相繼發展出三種交談模式：自語、獨白及對話。他形容思考是跟自己的交談，發生在我們所謂心智的這個隱喻性空間裡。因此，所有思考都跟語言有關。因為這種自我交談（也就是思考）是自己跟自己在隱密的心智空間裡談話，所以叫自語。[9]

孩子很早就發現語言是用來引起注意和控制的。除了使用語言來思考（一

如在自語裡），表達他們的所思所想也能引來別人的注意力。透過這樣的表達，孩子宣告他們的需求，以期周遭的「客體」（最初是照顧者）滿足他們的需求。既然年幼的孩子沒有領會到那些客體是人，他們的表達其實算是一種「獨白」。一如舞台上的演員向觀眾傳達一個角色的內心活動，但無法得知觀眾內心的反應。大多數人發展到這個層次的溝通幾乎就止步了，以致人與人的互動往往只是相互的獨白。這種交談方式可能會帶給人掌控、得到注意力的錯覺，甚至關係的假象；但人們在其中幾乎體驗不到任何真正的滿足感或認同。

從一個「物體」世界走出來，發現其他人（以至於自己）是人，是一個看見他人、接受他者的過程。要做到這一點，一個人需要對他者感興趣，把他者設想為一個獨特、自主、自覺、負責的人，去感受和欣賞他的內在經驗世界。這就是布伯所謂融入（inclusion）的本質，是「我——你」關係。這個時候，人與人才可能分享彼此的內在經驗——展開真正的對話。如此一來，被物化的人才可能轉化為真實的人，在生活中體現並感受到人與人的連結，以及自己在生命中的定位；學習「架橋」，人與人之間的隔閡就會逐漸隱沒在背景中。

我——你關係：對話與融入

當兩個人覺察到彼此的人性時，他們的關係就變成真正的對話關係了。這就是融入的過程。

融入……是盡可能以最真實的角度去想像對方是一個獨特、完整的人。這個舉措意味著設想對方，你最渴望的對話者，此刻的思慮、希望、感覺和領會。[10]

---

9 Thomas Szasz, *The Meaning of Mind* (Westport, Connecticut: Praeger Publishers, 1996).

10 W.G. Heard, *The Healing Between: A Clinical Guide to Dialogical Psychotherapy* (San Francisco: Jossey-Bass, 1993), p. 78.

以馬丁・布伯的說法，這是一種以「我──你」而非「我──它」立場來看待與另一個人的關係。在這樣的對話裡，彼此在對方的心目中都是一個具有人性和人格的人，而不只是物體。根據布伯的說法，在我──你的對話裡，融入是「一種大膽的擺盪，一種需要徹底攪動自己的生命以進入另一個生命的過程」。[11]

我們，本書的作者，在一同生活的歲月裡所建立的就是這樣的關係。我們在海文學院的課程裡所教的，以及在〈脈絡〉──親密與溝通一章勾勒的溝通模式，就是為了幫助人們透過自我揭露和好奇的過程，走出自語和獨白，進入與另一個人的真實對話。而這個過程的一部分就是讓彼此知道我們如何物化了自己和彼此。

「我──你」關係中物化的正當用途

我們說過，物化是一個正常的過程，也是心理發展初期的一個必要階段。遺憾的是，人們傾向固著在這個物化的過程裡，阻斷了邁向親密和自我揭露的可能。

物化並非不好，因此沒有必要杜絕。在提供安全感、社會常規以及日常秩序方面，物化是人類非常有效率的手段之一。然而，在親密關係的領域裡，一個人需要承認物化是自己的作為，不是「真理」。這樣，人們就能透過 5A 步驟（覺察、承認、接納、行動、欣賞），去分享他們對彼此（物化）的看法。

在對話中，任何分享（包括幻想、評斷及物化）都能增進親密。當人們為自己的物化行為負責，承認是自己物化了對方，他們便是在確立個人的界線。承認這一點，縱然會加劇一個人的焦慮，但也會削弱他的物化行為。如此，真實我的世界便能打開，他才可能與對方這個「人」進行真正的溝通。

人們在剛了解到這一點時，常以為他們應當直接停止物化，但這麼做只是一種否認，反而會讓他們更加固著；試圖擺脫物化，反而會擺脫不了它。人們其實可以學習輕鬆地享受浪漫和其他物化遊戲，而不把它們當作終極意義；同樣地，他們也可玩玩大致上以物化為基礎的性愛遊戲，而不將其當作最終目標。走進戲院，享受電影，然後回到大街，繼續過日子！

　　還有一層心靈的面向。不抗拒地臣服於物化並揭露它們，一個人便能開始拋開對自己的不實想法，逐漸接觸到自己的真實本質。承認物化的「我──它」關係，可促使人們對另一個人的個人世界感到好奇，然後進入「我──你」層次，在那裡與他人進行真實的對話。

將物化整合到親密之中

　　親密關係中，物化他人和玩弄權力遊戲會使人產生極大的熱情，這就是性興奮的本質，也是依賴的樂趣所在。多愁善感大多來自物化，最流行的情歌高唱「我不能沒有你」（我把重心轉移到你身上）、「你離開時傷害了我」（你該為我的痛苦負責）、「沒有人知道我的痛」（全然物化的自憐）。沒有這些物化經驗的生活顯然非常單調乏味！親密關係中可以同意彼此有這些感受，並讓對方知道，**只要不以此控制對方就好！**這是建設性的協議，讓伴侶能玩玩這些感受，在限定的時間與特定的空間表達出來，讓這些具有破壞潛力的元素變得比較像是電影院的經驗：在當下徹底享受，但不用來控制關係。我們總結為一句話：**好好感受一番，但最終要回歸真實！**

11　M. Buber, *The Knowledge of Man: Selected Essays*, M.S. Friedman and R.G. Smith, trans. Atlantic Highlands, N.J.: Humanities Press, 1988), p. 71.

彌合與癒合

背叛真實我往往會讓人感到空虛、失望和貧乏。在親密的對話裡，在「我——你」關係裡，消弭自己與他人之間的隔閡，也可以讓人學會弭平這種內在的斷裂，化解自己與自己分離的感覺。在癒合與另一個人的罅隙時，人們通常也會癒合自己內部的分裂。雖說一般人寧可相信你必須先學會愛自己才能愛別人；但更可能的是，你在學會愛另一個人時也學會愛自己。往前一步，向另一個人揭露自己（一種親密之舉），你會發現過去與別人是多麼疏遠，與自己又是多麼分裂。覺察到那些間隙，人們就有機會去彌合它們。當一個人向他人揭露自己時，他會開始覺察到自欺欺人的物化；並在這種親密的交會中，看見對方也看見自己。

人性化的收穫

人性化的分享雖然有風險，但走出心牆和防衛的物化立場具有許多潛在的收穫。最終有機會學會如何成為一個人——跳脫忽略人性的規條、義務和期待！

透過在關係花園中發展親密感，就會發現自己能超越物化角色的限制與障礙。

「我——你」這個基本的字眼，只能以人的整個存有來言說。只有我，不可能完成專注與融合中形成的完整存有；沒有我，也永遠無法完成。我需要你，以成為我；成為我的過程，我說你。整個真實人生就是相會。

——馬丁・布伯（Martin Buber）[12]

12　Martin Buber, *I and Thou*, trans. Walter Kaufman (New York: Charles Scribner's Sons, 1970), p.62.

自我價值感、鏡映與自我疼惜

自我價值感是一個人對於自己、自我價值、自我尊重的評量。近年來，高自我價值感已然成為許多人追求的目標，而我們認為這個現象也導致了一些問題。在我們自己的工作上，比起自我價值感，我們更看重的是自我疼惜，而我們會在本章告訴你為什麼。

根據一般的看法，自我價值感的培養跟人格發展中的鏡映作用有關。簡單地說，孩子在父母眼中看到的自己愈有價值，他們就會愈看重自己；孩子在人格發展的早期體驗到愈多肯定，就愈可能發展出高自我價值感。所以，為人父母者和教育者應該給予孩子充分的正向回饋和誇讚，以建立孩子的自我價值感。

然而根據我們的經驗，人們似乎常為低自我價值感所苦，即便以社會的標準來看他們非常成功，也得到很多正向回饋。另一方面，我們也遇到一些人，雖然小時候得到的正向鏡映非常不足，後來卻似乎發展出非常正向的自我感。

最令我們感到憂心的是，我們觀察到許多人力圖達到一個高自我價值感的理想境界，卻在過程中為自己設下了失敗的陷阱，困於自我憎恨循環中。甚至有些人似乎認為自己生來就應享有培養高自我價值感的必要環境（譬如關愛、高度的重視、成熟的父母）。當這樣理所當然的期待落空時，他們常會怨恨父母背叛、欺騙了他們，有的人就此認定自己不值得被愛；他們把父母似乎不愛他們的事實，當成自己不值得被愛的明證。

在這一章，我們要進一步探究這個問題，希望能讓你對鏡映和回饋作用有較入微的了解。我們認為體驗到誠實、直接的鏡映與回饋，以及學習培養自我疼惜的能力，比依賴他人的肯定來提高自我價值感更為有益。

發展自我評價的能力：駕馭（精益求精）與成就

孩子從小就開始經歷兩種不同的現象，且經常將兩者混淆——駕馭帶來的快樂與成就帶來的自豪。當他們開始學會走路或自己綁鞋帶，或成功地將食物送進嘴巴時，他們可能會體驗到一種滿足和駕馭感。透過這種駕馭的能力，孩子體驗到發現新事物的迷人獎賞；在變得愈來愈自立、有能力擴展自己的世界的過程中，孩子持續體驗駕馭的樂趣，也因此變得愈來愈自主。實現潛能的本然欲望，激勵他們去實現自己渴望體現的內在成長動力。在這個狀況下，父母或教師能做的極致，就是提供一個安全的學習環境，以及一些鼓勵性的支持，好讓這樣的駕馭力綻放、成熟。

然而，在體驗到駕馭的同時，孩子也體驗到成就及其獎賞的吸引力。孩子開始意識到他們做的每一件事都會受到評價，被論斷為好或壞、合宜或不合宜、令人滿意或不滿意；而且，他們的行為似乎還會造成其他人的愉悅或不悅。這些情況助長了孩子的依賴場域；他人的評價變得比孩子從駕馭中得到的樂趣來得重要。達到理想我的境界遂成為許多人在成長過程中自我評價的主要依據。

鏡映

「我」發展成為一個人，而不是一件物，是非常複雜的過程，鏡映（mirroring）和練習界線（boundaries）的運用是兩個非常重要的因素。身為某物的孩童被照顧時，會用探索的眼光看入照顧者的眼睛，從其中回映出的訊息，得知自己是什麼人。由於大多數父母把孩子視為自己擁有的物體和需要訓練的對象，於是回映給孩子相同的訊息。大部分父母的作用都有如扭曲的鏡子，或是放大孩子的重要性（凸透鏡），或是貶低其重要性（凹透鏡），很少如實看見子女真正的樣貌（平面鏡）。於是，大部分孩子透過角色來發展自我概念，並以同樣的方式看待父母。這種親子關係主要是物對物的關係，而不是

人對人的關係。若要更成為一個人，關係中的雙方就必須為對方提供平面鏡。由於孩子面對父母的形象時，並沒有提供平面鏡像的經驗或能力，所以這個過程必須由父母開始。如果父母本身也沒有從自己的父母那裡學到，就要從同儕身上學習。這是親密關係的主要功能之一。

鏡映：學習如何看見自己

鏡映是成長中的孩子從照顧者那裡得到回饋的過程。鏡映有幾種類型，而人們最常體驗到的是凹面鏡映和凸面鏡映。正如凹面鏡會縮小本來的形象，過度的批評會產生心理上的凹面鏡映作用，使得孩子把自己看得比實際要小，並認為自己在父母眼中是個不中用的人。而在光譜另一端的凸面鏡則會放大原本的形象，如果父母過度、不合理地誇讚孩子，就會在孩子身上產生心理層面的凸面鏡映作用，使得孩子看起來比實際的大且重要。

透過內射，孩子囫圇吞棗地接收了父母的評價功能（創造了所謂的超我，或內在父母，或理想我），自我價值感就此被這個內在判官給左右了。這個內射權威的本質（嚴厲、寬縱、不一致或僵固）跟提供給孩子的鏡映息息相關。鏡映功能的扭曲（譬如高估或低估）將對孩子的自我價值感產生根本的影響。

孩子若被父母低估（亦即接收到凹面鏡映），就會傾向內射一個低估性的內在判官，以致相信自己是愚鈍、沒有價值的，對自己充滿懷疑和不確定感。這樣的孩子會長成一個自卑、沒有信心的大人；他們也許追求完美，但永遠不會對自己感到滿意。他們捨棄了伴隨駕馭而來的那種自然的愉悅感，選擇去依從這種貶抑性的評價過程。這往往就是他們亟欲追求理想我的潛在原因。

然而，權威者的過度讚揚通常也不會帶來比較快樂的結局。這種扭曲（凸面）的鏡映也許確實能讓孩子產生一種表淺的高自我價值感，但如果他心中沒有相等的駕馭感，孩子會直覺地認定它是虛假的。在這種狀況下，孩子經常會

鄙夷那個外在的權威（然後連帶地，蔑視所有權威）；同時又因為愚弄了那些重要的權威而厭惡自己，但仍不惜一切地去維持那個假象。所以，父母的過度評價表面上或許可帶來高自我價值感，但伴隨而來的卻是更深、更危險的自我厭惡心理以及對他人的鄙視。這些人往往成了社會的領袖和標竿，是大眾仰慕和想要仿效的對象—例如政治領袖、影視偶像、搖滾明星。

通常，孩子體驗到的是無法預料的凹面和凸面鏡映組合，從而發展出一種不穩定的自我感。如果父母展現的是漠不關心的態度或根本沒有鏡映的能力，孩子很可能會認為自己無足輕重、沒有價值和不值得被愛。缺乏某種鏡映，心理上的存在感（亦即自我價值感的前身）可能會萎縮，日後想要提高自我價值感將是極為困難的事；即使這樣的嘗試看起來很成功，但因為缺乏真正的基礎，所建立的自我價值感也可能是不堪一擊、虛有其表和不健全的。

另有一種我們所謂的如實鏡映。採取這種鏡映的父母，會根據他們對孩子真實的了解，提供給孩子誠實、合情合理、實在的回饋，也樂於聆聽孩子的感受和觀點。這樣的鏡映可以幫助孩子建立如實、正向的自我感，接受真正的自己。重要的是，即使一個人沒有在童年得到這樣的鏡映，他還是可以讓它成為其成人經驗和關係裡的一部分。給予並得到這樣的鏡映，是與他人發展親密的一個重要部分。

追求高自我價值感：重蹈覆轍地追求新目標

高自我價值感已然成為許多治療師和教育者致力的一個主要目標，他們把它當作一個必須達成的目標，致使自我價值感成為一個新目標。努力追求這樣的理想很容易讓人重蹈覆轍，陷入自我憎恨循環。在試圖達到高自我價值感的過程中，人們會因為沒能完美達到目標而憎恨自己。他們也許會得到表淺的高自我價值感，但最終反而會更加厭惡、憎恨自己。他們把自我價值感當成理想，卻因為試圖得到它而失去它。不僅學生如此，他們的老師也如此。我們遇

到許多陷入自我憎恨的教育者，他們認為自己是不適任的教師，因為他們沒能讓所有學生都產生高自我價值感！

我們每個人更需要致力的是發展自我疼惜、自我接納和自愛的能力，如此才能更充分地體驗到與他人之間的愛。然後我們也才能接受自己的自我價值感程度，無論高或低，而不去製造更具破壞性的自我憎恨心。

演練 5A 步驟（覺察、承認、接納、行動、欣賞），它可以非常有效地幫助你汲取更多的自我疼惜，覓得更圓滿的人生。

理當享權 [1]

　　我花了四十年的時間將我的心理學化繁為簡，但也許我可以讓它再精簡為「所有的精神官能症都跟浮華、虛榮有關」——但這麼說，人們可能還是不懂。

　　　　　　　　　　　　——阿爾弗雷德·阿德勒（Alfred Adler）[2]

　　理當享權是孩子發展過程中的一個自然現象，因為嬰兒相信周遭的世界必須提供他想要和需要的。按理說，孩子在成長過程中會逐漸放棄這個立場。雖然在生命之初理當享權有其重要性，但如果一個人長大後還持有這個立場，可是會適得其反的。早期的理當享權有助於一個人意識到自己在這個世界上的重要性，可是長大後，這種「自戀」的立場常會阻礙一個人與另一個人真誠的對話，以及對自己在社會和世界上的位置有一個成熟的認知。在我們的工作上，我們見過許多人滯留在這種理當享權的階段；確實，在我們看來，這種固著似乎是我們這個時代的一個特有現象。我們認為這是人們迫切需要去面對的問題，我們會在本章說明為什麼。

理當享權的前因

　　在子宮裡，孩子體驗到的是一種與母親合而為一、幾乎無法分辨你我的狀態。出生後，嬰兒雖然在身體上脫離了母體，但心理上仍把母親和環境裡的其他物體當作自己的一部分。隨著感知功能的發展，嬰兒開始覺察出模糊的輪廓，慢慢能夠辨識出其中一個形體是他們平時的供應者（當他們發展出語言功能時，會稱這個實體為「母親」）。同樣地，他們也學會辨識其他的人與物。起初，孩子會把所有這些物體都當作自己的延伸，而不是分離的實體。在心理漸趨成熟的同時，孩子愈來愈能辨識外在的人和物、知道它（他）們的名稱。

學習語言符號讓孩子知道如何稱呼外在世界的不同部分，從而提供了他們一個理解這個世界的媒介。

即使孩子逐漸意識到母親是與他們分離的實體，但卻一如既往地視母親為他們所有。餓了，母親是他們的僕役，供給他們所要的；冷了或尿濕了，他們所擁有的人就該來照顧他們。這就是理當享權的經驗，是兒童發展初期的一個正常階段。在一到兩歲間，嬰孩開始從父母身邊離開，探索周遭的世界，但會不時回頭確認父母對他依然是滿意的、依然在他的掌控之中。然後孩子繼續前行，帶著這種理當享權的意識進入世界。這時的他不但視母親為他所有、聽從他的每個念頭和指令，還將這種理當享權的意識應用在世界的其他地方，期待得到注意力和服侍。

理論上，照顧者應該提供界線，而不是縱容孩子予取予求。當孩子遇到這些界線，才有機會覺察到父母是與他們分離、全然不同的實體，有著自己的想法、情感和欲望。一開始孩子會反抗這樣的覺知，試圖將父母掌握於股掌之間。如果父母能成功地維持自己的界線意識，孩子就能繼續發展成一個更加獨特、個體化的自己。父母本著關愛、一致的態度設立界線，孩子便能在這樣的環境下漸漸走出那個自戀、只顧自己的世界，覺識到他人的人格，並開始建立一種比較穩定和圓滿的自我感。接受和尊重他人的界線，學會以自己和他人的關係來界定自己，是一個叫做分離個體化（separation-individuation）的漫長旅程。[3] 我們在《存乎一心》中對兒童發展的這個客體關係論有較詳細的說

---

1 編按：每個人都應合理且公正地享有自身應得的權利。原書譯為「理所當然」，在本書語境中指的是一種「權利意識」，即認為世界應無條件滿足自身需求。為更精確傳達其心理學涵義，改譯為「理當享權」，以突顯本章欲表達之意，避免語意歧義。

2 Alfred Adler, quoted in Ira Progoff, *The Death and Rebirth of Psychology* (New York: McGraw-Hill, 1956), p. 81.

3 M.S. Mahler et al., *The Psychological Birth of the Human Infant: Symbiosis and Individuation* (New York: Brunner/Mazel, 1976).

明。[4]

　　父母能對孩子的發展產生多大的激勵作用，取決於他們自己的發展程度，所以養兒育女的當務之急就是「自己先長大！」不幸的是，父母經常認為自己有權要求孩子滿足他們的期待（成為他們理想化的孩子）；這樣的人尚未真正覺識到他者的獨特性，因此不太能容忍他人的渴望和差異性。父母若沒有意識到孩子的人格，就很可能會以允准和注意力來獎賞他們的子女，以鼓勵他們發展為理想我。如此被縱容的孩子，被父母視為物件，沒有機會碰觸到父母的界線，人格亦未得到父母的認同，也就無法對分離的他者建立足夠清晰的概念。所以輪到自己為人父母時，他們一如既往地抱持著理當享權的立場，視自己為宇宙的中心。長大成人的他們，依舊相信世界理應滿足他們所有的願望，所以當欲望沒有得到滿足時，就會認為自己是受害者。他們沒有培養自主決斷的能力，依賴著他人，也沒有學會體恤他人，而這樣的體恤本可幫助他們體驗到更深刻的個／客體恆常性（object constancy）、增長主體恆常性（subject constancy）以及個體化。[5] 他們的心理發展停滯了，持續固著於理當享權的位置。

理當享權的後果

　　長期困陷在理當享權的狀態中，後果往往是不堪設想的。以我們下面描述的景況來看，理當享權的後果著實堪慮。可悲的是，我們在此描繪的特性並不限於少數人。事實上我們認為，能夠克服萬難走過詭譎多變的成長歷程，而沒有或多或少陷在理當享權狀態裡的人，少之又少！即便是我們當中最健全的人，偶爾也會出現下面描述的某些行為。幸好，我們認為，只要有勇氣和洞見，一個人隨時都可以回頭檢視過去受到遏阻的發展，找到鬱滯的能量，重新活絡它。

　　理當享權會讓一個人長不大、沒有責任心、缺乏自主決斷的能力，他們期待別人的關照，老覺得自己受到不公平的待遇。依賴場域的他們很容易覺得受傷、不快樂；沒有什麼同理心，在關係裡非常依賴他人。他們也缺乏好奇心，

因此學習僅只是為了得到他們認為自己本該得到的。理當享權的人不太能從經驗中學習，對別人也欠缺真正的興趣或關懷。

這種人漠視他人的態度從其日常生活的互動中可見一斑。比方說，他們可能會站在出入口，無視其他想要通過的人。他們可能會將菸蒂丟在地上，對於必須另外有人把它撿起來毫無愧疚感；在他們心裡，其他人都是他們的僕役，本該縱容他們的隨便。用餐時，他們會挑最大、最好的那塊食物，完全不顧念其他人。他們經常沒有事先考慮就臨時做出緊急計畫，造成同事和朋友的不便。在關係裡，當夥伴不贊同他們時，他們常會覺得遭到誤解；他們很難想像凡事不同於自己的觀點可以站得住腳。當事情的結果不如所願時，他們的反應不是責怪他人就是自憐，而不是反躬自省。因此，他們怨恨這個世界，不懂得為自己負責。

理當享權也會阻礙一個人培養勇氣。理當享權的人是靠權力和控制來操作的，他們不敢展現脆弱、揭露自己，因此無法培養個人的力量。雖然外表看起來很自信，但他們往往欠缺基本的社交能力，並對自己的生存懷著根深柢固的長期恐懼。因為缺乏建立界線的經驗，他們築起了心牆，阻擋了真誠的對話。在內心深處，他們非常害怕親密；因為他們沒有把其他人當成真正的人看待，所以他們懷疑甚至無端地害怕其他人會傷害他們。因為他們建立的是心牆而不是界線，為人通常都很刻板，追求明確界定的角色和目標，所以他們很容易會有從眾心理，進而扼殺了自己的創造力。

心牆也可能讓人比較容易罹患所謂的「界線症」（boundary illness），例如哮喘、過敏和畏懼症。他們也比較容易出現種種依賴行為——依賴體制、藥物、酒精、電視、網路，以及可讓他們保有理當享權錯覺的人。

4　Jock McKeen and Bennet Wong, *The Illuminated Heart: Perspectives on East-West Psychology and Thought* (Gabriola Island: The Haven Institute Press, 2012), Chapter II.3.

5　S. Cashdan, *Object Relations Therapy* (New York: W.W. Norton and Co., 1988), p.

通常，他們工作是以得到保障和經濟利益為主要目的，而不是為了與他人合作時從互動和愛的細膩對話中得到滿足感。因為無法充分意識到自己的人生定位，他們常會感到強烈的不安和茫然。膨脹的妄自尊大心理使得他們不知天高地厚。他們往往依賴場域攀附著自己的理想我形象、脫離真實我，因此相當憎恨自己、否定自己。

既然這種理當享權的現象如此普遍，它對整個社會顯然是有害的。人們會比較無法攜手合作、體恤他人，比較重視「我」而輕忽「我們」，也無法從自己與他人真誠的對話中培養靈性的價值觀，以及與周遭既分且合、兼容人我的視角。這個現象最終會造成全球性的衝擊。一個愈來愈明顯的事實是，比方說，我們不能再繼續自認為有權剝削地球的資源，而不顧及對其他人的長遠影響或需求。所以我們的首要之務就是趕快「長大」，學習以比較成熟、靈敏和彼此連結的角度，去看待自己和別人。理當享權的立場不僅是虛妄的，也是危險的。

從理當享權到個體化、好奇心和融入

一個人可以透過覺察、承認、接納、自主選擇的行動，走出理當享權的立場。我們在海文學院開設的課程，會安排學員在教授鼓勵誠實回饋、好奇心和親密溝通的團體裡展開這個過程。學員可將在這樣的團體裡學到的，帶入他們與家人、朋友的關係，一步步地放下他們對理當享權的執著。這是需要勇氣、展現脆弱和決斷力的。

我們相信這是一條值得推崇、至關重要的道路。願意放棄理當享權立場的人會變得比較有責任心，體會到更多的自我感，他們會成為發動者而不是追隨者。一個人愈能擺脫理當享權的心態，就愈能在關係中盡本分。放棄理當享權的心態，較高階的心理功能就能開始茁壯：想像力、自主決斷力、自我負責的態度以及統合的人格，就會從自立自強、非理當享權的立場孕育而生。與人對

話時，這樣的人會比較真誠，會真正有興趣想了解別人和自己。當他們對自己和彼此感到好奇，就能開放地迎向全面性的成長，擁抱而非抵禦生命及其所有的挑戰。這樣的人不但能建立真實的親密和包容力，而且會體驗到全心投入生命所帶來的自我實現感。如此一來，一個人就能成長、發展，勇敢地面對世界的巨大挑戰。有太多證據顯示，人類的麻木不仁正將我們居住的星球推向毀滅的邊緣，這已經成為全球必須面對的問題。我們比過去任何時候都需要在自己的內心找到所需的好奇心、意志、勇氣，去展開這個旅程。

存在焦慮：人生在世的挑戰

> 生命之初是一片令人迷茫的混沌。我們隱約感覺到這一點，但因為害怕直視這個可怕的現實，所以試圖用一個虛幻的世界來遮掩它，在那裡，一切都變得一目了然了。
>
> ——奧德嘉・賈塞特（José Ortega y Gasset）[1]

存在主義神學家保羅・田立克「根據非存在威脅存在的三個方向」，將焦慮區分為三種。他認為，焦慮會以三種形式顯現：

命運和死亡的形式（死亡焦慮），空虛和失去意義的形式（無意義焦慮），內疚和譴責的形式（譴責焦慮），這三種形式的焦慮都跟存在有關，因為它們屬於存在的本然，而不是神經質型（和精神病型）焦慮那類的異常心智狀態。[2]

因此，活著本身就是一種長期與焦慮共處的狀態，田立克稱之為存在焦慮（existential anxiety）或本體焦慮（ontic or ontological anxiety）——也就是面對非存在狀態的存在焦慮。它是人類特有的一種狀態，因為人有能力感知到自己的死亡；動物，就我們所知，沒有這種焦慮。一如羅洛・梅說的：「動物活在一個環境裡，人類則是活在一個世界裡。」[3] 而存在焦慮，對非存在的恐懼，是人類世界的一個基本特徵。[4]

因此，人的生命狀態裡存有很深的不安感。人知道自己的脆弱和有限性，並在面對這個事實時感受到強烈的本體焦慮。為了克服這種焦慮，人們發展出特定的生活態度，從而推動了家庭、朋友圈、文化甚至社會結構的發展。由此看來，焦慮是革新、創造、成長和改變的動力。然而，當如此形成的生活態度不足以匹敵這種根本焦慮時，人們就會出現另一種焦慮。他們會因為所作所為不能有效地抑制根本的存在焦慮而感到焦慮。這種焦慮遂成為一種惡性循環，

而且往往變得不可收拾，讓人逐漸失能。它的症狀會顯現在身體、心智和情緒上；這些都是屬於神經質焦慮的症狀。極端的話，一如田立克所暗示的，可能會演變成精神病型焦慮。

人們很少直接感受到本體焦慮，他們會迫不及待地抵禦它，或把它變成神經質焦慮。神經質焦慮是本體焦慮的一個縮小版，它將本體焦慮導向人們覺得比較容易應付的神經質防衛和模式。精神官能症，如強迫性思考和行為，都跟神經質焦慮有關，它也是成癮和其他自毀行為的一個深層原因。大多數的人寧可有神經質症狀，也不願直接面對存在焦慮。

然而，本體焦慮並不會就此消失，因為焦慮是存在的本然。當人們的防衛不足以有效地將其注意力從根本焦慮轉移時，可能就會感到孤立、生無可戀、不滿足，並深深懷疑自己的生命價值。

在這種時候，人們會質疑自己的目的和目標，他們可能會體驗到絕望或迷惘、被離棄的感覺，也許看不到任何活下去的理由，有的人甚至可能選擇結束自己的生命。也有人會重拾過去曾用過的神經質解決之道，或者尋找新方法，繼續過著嚴重受限、不快樂的生活。

但其實我們可以憑藉勇氣和力量來面對非存在的威脅。領悟到存在焦慮是身為人的一個本然，然後接受勇敢面對生命的挑戰，找到自己的意義和自我疼惜心，以至於生存的意志。這個信念是我們過去四十年來的工作核心，如何成功地實踐它，則是我們在本書和他處深入探討的主題。

---

1 José Ortega y Gasset, *The Revolt of the Masses* (New York: Norton, 1957), pp. 156 - 157.

2 P. Tillich, *The Courage to Be* (New Haven: Yale University Press, 1976), p. 41.

3 R. May, E. Angel and H. Ellenberger, eds., *Existence: A New Dimension in Psychiatry and Psychology* (New York: Basic Books, 1958), p. 62.

4 R. May, *The Meaning of Anxiety* (New York: W.W. Norton and Co., 1977), p. 208.

並非所有的焦慮都是病態的

傳統西方醫學視焦慮為潛在障礙的一個症狀，或許多身心症的一個導因，所以想方設法去根除或抑制焦慮。而我們上面所陳述的觀點，相對地，則視焦慮為生命的一個根本現象，是所有改變、成長、演進和社會文化成就的原動力。從這個角度來看，並非所有的焦慮都是病態的。的確，焦慮是存在的一個本然，沒有它，我們就不可能活著，也不可能生而為人。

通常，因為不是那麼容易鑑別不同的焦慮類型，所以無論個人或醫界都傾向以同樣的方式治療所有的焦慮症。人們不分青紅皂白地服用醫生開立的抗焦慮藥，或社會接受的麻醉品（譬如尼古丁或酒精），試圖減輕或「治癒」焦慮狀態。也有人會使用，比方說，大麻和古柯鹼，不但能得到快感，也可解除焦慮。一個人如果沒有什麼承受挫折的能力，他願意體嘗的痛苦，無論是生理上的或情感上的，也會非常有限。麻醉品有助於解除症狀，讓人不必去面對深層的原因，但同時也會鈍化生命經驗，讓人的存在狀態變得既沉悶又平庸。

這些途徑也許能讓我們活得比較平靜，但生命卻停滯了；活得安謐，卻沒有了意義感。彼得・謝弗（Peter Shaffer）在其劇作《戀馬狂》（Equus）中，一語道破這個兩難之境。劇中，一位精神治療師與麻痺式療法的道德意涵天人交戰：「我渴望的，」他說，「也許是把這個男孩變成一個熱情的丈夫——一個充滿愛心的公民——一個敬拜抽象且合一的上帝的人。然而我所做的，卻很可能是把他變成一個幽靈！」[5]

恐懼與興奮

說到這裡，我們不妨思索一下恐懼與興奮的區別。我們所謂的恐懼和興奮是很相似的生理反應，甚至可以說完全一樣。心律加快、呼吸急促、皮膚出汗甚或起「雞皮疙瘩」、毛髮彷彿豎立起來、瞳孔放大。這些「戰或逃」反應的

症狀是相同的，不管當事人面臨的是遭到毆打的危險，還是即將贏得數百萬美金樂透的可能！

這兩種經驗的唯一差別，在於當事人對當下處境的解讀。懷著興奮之情的人，想要沉浸在當下的體驗裡（例如坐雲霄飛車）；如果當事人不是自願地選擇在那裡，並擔心會有危險，他就會將所體驗到的詮釋為恐懼，並想脫離那個情境。人們經常（但並非總是）認為那些令他們興奮的情境是安全無虞的；當他們覺得缺乏安全保障時，通常就會將其感覺解讀為恐懼而非興奮了。

同樣地，我們在此提出的焦慮觀點也會非常有用。只要人們把所有的焦慮視為應當害怕和迴避的問題，他們就會繼續用藥物來麻醉自己以敬而遠之。相對地，如果人們視焦慮為生命的根本狀態，其中蘊藏著創造的潛能和意義的發掘，他們也許就會發現自己有時候還挺願意擁抱焦慮呢！當然，這種情況是不可能有安全保證的（即便坐雲霄飛車也不能保證安全），但它可增長一個人的信心；意識到本體焦慮是每個人都有的經驗，我們便能懷著信心和勇氣與彼此建立真誠、展現脆弱的關係。

找到自己的定位

人類發展出各種制式的意義、活動和目標，來緩和、掩飾並應付恐怖的虛無和無意義的人生。要在這個世界上生存並揮灑，培養一些這樣的基本技能是至關重要的。出生時，孩子體驗到的世界必然是混亂的，也必然會引發焦慮：如何才能理解這樣的混亂呢？成長中的孩子開始透過各種「智能」，包括語文

---

5 P. Shaffer, *Equus* (Harmondsworth: Penguin, 1977), p. 107. 編按：此處「我渴望的，」的逗號，原文為句號——「My desire might be to make this boy an ardent husband—a caring citizen—a worshipper of abstract and unifying God. My achievement, however, is more likely to make a ghost!」翻譯以逗號突顯語氣停頓，傳達角色內心遲疑與掙扎。此種句號轉逗號的處理，在中文翻譯中並不罕見，常用以呈現語氣停頓與情感流動。

智能、數理邏輯智能、音樂智能、時間智能、空間智能、肢體動覺智能，和人際及內省智能——並利用父母和其他人提供的資訊，來爬梳這個世界。[6] 就這樣，孩子逐漸在與這個世界的關係中建立他的自我感。這樣的定位感即是找到自己的位置，提供了一個立足點，有助於人們去面對潛在的本體焦慮。這些智能發展得愈成熟，人就感到愈踏實。我們說過，人之所以會對焦慮產生所謂的神經質反應，往往是因為這些方法失效了。嚴重喪失這些智能常被視為心理疾病的徵兆；某個程度的喪失則可能讓人陷入混亂，以致無法理解生命。我們將在下一章討論人們為何必須在時空中找到自己的定位，以及在嘗試這麼做時可能會遇到的一些問題。

強迫症：日常的精神官能症

強迫性思考（obsessing）是人們運用神經質焦慮來掩蓋存在焦慮的一種方法，是一種不斷重複、揮之不去的想法。強迫性行為（compulsion）則是受強迫性思考支配的重複性活動；強迫性思考是念頭，而強迫性行為則是由這些念頭所引發的動作。強迫性思考是人們因應根本的本體焦慮的一個方法。他們讓同樣、反覆性（因此也是安全可靠）的念頭占據了大腦，在這些強迫性思考的支配下，他們的動作也就變得一成不變了。透過這個方法，人們得到一定程度的安全感，讓他們的生活在必然的混亂中變得可預測了。

大多數人的生活顯然都被強迫性思考和行為綁架了。人們將大把時間耗費在強迫性念頭的模式上、置身於強迫性的關係裡，並以強迫性行為的模式應付家庭與工作。我們建議人們向親密伴侶承認自己的強迫性思考，藉由向彼此揭露自己的重複念頭以及緊隨在後的慣性動作，去發展較多的自由。擺脫強迫性思考是一把雙面刃，若是做到這一點，一個人便可得到更多的能量和創新的想法，但伴隨而來的是更多的焦慮和不確定感。5A 步驟可以幫助你面對這個挑戰，並鼓勵你在這個脆弱甚至崎嶇難行的道路上，疼惜地對待自己。

擁抱本體焦慮

當人們學習去承認並接受本體焦慮，不去壓抑它，然後開始能與之和平共處時，他們就不會那麼依賴彼此，並能擺脫自己強烈的控制需求。他們的關係將成為兩個自主個體之間的一種分享關係，而不是兩個人融為一體的關係，然後兩個人便能在對話中更充分地展現自己，而非壓縮自我！這樣的關係會變得像花園一樣，花園中的每一個人都能茁壯成長，自由地選擇與別人的相處之道。

遺憾的是，大多數的關係比較像是個陷阱，身處其中的每個人都受到壓縮，因為恐懼而依附彼此。自主的人，會積極面對他們的本體焦慮；依賴的人，會掩飾、忽視本體焦慮。這兩種關係型態都是因應本體焦慮的方法。親密關係可以提供一種滿足感，有助於人們成功地因應本體焦慮。人若無法從關係中得到滿足感，往往會感到寂寞，極度的寂寞則會演變成一種孤立感。親密的程度愈低，人就愈可能重拾控制模式，以茲代價。

開始正視生命與死亡的事實，正視存在與非存在，並向另一個人揭露自己的焦慮，是需要勇氣的。人若一心想逃避這些事實，傾注全力抵禦本體焦慮，則也將錯失蘊含其中的巨大創造潛能和力量。

許多人從未展現出他們的全部，他們最深層的實相。他們活在表面的層次，但因為人類的土壤如此富饒，所以連這淺淺的表層都能長出一點點的作物，以致人們誤以為這樣就算真正活著了……有多少人永遠不會知道什麼是超自然的大無畏精神，沒有了它，就不可能有內在的生命！而那內在的生命正是他們將被審判的依據……因此，當死亡奪走社會提供給他們的一切造作的支撐物時，他們才會看見自己的真

6　H. Gardner, *Frames of Mind: The Theory of Multiple Intelligences* (New York: Basic Books, 1983).

面目,那個他們從不知道的自己——一個可怕、發育不全的怪物,肢體殘缺的人。

——喬治・貝爾納諾斯(Georges Bernanos)[7]

根據我們自己以及許多其他人的經驗,正視及擁抱身為人所必有的焦慮,是值得我們去冒險的。

當你走到光的盡頭,然後決定踏入未知的黑暗時,你一定要相信,會發生的狀況不外乎兩種——要不是找到穩固的立足點,就是學會飛。

——派屈克・歐弗頓(Patrick Overton)[8]

---

[7] Georges Bernanos, *Diary of a Country Priest*, translated by Pamela Morris (New York: The Macmillan Co., 1937), p. 108f.

[8] Patrick Overton, *The Faith Poem*. www.patrickoverton.com.

定位：在時空中找到自由

時間

過去是一個狡詐奸滑的娼妓
　陷我們於痛苦之中
充滿悔恨與失落
未來是一個浪漫的男孩
　迷失在如夢似幻的風景裡
充滿虛無飄渺的想像
現在是生動璀璨的光輝
　充滿知覺、感覺和情愛
承載著滿滿的驚奇與恩典
我們必須找到
　全新的詞彙
堅定的語言
來掙脫
　我們的枷鎖
那些束縛心智的成規
和習以為常的視界

來表達自己
　沒有不切實際的空想
沒有傷春悲秋的情懷
沒有憤世嫉俗的姿態
沒有期望

> 特別是
> 　沒有遺憾
>
> ——麥基卓（1998）

在這一章裡，我們要探討人們對出現在其生命時空裡的挑戰所採取的因應之道。大部分的人，或多或少都會卡在他們與過去或未來的特定、固著的關係裡，因此無法充分地回應當下的人和事。同樣地，人們也經常無法在他們的內在和外在世界之間，以及與生活中的人事物的關係裡，彈性地安置自己。就生活的基本運作來說，人有必要學會在時空中安置自己，但卻經常在這個過程中嚴重限制了生命的可能性。我們要在本章進一步探究人為何會被卡住，並提供一些可讓人得到較多彈性和自主性的選擇。

起點：初始的情境定位

出生時，孩子的主要挑戰就是面對混亂，並試圖去爬梳它。為了能在一個不可預測的世界裡生存，孩子必須學習辨識他們的觸覺、視覺、聽覺、嗅覺、味覺所感知到的物體（包括人）。他們根據自己對這些物體的愉快或不愉快的經驗，逐漸在記憶裡建立起希望與這些物體保持的關係。就這樣，他們開始理解周遭的事物，並愈來愈能在與這些物體的關係中確立自己的位置。在充滿關懷的環境裡，孩子體驗到他們想要的，所以會傾向認定自己在這個世界上是個被喜愛的物體；但若他們的體驗大多是負面的，就會認定自己在這個世界上是個不被喜愛、隨時會被拋棄的物體。這便是他們初始情境定位的本質，它會為新生兒在即將展開的生命之旅中的情感定調。初始的情境定位是一個人在承擔生命任務時建立情感調色盤的起點（譬如陰鬱、嚴肅，或明朗、歡快）。這些早期經驗是決定一個人一生情感基調的重要因子，雖然這些經驗範圍日後可能會擴增，但初始定位的影響力是不容小覷的。

在初始的情境定位中，幼兒至少是在兩個截然不同的次元裡，也就是時間

和空間，面對世界及其所提供的機會。

時間上的定位

在發展過程中，幼兒慢慢開始理解事件的復現本質。譬如，母親消失在視線外之後，很可能會再回來（在「未來」的某個時刻）；食物會在某些特定時刻出現，理想的話，是在他感到飢腸轆轆時。這類規律的活動為成長中的孩子提供了信心的基礎，以及對照顧者的信任。透過經驗和記憶，孩子開始根據事件在自己的時間軸上安置自己。稍長後，他們會有能力去比較自己與他人在時間上的定位，但這樣的對照只有當他們能在自己的時間軸線上為自己定位時，才具有意義。

一般而言，人會隨著年齡增長發展出還算穩定以及運作良好的時間定位，但在緊張或焦慮的時刻，多少會喪失這種穩定性。成人常會倒退，在當下做出的反應就好像是在面對過去的情境；這些反應和行為也許過去有效，但在當下是不適宜的。這常見於，比方說，有受虐記憶的人。在面對危機時，這些人會倏然回復童年時的無助姿態和行為，往往還心懷恐懼。他們通常採取的解決之道包括逃跑、躲藏、退縮、怪罪、任性、抗拒、放縱、孩子氣地歇斯底里或叛逆。這樣的行為在過去也許有用，甚或救了孩子一命；然而，如果他們固著在某個時間點上，強迫性地重複過去的行為，就不太可能邁向能夠打開他們的世界、促進健康成長的新途徑。這樣的人常會迫切地想讓時間停止、抗拒改變、局限自己的體驗，好讓自己的世界變得容易掌控。如果他們能學習將自己更妥實地安頓在當下，通常就能更開闊地體驗自己，利用逐漸增長的好奇心，更開放地迎向改變。他們會愈來愈信任自己和別人、愈來愈有信心。

人生碼頭：卡在過去和學習放下

我們過去經歷的事，常會對今日的生活造成巨大的影響。大部分的我們在面對眼前的可怕或危急處境時，都會驟然回到過去。這個現象可能相當戲劇化，比方說，我們在街上聽到有人咆哮，突然就好像回到了童年，被凶暴的父親嚇得魂不附體一樣。我們的過去都有這些固著的位點，而且通常跟幼年經歷的一些非常重大的事件——恐怖的、歡愉的，或者既恐怖又歡愉的——有關。因為我們動不動就想起這些過去的事件，所以有時很難恰當或有效地回應當下的人和事。

我們的許多學員覺得下面這個比喻很有幫助，它所描述的是大多數人都不自覺的一個過程。對這個過程有所覺察，人們才可能開始探索回應之道。人生好比河流上的航行；船隻經過的碼頭，一如人生中經歷的事件，是時光流逝的痕跡。有時候我們將船暫時停泊在其中一個碼頭，體驗那裡的人事物，然後沒有牽絆地繼續旅程。不過有時候，人們會不願意離開某個碼頭，因為它似乎對他們具有特殊的吸引力（因為那經驗太愉快或太恐怖了）。但他們必須離開，因為時光之河川流不息；他們再度啟航⋯⋯但忘了解開纜繩。於是在他們繼續航行時，仍有一條長長的繩索拴繫在碼頭上。因為被牽繫著，他們固著在時間的某個位點上，縱使他們繼續在河上航行。當他們在後來的旅程中面臨充滿張力、引發焦慮的情境時，他們很容易就會「彈回」到過去的那個碼頭；彷彿那纜繩是有彈力的，宛如高空彈跳的繩索！因為頻頻回到過去的碼頭，所以他們限縮了去評估或理解當前新碼頭的能力。回到過去的碼頭似乎是一種自動反應，而且對大多數人來說，這一點也不足為奇。

但人們其實可以更深入這個過程、負起責任，並考慮不一樣的選擇。他們會發現固著於過去的某些「碼頭」是如何限制了自己的生命，局限了自己探訪其他景點的能力。儘管用「彈回」到過去來形容這種經驗可說十分生動，因為它是瞬間發生的，彷彿我們完全無法控制，但仔細想想，事實上拉著繩索不放的是我們自己，是我們想要回到過去的那個碼頭。人們不妨問問自己：「我如此執著心繫著這個碼頭，是能從中得到什麼好處嗎？」或者「如果我放下這個經驗，會發生什麼可怕的事情嗎？」或許這樣他們就會意識到自己需要做出抉

擇：繼續將自己拉回到那個碼頭，還是學習放開牽繫過去的繩索，回應此時此地發生的事？

限制當下的焦慮

抗拒時間的人拒絕改變他們看待現在的態度或方式。他們不願投入當下變化多端的情勢，好讓自己的生活保持在可掌控的狀態，並且嚮往熟悉的過去。有時候，那些過去可能含有痛苦或不愉快的經驗，而且繼續支配著他們的現在；比如說，曾經被性侵的人常常無法信任現在所接觸到的男人或女人（取決於原性侵者的性別），好像這些人全都會剝削他們似的，因而限制了彼此的關係。他們以這樣的方式控制焦慮，而代價便是窄化自己的世界、局限他們的關係。這種固著於過去的行為（經常還會使得一個人的精神脫離身體，或憎恨身體及其感覺），原本是一種求生方式，但儘管人們再不喜歡它的效果，卻還是繼續使用它，好讓現在比較容易掌控。如果不這麼做，便意味著他們必須評估和回應現在發生的每一件事和認識的每一個人。這需要覺察和勇氣，但收穫是很可貴的。

空間上的定位

除了在時間上找到自己的定位，人也必須在空間軸上安置自己。每個人都懸宕在「內在」與「外在」的空間之間。在成長過程中，孩子學會或多或少地捨棄自己的內在經驗，以便專注於外在空間裡那些至關重要的生存課題（例如：行走、說話、閱讀、自我照顧、社會禮節和權衡）。在孩子所熟悉的內在空間和陌生的外在空間之間，存在著「過渡空間」，一個介於兩者之間的相對熟悉區。孩子就是在這個過渡空間裡接觸到（並學習去控制）生活中的重要他者。一個人不僅會在他與自己或他人的關係中找到自己的定位，實際上，每個人還會在這個過渡空間軸上安置自己。他們或多或少會因此變得比較傾向於自

立自強或依賴場域。這些傾向會有程度上的差異（但通常會有其典型的傾向度）。每個人都會在生活中建立他特有的時間和空間立場，好讓自己基本上能自在地面對內在和外在世界，以及過去和現在。

我們的教育體制傾向強調的是依賴外在經驗和他人，而對內在空間抱持相對輕忽（且經常是懷疑）的態度。人們被鼓勵去專心控制他們的環境和環境裡的人；他們學會迎合、操弄、支配、和顏悅色、只展現社會能接受的感受和行為。他們表現得愈好，就愈能博得他人的好感。深諳這個課題的人會過得如魚得水，他們大部分的時間都活在與許多人的關係裡，以及許多不同的空間裡；然而，他們也為此付出了昂貴的代價，因為他們失去了穩固的內在定位感。

限制空間焦慮

本體焦慮有所謂的神經質型的解決方法，而這種解決之道和我們的空間定位有關。在寬闊、陌生和無法控制的空間裡感到不安的人，會在這種情況下出現神經緊張的反應；他們會覺得受到威脅、感到侷促不安。他們沒有能力（或以為沒有能力）應付偌大的空間，而這種失能現象最直接、赤裸裸的表現方式就是廣場恐懼症（對開放空間的恐懼）。儘管大部分人的反應通常沒有這麼極端，但許多人會以各種不同的防衛行為和症狀來處理他們與空間的關係。

對醫療工作者而言，這些狀況經常只是一些既定的名稱，但對有空間障礙的人來說，這些感受是非常強烈且往往令他們惶惑不安的。外在的標籤雖然有助於醫療者提供一些緩解，但當事人體驗到的是許多令他們驚慌失措的感受與折磨。比方說，所謂的界線症，如過敏症和畏懼症，因為會限制一個人的活動範圍，可被當事者用來控制焦慮或險惡的環境。同樣地，日常生活中的強迫性思考和行為亦可被用來安排自己的環境和注意力，好讓自己永遠無須面對潛在的恐懼。當這些防衛性行為過於極端時，一個人的生活就會因為不可自拔地重複同樣的習慣或行為（例如對物質或人的依賴、對工作的狂熱、不斷的自毀

行為或揮之不去的念頭），而無法正常運作。當這些模式達到讓人失能的地步時，經常就會被診斷為罹患精神官能症。

以這種方式處理焦慮是要付出代價的。為了讓自己的世界變得比較容易管控，人們將它縮小了。選擇受到了限制，自由被削減了，面對根本焦慮的需要從腦子裡袪除了。此外，要是他們真的生病了，還可以指望別人為他們的生命承擔大部分的責任。其他人會替他們做決定、給予他們無盡的注意力，並支持他們的受害者立場，認為他們是受到家庭、朋友、社會迫害的無助的弱者。這個過程對個人的生命品質以及整個社會，都有重大甚至可怕的影響。

以精神官能症解決焦慮的人，會固著在時空交錯的某處，喪失在時空軸線上自由移動的能力。他們讓自己的世界變小以便較容易管控，但也嚴重遏制了自己那有著無限潛能的真實我。他們的現在被過去汙染了，他們的內在空間無法充分地展現於外在空間裡。

不可思議的是，許多人會透過自己的苦厄找到自己的定位。長期的身體疼痛或情感煎熬雖然令人十分不適，但通常是相當穩定的。人們因此可以弔詭地在其病症或其他形式的苦厄中找到自己的定位，得到某種程度的安全感。他們的本體焦慮就在長期對抗痛苦或其他症狀的過程中給遮蔽了。與此有密切關聯的是內疚，一種情感上的痛苦。有些人（或文化）會在長期的內疚中找到自己的定位和安全感；內疚甚至能成為他們自身裡一個密不可分的部分。

精神疾病的解決之道

人若覺得外在的空間和現時的體驗太危險，可能會每天沉溺於強迫性思考、強迫性行為以及癮頭裡。與其建立可與他人互動、敏感的界線，這些人通常會選擇構築厚實的、與外界隔絕的防禦性心牆。在心牆後面的他們雖然覺得很安全，但內心是無助的，因為他們固著在另一個時空裡，無法適切地應對當

下。極端的話，他們可能會完全忽略現實；這就是精神錯亂的現象。

這是當精神官能症仍無法有效解除焦慮時可能發生的狀況，人們這時可能會更加退縮到自己的內在世界裡，從而更加遠離其他人和環境中的威脅，於是他們擁有的空間就更小了。雖然這樣的經驗會讓有些人感到極度驚恐和束手無策，但對許多人來說，這種精神異常的退縮行為，可提供一片讓他們覺得比較能掌控的領空，在那裡，他們是不被挑戰的權威。他們與其他人脫節，變得麻木不仁，對常態生活中那些似乎難以負荷的緊急情事無動於衷。因為他們是那個內在空間的主宰，所以一切似乎都是可能的；在那裡，他們可以感覺自己更為強大或更加無助了，與現實的評斷無關。從他們的角度來看，他們是安全的；而在一般的社會裡，他們是病態地脫離現實，很可能會被診斷為精神疾病患者。

以藥物治療焦慮

目前，用處方藥治療精神官能症和精神疾病的焦慮症是普遍的作法。雖然這些藥劑可以有效緩解焦慮，卻無法解決時空固著所導致的深層問題，這些藥物甚至可能強化人們的無助感，促使他們對別人的幫助上癮。他們對內在空間失去了信心，所以愈來愈需要信任外在（過渡）空間的權威；但同時，他們往往也痛恨和害怕這些權威。人們就是在這種愛恨交織的矛盾關係中，感覺自己被困在某個時間和空間裡，過著不怎麼快樂也沒什麼意義的生活。

我們並非反對使用藥物來輔助症狀的治療。在一個人掙扎著掌控他的內在世界時，藥物經常可以發揮輔助的功能。有時候，持續地按時服藥是解決問題的務實作法，因為它可以帶來規律和平靜。但真正的挑戰在於，無論有無藥物的輔助，都要接受並管理自己的焦慮，好能在時空中妥實地安頓自己。每個人的情況都不相同，如何因應也是每個人自己要做的選擇。

在時空中找到自由

人們會將自己定位在時間和空間軸的某個交錯處。健康、成熟的人（這種人並不多見）是能夠在這兩個平面上自由移動，根據情境做適當調整的。這樣的人能在跟六歲孩子玩耍時像個六歲的孩子，他們會選擇回到那個年紀，將內心那個六歲孩童的能量真實地展現出來。玩耍中，這些人能自由地將他們內在空間裡的豐富幻想和情感表現於外在空間，與玩伴分享。遊戲時間結束時，這樣的人也能輕鬆地回到現在，回到他們的成人身分，整理玩具，收拾方才精靈和龍玩耍弄亂的房間（外在空間）；甚至可以為未來做準備，以方便下次取用的方式來存放玩具。他們的現在參酌了過去的記憶以及對未來的預期，沒有被固著。

為了打破讓人失能的時空固著，一個人需要保持臨在和連結的勇氣。這在一個體諒、支持的環境裡比較容易做到，在那裡，人們可以學習在時空的軸線上更自由地移動。為了肯定自己，人必須正視那些促使他們自動回到過去時空的恐懼，培養力量去展現自己的脆弱並與他人接觸。如果人們想在自己的內在找到安全的港口，就必須學習放下對過去的固著，不再利用它們停泊在他人提供的避風港裡。

最後，我們要以煥祥寫的一則饒富寓意的故事來結束本章。故事的要旨即是我們在此討論的主題，很多人在讀了這個故事後都有醍醐灌頂的感覺。

我們的生命風景

—— 黃煥祥

我發現人通常都是目標取向的。他們往往盼望能解決生命中的一些問題、擺脫不幸的遭遇、忘掉不快樂的關係，盼望自己終能面對過去的感覺，以一個改變的、沒有罣礙的自己去面對未來。在投注大把時

間和金錢求助於諮商師和其他助人工作者之後，他們常驚訝地發現自己依然沒有擺脫心中的惡魔。而我個人現在得到的結論是：任何問題都沒有解決的一天，我們永遠都擺脫不了過去，而且最終，我們的本質也永遠不會改變！

過去我認為，人的經驗是一個線性的過程，從過去到現在、到未來；現在我相信，每個人的生命都是一幅不可改變的經驗風景。我們都有自己歡欣鼓舞的山脈，四周圍繞著危險和艱苦的懸崖峭壁。我們每個人都有讓自己感到怡然、寧靜的地方，如撫慰人心的湖泊和森林；同樣地，我們也都有深不見底、刺激但時而危險的水域，以及可怕、未知的叢林。每個人也都有乾涸的沙漠，和蓊鬱繁茂的濕地。每個人的風景裡都有數不盡的各種樣貌和經驗。

儘管選擇很多，但大多數人都傾向畫地自限地居住在所有可能性中寥寥可數的幾個地方。有人習慣住在山上，有人習慣住在他們的山谷裡。但無論身在風景的哪個地方，只要他們仔細地向四周觀望，就會發現那整片風景始終都在，只不過有些部分變成了背景，而他們正在經歷的部分移到了前景罷了。一切都沒有消失或改變，改變的不過是當下體驗的位置。

所以，當一個人體驗到快樂時，他應該知道背景的某處依然潛藏著一個哀傷的區域。體驗著前景的喜悅時，絕望不過是暫時被拋到背景而已。有些人會固著於某個位置；即便他們置身在安全、快樂的情境裡，卻仍然無法將危險、受過傷害的童年經驗從他們的前景轉移到背景。因此即便現下的環境能夠提供安全、愉悅的理想情境，這樣的人依然是焦慮、沮喪的。因為滯留在風景的某個區域，這個人縮小了自己的經驗範圍；他的一大片風景被一小扇窗戶給框限了。這種窄化和固著的現象就是導致精神官能症的原因。

發現力量↔面對焦慮

如果了解這個生命的隱喻，那麼為了確保心理健全，人們似乎就應該鼓起勇氣去探訪他們擁有的每一寸風景，以便對生命經驗的各種可能保持覺察。如果他們能變通、自如地移動，而非固著在一個地方（一如僵固的道德立場），他們便能學會隨遇而安。那是心理健全的一個跡象。

要理解這個隱喻，我們還需考慮另一種動力定勢。要是一個人無法在生命風景的任何一部分停留足夠的時間呢？譬如這些人從一個地方驟然轉換到另一個地方，四處漂泊。因為他們的前景和背景無法維持穩定，所以會感到十分錯亂，缺乏穩定的辨識感。在旁觀者眼裡，他們是朝三暮四的人。前景的持續性是心理健全的另一個跡象。

現在我有了這樣的心理健康圖像，不再浪費精力試著去解決任何事，而是更專注於幫助自己和他人，能更輕鬆地在個人風景中移動。

讀了煥祥的故事，你應當能了解我們為自己以及我們的學員、朋友和家庭，設計了什麼樣的自我成長和發展進路。我們的生命課題就是在當下情境裡找到自己的定位，安頓在此時、此地。

發現力量↔面對焦慮

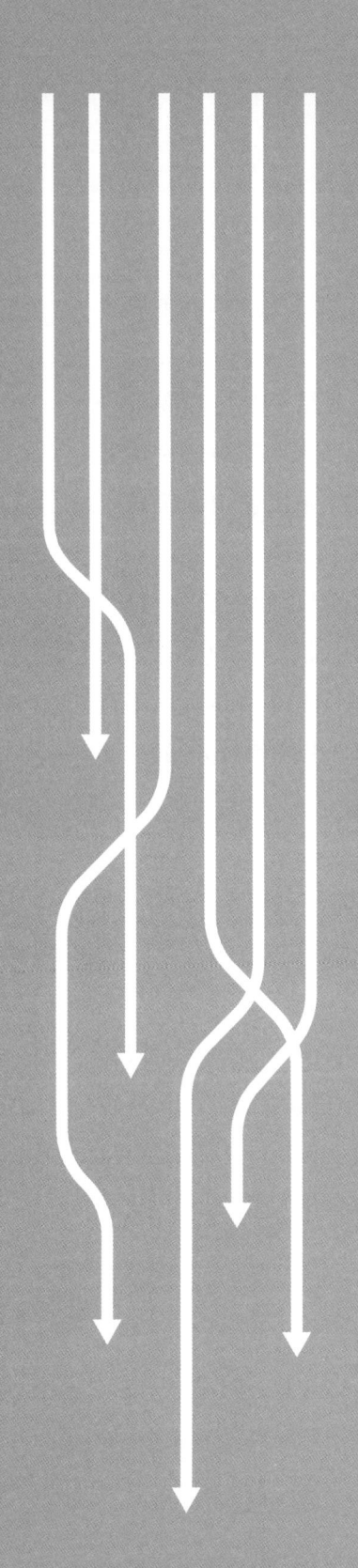

關係的階段

關係週期

鳥需巢，蜘蛛要網，人需要友誼。

——威廉・布萊克（William Blake）[1]

人試圖在關係中滿足深層的動機，這似乎是與他人連結、建立持續關係的基本驅力。人往往會想透過他人來補償自己的限制，克服嬰兒期首次經驗到的恐懼。人選擇伴侶經常是為了減輕內在的空虛感（憂懼或存在的焦慮）和寂寞感。

人也常常利用伴侶來證明自己是對的，比如渴求志趣相同者的贊同，以得到較高的安全感；或是為了自己的問題找到可以指責的代罪羔羊。乍看之下，這似乎是讓生活好過一點的有效方法；如果把生命能量投注到「對錯」，不論與伴侶是並肩作戰或互相對立，就沒有時間去感受基本的焦慮和不安全感。可是，他們也會更感覺不到自己，並在伴侶之間築起心牆。

如前所述，也可能與伴侶互相坦露自己，呈現脆弱面。這也許有風險，但可以在關係中開啟新的可能性，包括透過親密的對話認識自己與他人。

我們在此提出關係中可能的循環階段。遺憾的是，許多人的經驗只局限於我們描述的前兩個階段，浪漫期與權力爭奪期。然而，任何兩個人，只要有善意、意願和耐心，就能經歷關係的各個階段，在過程中對彼此有更深的覺察與接納。這適用於男女或同性的成人關係，也適用於親子關係、朋友關係以及與工作夥伴的關係。

關係的五個階段

我們在本書提出關係有五個階段，這個觀念最初見於蘇珊‧坎培爾（Susan Campbell）所著的《伴侶的旅程》（A Couple's Journey）。[2] 她為我們提供了很好的基礎，但我們又做了一些重要的改變。

首先，由於「穩定期」意指某種靜止的狀態，所以本書改為「整合期」。因此，我們的五個階段是浪漫期、權力爭奪期、整合期、承諾期和共同創造期。其次，這些階段原本是以垂直的方式排列，但我們認為這個過程以圓形的方式表現比較恰當，這是一種反覆演變的循環，以圖示於隔頁。關係的歷程非常類似中國的「五行變化」。我們在《存乎一心》（The Illuminated Heart）書中詳細介紹了完形的循環。[3]

這個輪形的每一次循環都會帶著更多的經驗與更大的自由。因此，如果我們可以用三度空間的立體形式來畫這個圖形，就會顯示從共同創造期到浪漫期的移動並不是回到原先的浪漫期，而是擴展到更大的空間，或是在先前的浪漫期之上，顯示出立體螺旋形的開口。生命、能量和關係都會逐步發展成愈來愈寬廣的螺旋形。

關係花園中，整體的變動是從物化轉成對自己與他人的主觀認識。初期階段（浪漫期和權力爭奪期）的特徵是充滿混亂的能量（熱情、著迷、性興奮和憤怒），後期階段的能量則較平靜、一致、滿足。初期階段的伴侶對彼此的了解不多，愈來愈親近的特徵是愈來愈了解自己與他人。隨著了解增加，親密的可能性也會增長；在坦露、脆弱、好奇與承諾中，就能建立成熟、持久的關係。

1　William Blake, quoted in Thomas Moore, *Soul Mates: Honoring the Mystery of Love and Relationship* (New York: HarperCollins, 1994), p.43.

2　Susan Campbell, *A Couple's Journey* (San Luis Obispo, CA: Impact Publishers, 1980).

3　*The Illuminated Heart: Perspectives on East-West Psychology and Thought* (Gabriola Island: The Haven Institute Press, 2012), Chapters II.14, IV.2.

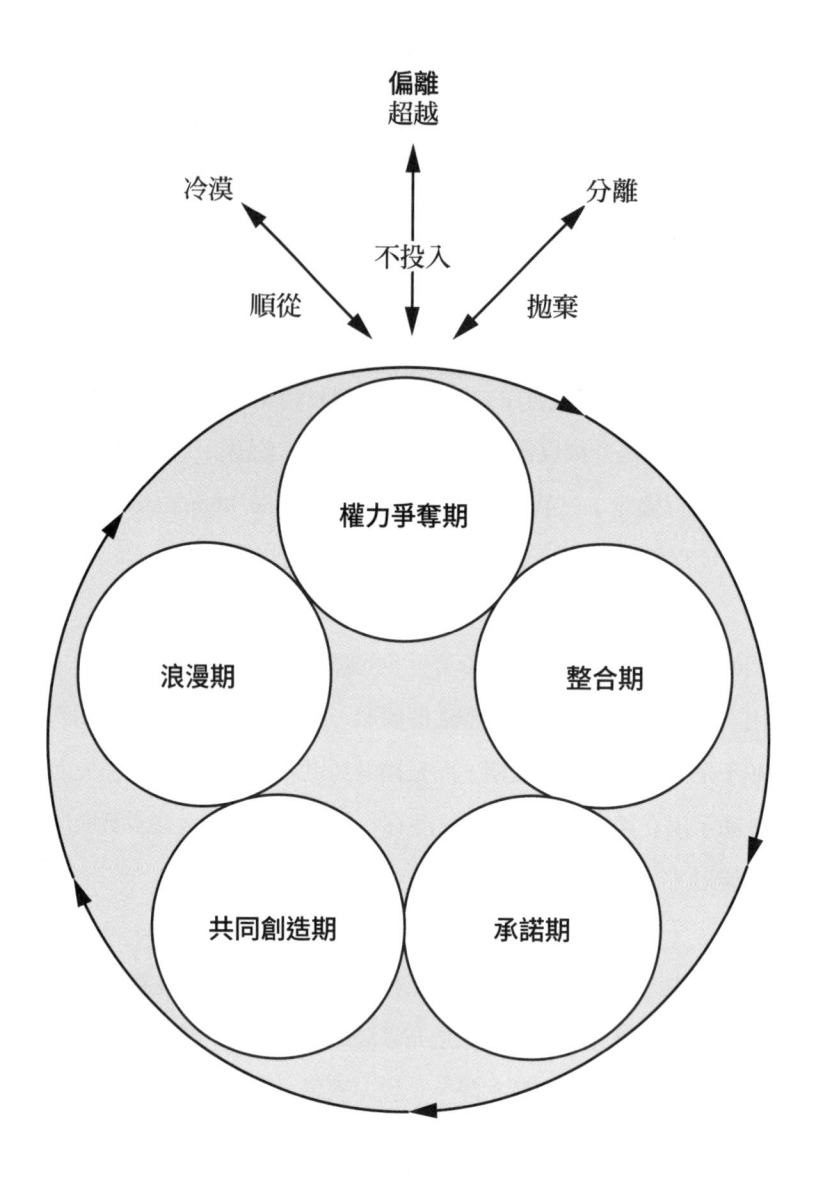

關係循環的歷程

　　這五個階段適用於所有關係：夫妻、情人、親子、手足、其他家庭關係、商業夥伴、朋友。每個人都有可能經歷這些階段，循環的歷程始於充滿想像、缺少經驗的浪漫期，接著是混亂的權力爭奪期，然後是彼此了解的整合期，再到願意共同投入活動的承諾期，然後是充滿創意的共同創造期。任何一種關係中，都可以學習整個歷程的原則；一種關係的學習也可以應用到所有其他關係。

關係的階段

經歷這些階段時，關係中的權力、控制、理應享權和疏離的情形會逐漸減少，同時，人性、了解和自我覺察會逐漸增長，也會穩定地發展責任和內在力量。孤獨感會逐漸增加，但不會覺得寂寞；事實上，孤獨感會伴隨著與他人及生命的連結感。[4] 謙遜、熱情和內在力量都會增長，親密接觸的能力也會穩定成長。照顧的現象會減少，與他人的接觸則會增加。

較初期的浪漫期和權力爭奪期的特徵是高度的能量和興奮感，整合期和隨後的階段會有較大的滿足感，比較沒有初期的狂亂和壓迫感。

我們在接下來的章節會詳細討論各種不同的階段及其特徵。也會提供一些如何經歷這些階段的建議，以保持循環的進行。

不同的生命面向會有不同的關係階段

一個人面對不同的生命面向，有可能處於不同的關係階段，例如，媽媽可能和新生嬰兒大多處於浪漫期，和丈夫卻常常處於權力爭奪期，與較大的孩子是整合期，在社區工作上是承諾期，對藝術工作的計畫則是共同創造期。

同一份關係中的兩個人可能各自處在不同的階段，比如妻子因為接納丈夫的原貌而處於整合期，可是丈夫對妻子卻處於浪漫期，因為他只願看見自己心中意象投射出來的妻子。這種情形不代表關係必須結束！其實在大部分的關係中，雙方常常會處在不同的階段。當他們學習承認這些差異，不加以防衛，並欣賞彼此的觀點，關係就能持續成長。當夫妻用階段的差異來責備和批評時，一切努力都可能化為泡影。

---

4 關於孤獨與寂寞的不同，可詳見本書 208 頁有更詳盡的論述。

偏離關係週期

冷漠、超越和分離的狀態並不是發展週期的階段，而是不再參與，所以是脫離週期的情形。我們會在〈權力爭奪期〉篇章詳細討論這些偏離的狀態。關係循環的過程是動態的、流動的、充滿活力的，當人進入偏離狀態時，往往造成循環之流的中斷，或是僵化、局限的參與。

階段中的階段

就像中國人談到的五行變化，每個階段都包含其他階段，關係週期也是如此。所以每個階段中都有承諾期，也都有權力爭奪期的性質（例如，為了共同創造或分享觀念而爭鬥）；每個階段都有浪漫期（夢想）的燃燒，也都有整合期的能力；每個階段也都有共同創造的可能性（例如，以共同創造的方式分享浪漫的幻想）。

伴侶之間很少只存在一個階段，而不出現其他階段。一般說來，大部分處於整合期的伴侶在面對壓力時，很容易返回權力爭奪期。某些處境則會誘發早期階段的行為，例如，當男方為女方買了一份特殊的聖誕禮物，女方可能會有一陣子與男方重返浪漫期。

一些意象

喜歡視覺隱喻的人，下述意象或可激發一些聯想：

浪漫期	電影院
權力爭奪期	戰場
整合期	茂盛的花園
冷漠期	沙漠

分離期	街燈下的孤影
超越期	空曠的教堂
承諾期	拉滿的弓，飽含潛在的能量
共同創造期	藝術家的工作室

關係中的意圖

下述問句對五個階段都很有用：

「我想要什麼？」
「你想要什麼？」
「我們想要什麼？」
「我們選擇做什麼？」

還有一個有用的問句是：「這到底是為了什麼？」答案可能是「為了快樂」、「為了卓越」或「為了安全感」。各人的答案會決定這個人以什麼方式經歷關係的各種階段，所以，尋求脆弱與親密的關係，其品質會非常不同於追求安全感、權力、性或其他目標的關係。這些問句涉及意志和意向的概念，也就是溝通模式中談到的意圖，人由此決定採取什麼行動。

人是先藉由態度，然後透過努力，才能界定自己的位置。生活在關係中的伴侶可以愈來愈了解自己，於是能增進自己與他人的和諧，在彼此的交流與分享中，走過不同的階段。照料關係花園會經歷不同的季節，是否能成功處理各個階段的許多偶發事件，就要依據雙方願意有多少共同的交會與分享。

浪漫期

問：第一次約會時，大多數人做些什麼？
答：第一次約會時，他們只是彼此說謊，好讓雙方對第二次約會感興趣。——馬丁（十歲）
答：許多約會的人只是吃吃豬肉和炸薯條，並聊聊愛情。——葛瑞格（九歲）[1]

任何關係的最初階段都是出於想像，在這種浪漫期中，並不了解對方。關係是一種夢想、一個故事，包含許多希望和期待，伴侶對彼此並沒有什麼真實的經驗。由於不了解彼此，所以一開始的關係是建立在相互投射的意象：對彼此的物化。這種情形不僅止於傳統男女「戀愛」的浪漫期，其實任何關係的第一階段都是彼此互不了解的「浪漫期」，萌芽的友誼、剛生下的孩子、剛起步的事業夥伴，都是如此。浪漫期會有強烈的希望和夢想，所以，在這個階段，讓人清醒的經驗還沒有立足的機會。

刺激，但沒有真正的親近

任何關係中最刺激的時刻就是浪漫期，世界似乎變得更明亮，陷入熱戀的人覺得充滿活力，有更明確的目標感，對生命充滿熱情，願意去做不尋常的事，每一刻都覺得新鮮。事實上，浪漫期是生命的香料！

在浪漫階段以及性衝力的物化中，容易感到彼此的重要和親近。可是，一經詳細檢視，就發現他們只是沉迷於彼此的意象，他們的感受只是親近的假象；他們在物化的狀態中，失去宇宙能量的連結，即使感受到親近和連結的經驗，其實仍是分離的。他們雖然興奮，卻沒有共振；充滿能量，卻不親密。

這種興奮和彼此強烈的興趣也會發生在與性無關的關係初期，任何關係在開始時，通常都沒有建立人對人的關係，而是和彼此的意象建立關係。

親子的浪漫期

　　初為人父、人母，都和新生嬰兒有一段浪漫期，滿懷熱情地購買嬰兒的衣服，為小生命計畫未來。夢想和想像是非常刺激的，能提供參與的能量，對孩子和父母都是非常滋養的。

友情的浪漫期

　　友誼剛開始時，會對新發現的夥伴充滿熱情，有許多能量一起交談、發現共同的興趣，常常一起追逐各種刺激的活動。浪漫期的朋友其實尚未真正了解彼此。

商場的浪漫期

　　剛開始商業冒險時也是浪漫期，一開始，整個計畫是一個夢想，熱情投入工作。初期的興奮和熱誠就類似剛開始求偶的樣子，在這兩種情形中，雙方都渴望在一起，一起說話、計畫、做夢，充滿興奮之情，想像共有的未來。熱情的狀態是相同的，都是浪漫期，差別在於一個是討論將來有一幢小屋、子女和寵物，另一個是討論未來要有龐大的工廠，把零件銷售到全世界。

1　David Heller, *Growing Up Isn't Hard to Do If You Start Out As a Kid* (New York: Random House, 1991).

生與驅

浪漫期的根源：嬰兒的不安全感

第一次浪漫期發生在嬰兒時期，對象是父母或保護者。對嬰兒而言，父母充滿智慧、強壯、無所不能，非常巨大。親子交織出的浪漫期中，孩子對父母會有不切實際的看法，認為他們是全能的，每時每刻都能保護小孩。對父母能力的物化和膨脹，可以幫助孩子適應不安全感，但也因此拒絕面對基本的焦慮狀態。這種依賴外在某物以得到保護與安全感的情形，就成為日後所有關係的雛形：尋找能讓所有事情順利的「外界某人」。

討好的模式

孩子為了避免被遺棄而產生討好父母的關係。在嬰兒的邏輯中，如果討好父母，父母就願意留在他們身邊，繼續保護他們。這個主題被當成基本模式，並持續一生，在日後的關係中，仍一再嘗試討好別人，以建立關係中的安全感（有別人的幫助和保護），否認基本的存在孤獨。[2]

孩子根據自己和父母的關係來討好朋友和老師，成人以後則是討好伴侶和配偶，然後是自己的子女，甚至孫子女。想要討好他人的主題會延續到日後的關係，主要是為了否認基本的不安全感而極度渴望依賴別人。

非人的物

問：到底什麼是婚姻？
答：婚姻是留住你的女友，不讓她回父母家。——艾瑞克（六歲）[3]

在浪漫期，對方並不是一個人，而是一個可以照顧自己的焦慮和需求的對象，這種觀點起源於早期童年的物化經驗。就嬰兒而言，這種物化是正常的，

他們以物化的方式與外界建立關係,將外界劃分為「許多對象」,學習在對方的背景中互動。早期關係的對象(通常是父母和兄弟姊妹)被視為保護者和照顧者,這些人是日後建立關係時選擇對象的原型。

親子關係中,雙方都有物化的情形。父母起初並不了解子女,子女是父母投射想像和願望的小小對象,其實嬰兒尚未發展,沒有什麼「個人」的性質可供了解。同樣地,孩子也不認識父母真正的個人特質,父母只是個對象,可以滿足欲望、保護孩子、供應需要。許多人並沒有在長大後跳出這種觀點,父母後來想建立比較屬於人對人的關係時,孩子往往會拒絕,例如不願意改叫父母的名字。

即使長大成人之後,許多人在關係中仍停留在這種物化的狀態。他們留在角色中的運作,與對方建立物的關係,而不是人的關係,並期望別人也如此做。物化階段的關係就是浪漫期,顯然並不是人對人的關係,也不了解彼此。由於沒有什麼真正的了解,因此無法真正接納對方的個人特質。

完美的伴侶

問:幾歲是適當的結婚年齡?
答:等我幼稚園畢業,就要為自己找個老婆。——博特(五歲)[4]

浪漫期的人把自己對完美伴侶的概念投射到當前選擇的人身上。孩子對父母的投射是為了處理不安全感,父母對孩子的投射是為了擁有具有意義的對象,約會中的男女彼此投射,商業夥伴的關係也如此投射。

---

2 Ernest Becker, *Denial of Death* (New York: The Free Press, 1973).

3 David Heller, Growing Up Isn't Hard to Do If You Start Out As a Kid.

4 Ibid.

人在關係中選擇具有特定特質的人，以符合內在的意象。簡言之，人有既定的想法，認為什麼人是完美的伴侶，然後被符合這種意象的人吸引。他們相信自己能和這個理想人物建立關係，藉此解決生活中的缺憾與不安全感。問題在於尋找某人來滿足自己浪漫的願望時，會把重心放到自身之外，於是變得軟弱、不認識自己、無法跟他人展開關愛的對話。關係中，他們的伴侶會成為被擁有的物品，而不是一個活生生的人。

縮影

羅伯特・史托勒（Robert Stoller）在《性興奮》（Sexual Excitement）一書談到「縮影」（microdot）的概念，[5]這個用語在第二次世界大戰被情報專家使用，原意是指把重要文件拍照縮小成點狀的大小，放在一本書中特定的位置，取代原有的句號，成為濃縮資料的密碼，然後帶著書通過危險的邊境，安全送到合作者手上，再找出正確的頁碼，將縮影放大，而得知所有資料。「完美伴侶」的特質會以類似的方式濃縮成密碼，在遇到某個人時，會從下意識核對此人的特質是否符合內在的縮影，這個概念可以解釋性能量的特定性，這也可以解釋在各種關係中，為什麼某些特定因素會決定什麼人具有吸引力。

孩子的世界是不安全的，理想化的父母形象具有許多「拯救者」的特色，可以使生活安全而有意義。一開始時，拯救者的要素是相當模糊不清的，隨著年齡漸長、經驗漸增，通常仍會保留嬰兒期的主題，想要尋找父母型或拯救者類型的人物，以去除痛苦和不安全感；發展關係時，仍會持續尋找拯救者的縮影，希望對方的特質能為自己克服內心的掙扎和不舒服。浪漫期背後的主題就是**外界有某個人能保護我、幫助我、拯救我**。浪漫故事愈來愈細膩，故事的角色逐漸成形，具有非常具體的特徵，不只是身體上的特徵，可能還包括語調、特殊的姿態、符合故事作者愛好的興趣。這些因素都是浪漫期的一部分，寫在個人縮影的密碼之中（密碼包含拯救者浪漫意象的各種細節）。

浪漫期的絕望感

浪漫期是企圖處理非存有的恐懼,所以浪漫期的背後是絕望感。浪漫期其實包含許多控制,目的是為了減少生命的不安全感。勞倫斯(D.H. Lawrence)的名著《戀愛中的女人》(Women in Love)談到一位年輕男子試圖拯救溺水的女友,她拉緊他,想要依靠他,結果兩人都沒頂。[6]這個故事就是比喻浪漫期的人孤注一擲地嘗試依靠對方,以逃避現實,結果雙方都慘遭滅頂。浪漫期的關係中,就好像有兩個潛意識的機器人在運作,並沒有真實的人。浪漫期的熱情之下,有時潛藏著一種令人毛骨悚然、充滿死亡的氣息:如此強烈的欲望,如此不真實,以至於兩人在彼此的著迷中充滿失落與絕望。

希望、失望與信心

浪漫期中,希望是背後常見的主題。人對基本的不安全感並不滿意,通常會希望剛遇到的浪漫伴侶能解決問題,讓生命變得更美好。希望代表對自己與他人缺少接納。事實上,浪漫期對自己與他人的覺察是如此被浪漫的夢想和投射遮蔽,沒有足夠的資訊來真正有效地接納任何人或事。

浪漫期中,希望是背後常見的主題。人對基本的不安全感並不滿意,通常會希望剛遇到的浪漫伴侶能解決問題,讓生命變得更美好。希望代表對自己與他人缺少接納。事實上,浪漫期對自己與他人的覺察是如此被浪漫的夢想和投射遮蔽,沒有足夠的資訊來真正有效地接納任何人或事。

希望與信心是不同的。希望(hope)是對自己和現狀的不滿足,想依賴別

---

5 Robert Stoller, *Sexual Excitement* (New York: Pantheon Books, 1979).

6 D.H. Lawrence, *Women in Love* (Middlesex, England: Penguin Books, 1960), p.212.

人或外在事件來改變；信心（faith）是肯定自己，接納如實的人生。[7] 浪漫期的人希望生活會有所不同，能更好或更充實；他們的希望缺少接納，想要猛然改變。

失望是希望的另一面；就像希望一樣，失望是基於對現狀不滿意。浪漫期通常注定會失望，因為試圖改變的事可能完全不會改變，一旦脫離浪漫期的心醉神迷，就再度面對自己根本的不安全感，由希望變成失望。

浪漫期的興奮感

浪漫期是興奮的時光，任何關係都有某種程度的浪漫。因為一開始並不了解彼此，只能依靠直覺和過去的經驗，將之投射到新伴侶身上。在浪漫期會想像所有可能發生的事。

浪漫期沒有什麼不對。事實上，這是充滿能量的階段，有高度的想像、充滿不確定感和可能性。這個階段通常具有極大的熱誠和活力。

在浪漫期，整個世界都可能改變。當我們在想像中試圖了解浪漫時，就正以全新角度創造世界，投射一切可能性。嬰兒最初的浪漫期雖是為了克服痛苦和不確定感，但長大後的浪漫期卻可能是為了興奮感：激發人做出新的事情。

7　關於希望與信心的不同，可詳見本書 214 頁有更詳盡的論述。

權力爭奪期

問：什麼時候可以吻一個人？

答：除非你有能力買戒指和錄放影機給她，否則絕對不要吻她，因為她會想要婚禮的錄影帶。——艾倫（十歲）[1]

浪漫消退：進入權力爭奪

浪漫期是因為資訊不足而得以維持：在這種情形下，雙方互相投射的意象在朦朧的認識和感官的愉悅下得以維持。當雙方約會後，可以各自回到住處編織彼此的夢想，就能維持浪漫期。兩人同住時，比較難維持彼此浪漫意象的投射。對伴侶愈來愈熟悉後，就逐漸看清彼此的本質和行為。當伴侶的個人習慣不斷呈現眼前，就開始衝撞現實，在這種狀態下，可能會說：「這完全不是我那英俊的王子（或美麗的公主）！這個人的特質令我討厭！可是，我還沒有輸，我可以努力改變伴侶，使他（或她）成為應有的完美對象。」這表示進入關係的下一個階段：權力爭奪期。

所有關係中，只要有足夠的相處時間和經驗，就會開始看見對方的本質。尋找完美伴侶的浪漫期逐漸消退，開始了解與自己同住的是有特殊怪癖、欲望和習性的人。同樣地，為人父母的浪漫期會在嬰兒夜復一夜哭泣造成的疲憊中，逐漸消退；新工作的浪漫期會在了解這個職業並不能實現夢想時，也煙消雲散。

溫和的開端

一般說來，權力爭奪期的進行始於溫和的勸告，催促對方稍做改變。「親愛的，如果你用這種方式梳頭髮，就會更英俊」，意思其實是「如果你改變外觀，就更符合我內心的理想男性縮影」。於是會買衣服給對方穿，鼓勵對方的行為符合自己投射的意象。伴侶當然不會照單全收，而是堅持保有自己的原貌，於是希望伴侶變成完美對象的浪漫渴望受到挫折，對方並不是能消弭所有不舒服和渴求的拯救者。

不論是什麼性質的關係（夫妻、親子、手足、商業夥伴），都有權力爭奪期。看清對方的限制和特性時，浪漫期就消退了，這種情形下，通常會試圖控制伴侶，使對方符合自己心目中伴侶應有的意象，於是雙方都覺得不滿意，試圖改變對方，以滿足隱藏的安全感需求。他們往往覺得自己的動機是為對方好：「你沒有完全實現潛力，但我能幫助你；我都是為了你好！」

強硬的態度

隱微的「善意」暗示逐漸變成明顯的控制和衝突，隱約的提醒變成不斷的斥責，甜蜜的請求變成抱怨的要求。人想要改變伴侶，極力完成這項任務。他們被這個計畫驅策，以逃避自己。人並不真的想知道伴侶的原貌，而是希望伴侶符合自己投射的意象，要伴侶配合自己從童年就開始發展的腳本。如果真的能成功改變伴侶成為浪漫意象中的完美對象，就可以解除大量不安：真的擁有一個拯救者！如果能完全控制完美的對象，就能紓解潛伏的存在焦慮與不安。

1　David Heller, *Growing Up Isn't Hard to Do If You Start Out As a Kid* (New York: Random House, 1991).

權力爭奪的動機

人常常試圖消除過去的不快樂經驗，例如，某個人如果在童年常被毆打、虐待，可能會想找一個人來保護她，於是一直試圖控制配偶，不讓對方爆發挫折感或怒氣（害怕他可能像凌虐成性的父親一樣），控制的動機是為自己尋找安全感，出於過去的經驗而想控制現在，但這種錯覺只會製造問題。試圖控制配偶時，就會把對方物化，真的把他當成虐待成性的父親，這種情形下不可能有安全感；結果不但無法控制過去的父親，又沒有把現在的丈夫當成真實的人來建立關係。當人在關係中試圖控制對方時，尤其是在一個人的控制也牽涉到想讓對方服氣或受到影響時，背後常常潛藏這種物化的情形。

宣戰

伴侶如果一直在一起，隱微的控制方式就會逐漸變成重複的衝突模式，有時會毫無保留地宣戰。人常常不願接納伴侶的獨特性，堅持要對方符合自己內心的意象，以滿足內在的不安全感，於是開始責備、抱怨，試圖把伴侶推入他們設計好的角色。權力爭奪期的雙方，其實比浪漫期更了解彼此；但因為不願接受已知的事實，就會持續試圖控制對方，而不是面對彼此接納而可能產生的親密感。伴侶仍被當成物化的意象，整個過程就如同孩子試圖利用父母克服基本的不安全感。權力爭奪期的伴侶間其實沒有真正的對話，而是全心攻擊和防衛，當防衛過強時，就不可能產生親密。這個階段的伴侶會隱身在角色和義務背後，以內疚、責備和防衛的行為激起衝突。

期望

權力爭奪牽涉到對他人和自己的期望。如果採取道德的姿態，他們的期望就會混雜自以為正義的指責。期望本身其實沒有錯，也沒有破壞性，事實上，

透過雙方同意的期望，能使關係非常扎實地成長，但一方試圖用期望來控制或支配另一方時，就會造成問題。

刺激的權力爭奪

大多數伴侶都無法跳脫權力爭奪期，但仍可以在來回的衝突和相互控制中找到許多刺激，他們可以持續多年地指責、退縮、玩心理遊戲。有些人其實很滿意這種生活方式，《誰怕吳爾芙？》（Who's Afraid of Virginia Woolf？）劇中，[2] 中年夫婦喬治和瑪莎在夜晚一次強烈、醉酒的激烈衝突後對談，互相以友好、做作的語調溫柔交談。另一對被他們招待的年輕夫妻親眼看見他們先前的爭執，在主人展現強烈、殘酷、無情的心理遊戲後，驚慌地返家。年輕夫婦不了解中年夫婦的爭吵、諷刺、吼叫和互虐行為都是多年權力爭奪期不斷重演的熟練劇本，他們其實是自願爭吵不休，而且樂在其中！

性能量和權力爭奪

性衝力是源於嬰兒期的不安全感，性幻想的主題是支配和順服，目的是想克服早年的無力感，希望透過性活動感覺到權力。所以在高能量的性行為中（以及在高能量的權力和控制議題上），往往潛伏著過去的不安全感和未解決的童年無力感。人企圖支配現在的伴侶（不論是透過性欲或其他形式的衝突），以試圖支撐自己，證明自己充滿力量；所有這一切都是為了在覺得無力時，暫時得到補償的感覺。

權力爭奪期的主題包括支配、順服和控制。當雙方的歧見用性來表現時，

---

2 Edward Albee, *Who's Afraid of Virginia Woolf?* (New York: Pocket Books, 1964).

會有高度的興奮與能量。強烈的衝突後，有可能以爆發式的性欲紓解張力。這個階段的性遊戲之前常常有爭吵打鬧和言歸於好，衝突的痛苦和性衝力的愉悅能保持平衡。

內疚和責備

權力爭奪是以對錯分明的道德姿態來維持的。責備伴侶時，他們會說：「你錯了，你應該改變。」同樣地，內疚也涉及道德的過程，內疚的人不說「你錯了」，而是說「我錯了」，結果是一樣的。內疚和責備是權力爭奪互動中一體的兩面。

權力爭奪期是無法避免的，也沒有什麼不對，它其實能讓人興奮；彼此爭吵可以是刺激的經驗，藉以激發內在的力量。權力爭奪中，伴侶可能開始看見彼此的差異，只是還不喜歡或不接納這些差異。這個階段中，伴侶寧可選擇角色和心牆的安全感，不願意面對真誠和自信的不安全感，但後者可以建立人與人之間的界線。

權力爭奪中，伴侶會陷入自己與對方的完美意象。內疚和責備都是企圖建立和維持這些意象，責備是企圖把伴侶塑造成完美的意象，內疚是想讓自己符合完美的意象。這種情形下，親密是極其有限的，雙方會陷入把自己和對方物化的狀態。

權力爭奪中的症狀和疾病

權力爭奪期的人常常出現身體和情緒的症狀。試圖控制自己或對方卻無法成功時，常常出現頭痛、背痛、沮喪和其他身心問題。這個階段有很高的能量，常有一觸即發的狀況，並有許多緊張和焦慮；這個階段的伴侶常常生病，

表現出這個階段的混亂。

新秩序之前的混亂

我們建議權力爭奪期的伴侶要承諾留在衝突之中，而不是退縮、離棄，或試圖擊敗對方。衝突中，會浮現新的資訊，雙方會因此得到許多學習的機會。爭執似乎會造成破壞，但如果雙方能不停留在不斷努力的控制中，就可以更深地認識自己和對方。這種掙扎可以成為一種刺激，挑戰關於自己與他人的僵化觀念。事實上，如果沒有一些干擾，僵化的態度和活動就容易持續下去。化學反應中，必須有擾亂才有分子的變化；科學已大量研究「分散結構」（dissipative structure）這個領域，意即擾亂會發生於其中的秩序。[3] 混沌理論（Chaos Theory）中，混亂包含隱藏的秩序模式，展現許多預料不到的可能性。人際衝突的混亂中，也會有關於自己與他人的啟示。約瑟夫‧福特（Joseph Ford）寫道：「演化是帶著反饋的混沌。」[4]

事實上，當伴侶願意面對浮現的新資訊時，就能藉此進入下個階段，有可能獲得更多親密感。由於權力爭奪是如此普遍，具有極大的能量，所以我們建議伴侶最好能真正認識他們的權力爭奪，找出雙方同意的做法，以安全尊重的方式分享衝突；用充滿活力的競爭性運動、玩紙牌、下棋和知性的辯論，取代辱罵、摔碗。不要逃避或否認衝突，而是真心享受衝突，從中認識自己和對方。這個時期需要雙方都能臨在，如果有人不與對方臨在，就是偏離到冷漠狀態。

---

[3] I. Prigogine, quoted in J. Briggs & F.D. Peat, *Turbulent Mirror* (New York: Harper and Row, 1989), p.138.

[4] J. Ford, quoted in J. Gleick, *Chaos: Making a New Science* (New York: Penguin Books, 1987), p.314.

第一種偏離狀態：冷漠

如果有一方對另一方的意志臣服，放棄權力的爭奪，相較於先前衝突的混亂，就會進入看似相當平和的狀態。突然間，一個人安靜下來，較少出現混亂的狀態，這是脫離關係週期的冷漠狀態，一切變得了無生氣。

冷漠期可能會被誤以為是整合期，表面上看起來兩者是相同的，其實相當不同。整合期會充滿接納和生命力，而冷漠期是認命、沒有活力。冷漠狀態的人只是認為不值得爭吵而關閉自己，不再有爭執。冷漠的人其實已經放棄，脫離生命的動力，缺少熱情，安靜卻沒有活力，雖然配合關係的表面形式，卻沒有真實的投入或熱誠。

有些夫妻長年保持這種狀態，最後還是分開；有些人繼續住在同一個屋簷下，表面上是共同生活，卻已沒有愛與熱情。這些夫妻的社交生活看起來沒有問題，看似相處良好（卻有點無精打采），別人往往十分讚賞他們，甚至認為是值得效法的模範夫妻，但他們只是扮演自己的角色，雖然共同生活、工作，但彼此之間已毫無熱情。

冷漠是愛與意志的退縮，這句話表示對方、關係或自己「已不重要」。承諾已經暫停。[5] 冷漠表示感受已經麻木，以逃避權力爭奪的騷亂；冷漠的人會築起心牆，不再接觸自己與他人。他們往往消沉沮喪，遠離自己和別人的感受。或是可能對藥物或酒精上癮，企圖維持平靜的假象。有些沉迷於工作或其他活動、白天顯得精力充沛的人，晚上回家和伴侶在一起時卻陷入安靜的順從；他們全心投入的活動其實是一種耽溺，只為了填補冷漠狀態的空虛感。這些人很少大笑，即使大笑，聲音也很空洞。冷漠的症狀之一往往就是失去幽默感。

冷漠的人可能會有各種身心疾病、憂鬱症，以及其他關閉自己的症狀。罹患過敏症的人有時是放棄了自己的界線，所以需要疾病來防衛，以生病取代生活中需要界定的界線。冷漠的其他徵候和症狀可能包括強迫行為、虛弱、疲

倦、煩悶、倦怠，以及慢性疲勞症候群。這些狀態都牽涉到麻木的自己。

冷漠的人不會製造問題，所以不太引人注意。別人可能以為他們擁有「完美的關係」，因為沒有人見過他們起爭執。一對夫妻在多年婚姻後突然離婚，常常使別人震驚，他們看似「完美的配偶」，卻在彼此間築起心牆。這種完美夫妻原本處在和睦狀態，卻沒有和諧應有的相互尊重與接納。有些人在關係初期的需求得到滿足後才發現彼此的冷漠，比如夫妻剛生小孩時，時間都被填滿，不需要面對彼此的距離，幾年後，孩子長大離家，兩人孤獨地同住，才發現互不了解，對彼此都已沒有什麼感覺！

脫離冷漠的死寂生活的方法就是重新進入權力爭奪期。因為冷漠的人已不臨在，需要重新回來。一旦點燃權力爭奪期，就會重新發現冷漠狀態所缺少的臨在。

第二種偏離狀態：超越

除了冷漠地忍受對方之外，也可能完全脫離現實生活，把興趣轉移到精神生活。超越狀態中，人會脫離關係中的日常瑣事，完全不投入人際互動。有些靈性導師勸人超越自己和伴侶的行為，「抽離自己身體、感受與想法」，而教導「你不等同自己的身體」和「你不等同自己的行為」。

另一方往往感到挫折，覺得超越的一方有優越、高傲、「比你神聖」的態度。超越的人雖然使用靈性真理的「崇高」語言，但可能變得非常防衛和自以為是；然而，輕視態度的背後其實隱藏不接納別人的意涵，貶抑關係中的生活歷程。簡言之，超越狀態中的人並不顧及關係需要重視的事。

5　Rollo May, *Love and Will* (New York: W.W. Norton & Company, 1969), p.33.

我們認為超越狀態不是人性化的表現，也不是屬靈的表現。靈性的提升被用來掩飾當事人已經放棄關係、追求其他層面的東西。我們認為真正的靈性要在日常活動中尋找意義，包括崇高或低下的活動。超越狀態把靈性轉成宗教信條，抱持優越感和高傲的態度，貶抑或痛斥物質和日常層面的努力。

超越狀態對某些人當然是一種有吸引力的生活選擇，但缺乏持續不斷的人際參與，無法讓彼此在真誠對話中有真實的成長。超越的人停止深入的人際互動，認為靈修比關係更為重要。人常常可以在超越狀態中經歷平靜感，可悲的是，這種平靜的代價是否認身體、關係與伴侶的重要性。

我們的關係計畫進行這麼多年之後，一直非常肯定人際歷程的重要。我們中的一位（基卓）也盡其所能探索超越的層面。[6]

我們現在的靈修方式就是溝通模式。我們的興趣是轉化，也就是處理對話中出現的所有議題，對這些議題愈來愈深入接納，而不斷成長。

當我們愈來愈透明，如實呈現自己的原貌，而不是自己期望的樣貌，人生的奧祕就會突然完全閃現，有如重生的光芒。人生尋常瑣事散發出的靈性，能全然呈現一生的本質與命運。

——湯瑪斯・摩爾（Thomas Moore）[7]

第三種偏離狀態：分離

伴侶往往會放棄，走出權力爭奪，結束關係。為了避免更多爭吵、歧見和失望，他們會拋棄伴侶（與自己），停止彼此的關係。一般說來，他們會尋找一段新的浪漫期，再度進入期望的循環，重新點燃希望，相信外界某個人能為生命的困境提供解決方式。分開的伴侶有時會和同一個對象重新展開浪漫期，有的人則在別人身上尋找浪漫期。分離時，人往往會顯露自己對場域的依賴，

試圖從外界為自己的問題尋找解決方法。

　　虐待的關係中，伴侶會一再跨越既定的界線（例如暴力或重複出現的上癮行為），這時分離可能是唯一的解決方法。如果分離的過程能無怨無恨，常常能讓人更認識自己，在新的關係中有更深的自我覺察，而不是盲目尋找新的浪漫期來緩和痛苦。

　　如果雙方選擇分離，我們會建議他們要有足夠的時間處理痛苦、哀傷、內疚、憤怒和怨恨，好讓他們能平和地結束關係，不要把衝突帶入下一段關係。即將分離的人至少要能從過去的所作所為有所學習，避免在下一段關係重複製造類似的僵化、衝突與破壞行為。

回到原來的路徑

　　如果雙方願意留下來，處理權力爭奪，就有可能經歷關係循環的下一階段。當人經歷冷漠、超越甚至分離的時候，仍有可能重新深化關係。如果他們願意冒險，彼此坦露內心發生的事，就創造了進入整合期的可能性。

天平兩端的外在權力與內在力量：一道難題！

　　「應該」、成就、嚴肅常見於權力導向的生活態度，而選擇、精益求精、幽默則較常見於力量導向的生活態度。自我憎恨循環也與權力和控制的動力機制有關，而自我疼惜循環及其所包含的自我揭露和自我覺察，則和力量有關。

6　Bennet Wong and Jock McKeen, *In and Out of Our Own Way* (Gabriola Island, BC: PD Publishing, 1995), pp.34–35.

7　Thomas Moore, *Care of the Soul* (New York: Harper Collins, 1992), p.262.

權力和力量都是生命的重要面向，然而遺憾的是，大多數人對權力的體認明顯多於對力量的體認。透過本章所描述的步驟去培養自我疼惜心，你就有機會汲取更多自己的力量，從而更深切地體驗到自己的圓滿，以及與他人的連結。

・外在權力──內在力量連續體

因應根本焦慮的兩種方法

新生兒來到這個世界，本就具足潛能，可以發展為富有感應力、充滿活力、充分展現自我的人。一個人能在有生之年將這些潛能發揮到什麼程度，取決於他所經歷的各種因素（包括家庭環境、文化、教育機會），以及他在這個過程中做出的選擇。

然而，但凡人都經歷過那全然無助的襁褓期。這個無助狀態所帶來的無孔不入的焦慮感會貫穿人的一生，而且似乎影響著每個人未來的所有選擇。無論一個人的生命多麼圓滿，這股焦慮感始終都潛伏在成功的光澤表面之下。為了因應存在或本體焦慮的威脅，人們發展出一些態度和特性，以防陷入無助的狀態。

我們要檢視其中幾種態度和特性，並將之歸類為以權力為本的解決人生問題之道，和以力量為本的迎接生命挑戰之道。權力和力量，就我們在本書中的定義，是面對根本焦慮的兩種存在和因應之道。

外在權力之道

西方文化給了人民一種取得權力的教育，而權力，按照我們的定義是「對其他人事物的掌控狀態」。人生被視為一個威脅或問題，而這個問題的解決之道就是權力。大多數人經常不自覺地接受它為最有效的方法，甚或是唯一的方法，故而終其一生都在累積和把持權力及掌控力。權力存在於一個人與外在世

界以及與物化的自己的關係裡。取得權力是為了掩蓋、抵制根本焦慮；一個人愈有掌控力，就愈感覺不到焦慮和無力感。但他對無助狀態的焦慮和恐懼並未消除，它們只不過是離意識經驗更遙遠、埋得更深而已。表面上，累積權力的人似乎志得意滿、掌控著周遭的人事物，內心深處卻潛藏著可能連自己都不知道的焦慮。既然權力之道採取的是一種防衛、控制、物化的姿態，它的操作——根據保羅·田立克（Paul Tillich）和其他存在主義作家的說法[1]——就是反存有及導向非存有狀態的。

內在力量之道

另一條面對無助狀態的進路，是取得、開發自己的內在力量，憑藉它來回應生命的挑戰，有人稱它為「個人掌控力」（personal power）；我們比較喜歡用「力量」這個詞，以免與控制混淆。力量主要存在於自己，而不是與外在世界的關係裡；它是對自己所顯現的一切特質的接納能力。與其想方設法抵抗外在世界的對峙與威脅，展現力量的人會發現他們與生俱來的特質；他們接受這些特質（有時還需抗拒別人的期許），並富有創意地設計符合自己處境的方法來回應生命的挑戰。一個人在開發力量的同時，會更能感受到與他人的親密感。相對於導向非存有狀態的權力，力量是肯定存有狀態的。

本章將聚焦在人們面對他們的根本焦慮和生命挑戰時所擁有的一些選擇。雖然我們以兩兩對立的特性來討論這些選擇，但是人們的經驗通常都摻雜了兩個對立的面向，也可能會在這天平的兩端之間遊走。不過，大多數人會傾向選擇其一，而輕忽另一個。比方說，人們經常會選擇權力為建立安全感的手段，從而看輕力量的價值。近年來，投入個人成長的人士試圖強調力量的面向，而貶低或否定權力的使用。但我們認為，人們其實可以學習根據不同情境去調整權力和力量的比重，然後在態度和行動上較自覺和自由地在兩端之間移動。要

1　Paul Tillich, *The Courage to Be* (New Haven: Yale University Press, 1976.

了解我們的本質，就需要對自己的這些對立面向有所覺察，並承認它們都是我們的一部分。在任何情境下，人都有不同程度的兩個對立面。切記，這不是二選一的問題，它是一個連續體。換句話說，在不同的情境和經驗裡，其中一面會較凸顯於前景，另一面則較退居於背景。

首先我們會探討出類拔萃和展現自我之間的連續體，這應該會讓你領略到這些特性的運作方式，有助了解之後會談到的其他特性。在討論出類拔萃和展現自我的過程中，難免會提到其他特性，這部分會在本章稍後進一步說明。

我們使用↔這個符號來表示此兩端語詞應被視為一個連續體的概念。雖然大部分的我們對連續體的權力端有較多的體認，但其實我們是可以在這個連續體上自由移動的，並愈來愈體認到力量在生命中的價值。

出類拔萃↔展現自我

許多人終其一生心心念念的就是「功成名就」、位居「要職」、成就「大事」、做個「舉足輕重」或「重要」的人。家庭和社會所鼓勵的存在價值，往往是以一個人在職場上的成就及其是否成功建立一個穩定、充滿愛的家庭來定奪；一般人認為，在生活中扮演一個受人尊敬、擁有經濟優勢的角色，才配享有高社會地位。然而，許多達到這些目標的人仍懷有無法理解的空虛感或無意義感，這可能是因為他們將展現自我的存在要務與出人頭地的社會期許搞混了。

我們每個人生來都有自己的潛質，每個人都是獨一無二的，但卻被期待朝普羅大眾的方向發展和看齊，而且還不能落後；倘若失敗了，別人就會或委婉或嚴厲地規勸我們隨俗從眾。我們似乎時時都活在「功成名就」、「飛黃騰達」的期許中，以至於學會透過「出類拔萃」和受人欽慕來凸顯自己。彷彿我們被期許的是去構築一個舉足輕重的人生，而不是成為一個舉足輕重的人。

關係的階段

為了達到這個目標,「做」(doing)變得比「存有狀態」(being)來得重要。這或許會讓我們覺得比較有保障、比較能掌控;但卻也嚴重限制了我們面對甚至擁抱不安感,以及放下防衛如實做自己的能力。

出類拔萃

在我們的社會裡,大人經常教導孩子先人後己,孩子很快就接受它為「關懷」的典範;但同時又期待孩子出人頭地、脫穎而出、超越別人。這是個矛盾的現象,一個典型的「雙重束縛」(double-bind)處境,因為一個人唯有打敗別人才能凸顯自己。[2] 為避免精神錯亂,人們只好否認、壓抑或合理化這個兩難處境。我們的文化鼓勵競爭,但對有人成功即表示有人輸了的事實避而不談。勝者得到權威,進而擁有左右他人人生的權力。他們不僅賺得比其他人多得離譜的物質財富,也被賦予較高的社會地位。

出類拔萃可讓一個人得到讚揚和許多其他獎賞,不僅在精神上,很可能還有金錢上。然而鮮為人知的是,這些注意力是在餵養理想我、貶抑現實我、罔顧真實我。一個人受到矚目是因為他的成就或所呈現的自我形象,但他的實相並沒有得到認同。這樣的人也許受人稱頌,但他們的內心是空虛的,並相信自己毫無價值。鶴立雞群的他們是孤立的,也很容易因此受人側目而遭忌。

出類拔萃的人把自己和別人當作物件,即便他們看起來精力旺盛(有時甚至過動),但卻經常體驗不到真實的生命力和全然活著的感覺。在力圖成功的過程中,他們經常處於緊張(但他們可能將之解讀為興奮)或高壓充電的狀態(一如在重大的商業交易場合出現的狀態)。他們沉迷於成就、權力、名望和他人的注意;他們物化生命中的其他人,利用那些人來滿足自己對注意力和認

---

[2] G. Bateson, *Steps to an Ecology of Mind* (New York: Ballantine Books, 1972) pp. 271 - 78.

同的渴望。但這反倒讓他們成為十足依賴場域的人，因為他們的自我價值取決於別人的肯定。這種以取悅他人為重的現象在養兒育女中是如此普遍，難怪人們無法肯定自己、培養健全的自我價值感（self-esteem）。他們拋棄了大部分的真實我，專心致志建構一個理想我，卻在過程中產生自我憎恨心。他們志驕意滿，自我價值感卻很低。困陷在自我憎恨循環裡的他們，只能鞭策自己去追求更高的成就。遺憾的是，他們只有在不停地做和追求成就時才會對自己感到滿意。

因為追求成就的人是根據別人（場域）對他們的評價來判定自己的重要性，所以常會擔心別人覺得他們不夠好，甚或背叛、離棄他們，以致他們會執迷於控制。他們愈是能控制生命中的人和處境，就愈有安全感、愈能肯定自己。在家裡，這可能會形成問題；只要配偶和孩子願意受控於他們，他們就會感到安心，但當其他家庭成員爭取獨立或自主時，他們就會將這失去掌控的態勢視為一大威脅。因此，權力鬥爭在這些人的家庭裡是很普遍的現象。

一個人要出類拔萃，需要耐力、警戒心、控制、努力，還需要非常在意外在的細微末節、時時監聽別人對他的期許。超群出眾的人會變得獨立（而不是自主）、個性化（而不是個體化）；他們會持續深陷在依賴場域的狀態裡，自我價值感持續取決於他人的注意力。

展現自我

展現自我的人會成為一個自主和個體化的人。他們肯定自己是因為對所完成的事感到滿意，自己已經盡了力，並且充分展現了自己。對他們來說，事情的結果往往沒有過程的質量來得重要。他們專心致志地投入所從事的工作，體驗生命中的各種可能，把它們當作有趣的探索和成長的契機。他們是以自我為核心的——意思是聽從自己內在的聲音——但不會為達到目的而犧牲他人。他們時時都能感應、體察別人的需求以及自己的需求。他們有很強的同理心，但

會避免同情別人（因為那帶有一種優越的紆尊降貴心理）。他們會意識到並尊重別人的界線，但也樂於展現脆弱、與人親近。他們關懷他人，但不會去照顧對方，因為他們明白每個人都具備為自己負責的潛能。由於他們能夠充分、負責任地展現自我，所以鮮少會去怨恨或責怪別人。唯有如此這般地展現自我，汲取並開發力量，一個人才能體驗到與他人之間真實的親密。

展現自我，要有做自己的勇氣，需要創意、覺察、臨在、一心不二的專注力，沒有傷春悲秋的情懷（亦即過度或戲劇性的反應）或自憐。學會展現自我的人在全心投入世界的同時，始終都與自己、與自己身處的情境及其脈絡保持連結。當一個人能較充分地展現自我時，其他人往往也會受到鼓舞。與他同在時，人們通常都會渴望彼此連結，因為他喚醒了他們自己的潛能，去更充分、更如實地做自己。

人們只要能展現自我，就能以自己的生活和創意的方式在世界上大放異彩；他們領會到「進入存在狀態」（coming into existence）的意義。他們了解、接受、肯定自己超脫的那個客體世界，但不受制於它。與其變得依賴場域，他們始終都知道自己想做什麼，追隨自己的心。因此，他們會變得比較自動自發、自立自強，比較能與自己和他人和諧共處，更具人性、更加圓滿。

他們致力的事物，目標不在於成就，而在於精益求精（亦即他們是在精進那些發自內在的技能，而不是強迫自己去習得違背自己本質的技能）。他們愈來愈能揭露自己，因此得到許多人的認同（相對於成功者得到的注意力）。他們能體驗到心靈合一的境界，即便他們沒有刻意追求它，甚或給它一個名號。在他們展現自我時，意識到自己只是如其所「是」，一切都只是如其所「是」，而這就足夠了。誠如齊克果（Kierkegaard）所說的：「冒險會引發焦慮，但不冒險會失去自己。」[3]

3　Søren Kierkegaard, The Sickness Unto Death, Walter Lowrie, trans. (Princeton, NJ: Princeton University Press, 1941), pp. 43-44.

接下來，進一步探討——我們要檢視在討論出類拔萃和展現自我時提到的一些特性。

控制↔展現脆弱

雖然可以選擇去面對各式各樣的經驗，但孩子很快就被教導要去控制自己和環境，以免展現脆弱。為了得到最大的愉悅與安全感，他們學會採取迎合的姿態去控制他們的父母，並型塑自己的行為以確保得到父母的庇護。當然，為了控制父母，孩子必須了解什麼是大人樂見和不樂見的，然後依此來修飾自己的行為。孩子學會控制表情、情緒、行動，並解讀父母的反應，來判斷自己的表現是否得當。簡言之，為了控制別人，他們學會控制自己，就這樣為此後的人生設立了一套模式。他們得到的獎賞是更高的安全感和愉悅感；付出的代價則是喪失自發性的表現，以及許多真實、本然的體驗。這會成為他們日後與他人關係的原型，甚至整個人生態度的原型。與其接收外在世界的訊息並回應之（亦即展現脆弱），人們通常會試圖去控制自己及其環境，好能預測事情的動向。相對地，一個人若願意展現脆弱地回應生命而非抗拒它，他的內在力量就會隨之增強。

控制自己和他人需要權力，而人只要願意去體驗生命的各個面向就能培養力量。相信權力的人視人生為逆境，相信力量的人願意參與生命的歷程，縱然會體驗到痛苦、不安，展現脆弱，但若能擁抱這些以及生命中的喜樂，他的力量就會與日俱增。

非存有狀態↔存有狀態 [4]

以存在主義者的立場來說，人的處境就是明知死亡不可避免，卻仍努力肯定自己的存在。前文說過，維繫權力的種種行動和態度需要高度的控制力，以

及對生命實相有防衛性否認。因為如此,會讓人逐漸變得麻木不仁,並與生命對抗。按照存在主義的說法,這樣的人是否認存有的,他所追求的是一種非存有狀態。防禦、自我保護、自欺欺人以及其他控制自己和他人的嘗試,都會讓一個人走向非存有狀態。開放、展現脆弱、承認和接受生命的實相,則會讓一個人邁向存有狀態。

孤立↔親密

親密包含揭露、分享與願意展現脆弱。沒有這些,人與人就不可能變得親密。一個人如果企圖控制另一個人,害怕沒有安全感或受到傷害,就會導致一種去人格化的疏離和孤立狀態。一個人若想在生命中體驗到親密,就必須開發自己的力量。

物化↔以人相待

當人展現脆弱時,即是在揭露自己是一個人,有著人的情感。當一個人為了維持權力和控制,而與他人保持距離時,便是將自己和他人去人格化,把彼此都當成了物件,而不是活生生的人。

權力行使的對象不是物件就是被物化的人,抑或內在那個「被物化的自己」。不管那個對象是別人或自己,都含有一種去人格化的過程。力量是屬於個人化的,是把自己和別人都當人來看待。人只要願意向別人揭露自己,他們的力量就會在分享感覺、揭露自己的觀點、向另一個人展現脆弱的過程中逐漸

---

4 編按:此處存有(Being)與存在(Existence)兩者於哲學語境中有微妙且重要的差異。存在(Existence)偏重解釋個體的具體存在,例如一顆沙子「存在」於庭院之中;存有(Being)則強調個體存在的方式與本質,較為抽象且更具哲學性,多涉及人類對存在的主觀經驗與存在狀態的理解,尤以內心層面的體悟為多。

增長。分享對彼此和自己的物化，人們就能將物與物的關係轉化為人與人的關係。這是增進親密裡一個至為關鍵的過程，而本書所提出的溝通模式就是這個過程中的一個核心工具。

成就↔精益求精

總的來說，人的成就動機來自外在的參照物。但因為這些成就往往違背了他們的內在本質，所以他們無法從自己所做的事情中得到滿足感。

相對地，憑藉力量，人們的精益求精和才幹就會逐漸增長，雖然不見得能得到外界的讚揚甚或承認。有精益求精能力的人了解自己，也了解身處的世界，但不會刻意投注心力在特定的結果上；相反地，追求成就與控制的人經常會執著於結果，並表現出伴隨權力和支配而來的冷漠。精益求精的結果是本然技能的發展（亦即個人潛能的自然發展），而成就所達成的是牽強的技能表現（亦即與個人潛能無關的表現）。

嚴肅↔幽默

追求成就和權力是件嚴肅的事，過程中一個人必須懂得控制自己和出現的狀況；相反地，選擇力量的人較能幽默地看待自己，較能接受並欣賞自己的能力和弱點，以及人生的境遇。

注意力↔認同

認同另一個人（認同 recognition 的拉丁文 re+cognoscere 意指「再次認識」）需要一種相知相惜的感覺；注意力則意味著雙方的物化，以致無法認同

彼此。當我們認同一個人時，所體驗和認知的是他的實相；而當我們注意一個人時，則會較聚焦於他所做的事或他是否達到我們的期望。因此認同是與力量、存在、自我實現相連的；注意力則是與權力、控制、成就相連的。

安全感↔不安感

人生充滿了不確定性，隨時都有不可預測的變化。對極度仰賴大人照顧的嬰兒來說，伴隨這種不確定性而來的是強烈的焦慮感，顯示他們對生存有著根本的不安感。這種存在焦慮是每個人的天命。為了減輕焦慮，孩子自幼便試圖從他們與大人的關係裡得到安全感；他們學會迎合父母以便得到注意力，及確保自己能繼續得到照顧。對孩子來說，父母是強者，能為他們遮風擋雨。

如果父母開心，孩子就能平安無事，將痛苦降至最低；要是父母完全棄孩子於不顧，孩子就可能消失。因此，嬰兒的哭聲表達的是他對生命不可預測的體認，以及對外在庇護者的依賴。這種內在的不安感會延續到成年，導致依附、以權力為本的人際關係。雖然人可以學習去接受生命的不確定性，並在這個過程中培養力量，但大多數的人會為了保有安全感而試圖去控制外在的世界。

依賴場域↔自主自決

為了安全感而試圖去控制自己和他人（通常以迎合的方式），這樣的人可謂依賴場域型的人，因為他們依賴外在的訊息（場域）來決定感覺是否良好。我們從小就學會這麼做。嬰兒的許多行為都源於對被遺棄的恐懼，因為那會直接威脅到他們的生存。為了防患未然，嬰兒學會迎合與控制。對嬰兒來說，那是必要的；然而即便長大成人，一般人依然沒有去正視這種根本的存在恐懼，持續停留在依賴場域的狀態（需要去迎合、控制他人）。

因此生命依舊是凶險的；在亟欲控制自己和他人的同時，他們否認了內心的恐懼。如此的操作方式會使得一個人因為擔心他人的反應而持續處於焦慮狀態。依賴場域的成人擔心失去對別人的掌控，一如嬰兒擔心遭到父母遺棄。

當人們願意去面對和擁抱恐懼、痛苦及不安時，就比較不會衝動地隨場域裡其他人的行動或想法而起舞。因此，相對於「在觀眾面前表演」，他們能覺察場域的存在（見下文「依賴場域↔覺察場域」部分），會將他人的立場納入考量，也會為自己做決定，因此他們是自我參照的；這就是自主。自主自決的人是堅韌、敏感的，且能疼惜地看待自己和別人。不過，自主並不是獨立（見下文「獨立↔自主」部分），因為獨立的人會忽視場域或刻意與之相悖。

獨立↔自主

一個獨立的人仍然是被他過度反應的人事物綑綁的。他的行動依然取決於他對場域的解讀，只不過這裡所採取的是刻意的對立立場。所以，獨立並非真正的自由。許多高成就者變得很獨立，看起來也許很自由、很強大，但因為執著他人的認可與注意力，所以依然是被束縛和限制的。他們很獨立，但是並不自主，也不自由。

自主的人聽從的是自己的內心。這些人是自由的，雖然他們能夠體察別人的感受和憂慮，但不會因那些人而左右自己的態度和行為。

依賴場域↔覺察場域

依賴場域時，一個人的行動是被周圍場域的回應和反應支配的；因此，他是被外在因子束縛的，無法發展出自我參照的能力。自主的人會對場域保持覺察，並將場域的回應納入考慮，但不會被它們左右；自主是力量的表現。

關係的階段

個性化↔個體化

一個人能承認並擁抱自己的不安,即代表他能夠個體化。依恃權力的人則會個性化;他們也許看起來自由,但卻依然被外在世界綑綁,因為他們依賴那個世界,又必須在那個世界脫穎而出。在個性化(變成一個「獨立體」)的過程中,一個人並不是隨心所欲、不受約束地成長。他是為了過度反應他人而變成一個獨立體的,因此他仍是被他人綑綁的。所以,個性化並不是自主自決的自我實現之道。

相對地,當一個人個體化時,他會自主地選擇、如實地做自己,而且這麼做並不是過度反應他人。他能超脫成就的羈絆,成為真正懂得精鍊人生的人。這樣的人對自己和他人都會有愈來愈深的覺察。

個體化意味著實現一個人真實的潛質,他所參照的是自己的內在世界;而個性化所參照的是外在世界,和一個人的真實我沒什麼關係。個性化的人不是依賴他人(需要倚靠他人),就是獨立於他人(無法或不肯倚靠他人);而個體化的人是既自主又與人連結的,他們可以相互依賴,自在地選擇倚靠與否。

照顧他人↔關懷他人

照顧他人是一種角色扮演,是權力導向的,可能意在控制他人,利用的也許是對方的感激之情。這麼做可能會削弱對方自主決斷的能力,使得他們無法離開照顧者(你照顧不了自己,需要我來照顧你)。一個人也可能為了消除自己的焦慮感或控制自己的情感,而去照顧另一個人。相對地,關懷別人是一種體恤和關切,它可能不會導向任何行動;一個人關懷另一個人時,即便投入了很深的情感,也會讓對方從自己的錯誤中學習,找到自己的出路。一如所有其他的對比特性,照顧與關懷並沒有好壞之分。在某些情況下,照顧是理所當然的——比方說,照顧一個心臟病發的人,本就是護理人員的職責。

同情／憐憫↔同理心

憐憫或同情別人，是一種抬高自己、貶低別人的姿態；它是權力導向的。同理心則是對另一個人產生親近和認同感，經常意味著在另一個人的身上看見自己；雙方是平等的，而且都需要為自己的生命負責。

怨天尤人↔自我負責

人若能對自己及其行為負責，就會有力量。為自己負責就是接受自己是事件的參與人，並承認自己有回應的能力。然而，人們通常會陷入歸咎和受害者立場的動力模式，試圖將問題歸咎於外在因素。怪罪者想將責任推卸給他人，受害者亦然。因此，內疚可被視為一種物化、去人格化的自責形式。

自私自利↔自我中心

雖然人們在使用「自我中心」一詞時經常帶有貶義，但我們取的是它字面上的意義，以強調一個重要的特性。自我中心意指一個人知道他依循的核心是自己的內在世界，在對他人保持覺察並回應他人的同時，他會根據那個核心去行動。因此它是自主的一個面向（見上文「依賴場域↔自主自決」）。相反地，自私自利比較屬於權力主義，採取這種立場的人會把自己的安全和成就擺在第一位，不惜犧牲或完全漠視他人。

自我憎恨↔自我疼惜

我們認為自我憎恨是權力導向，自我疼惜是力量導向。一個人在權力欲望的驅使下追逐成就、拋棄真實我，又在否認自己、控制自己以達到理想我形象

的壓力下，產生自我憎恨心；相對地，自我疼惜的人因為能接受自己的所有面向，包括自己的不完美，所以會變得愈來愈有力量。

・再談外在權力與內在力量導向的區別

於此，我們將進一步舉出權力與力量導向的區別。閱讀時，我們希望你能想想自己在不同情境對待不同的人時，會把自己擺在外在權力——內在力量連續體的哪個位置。我們在海文學院開設的課程，即是為學員提供機會去覺察自己在這些區別上的傾向。人們通常對這個連續體的權力端相當熟悉，但對這條進路的結果往往感到不滿，所以來參加我們的課程尋求其他途徑。因此我們會鼓勵他們去實驗和練習開發自己的力量。雖說運用權力和力量要因時因地制宜，但我們相信許多人在生活中嚴格限制了他們可以採取的途徑，在思想和行動上大都依循著一種權力架構。你可以拓展自己的世界觀、提升參與世界的能力，如果你懂得開發自己的力量潛能。

趨樂避苦↔接受苦與樂

人從生命之初便開始體驗生命的苦與樂。苦樂參半是每個人一生的基本寫照，然而，人們自小便被鼓勵去採取一種權力導向的態度，以趨樂避苦：世界是一個需要被掌控的地方。當人們願意去接受生命的苦與樂時，便能開發自己內在的力量，體驗到愛的狀態的深邃。誠如羅洛・梅（Rollo May）所說：

> 愛意味著敞開自己，看見自己好的以及不好的一面——看見自己的悲痛、哀傷、失望以及喜樂、滿足，和意想不到的意識強度。[5]

5　Rollo May, *Love and Will* (New York: W.W. Norton, 1969), p. 100.

政治性操作↔開誠布公

政治性操作是運用權力和控制的操作方式，通常都意在達到特定的結果或效果。要注意的是，這裡講的「政治性操作」是心理學上的定義，跟政權以及團體或國家之間的關係毫不相干。開誠布公意指敞開自己、展現脆弱，願意分享自己的觀點和感受，而不帶有控制情勢的意圖。因此，在任何情境下，人們都可以選擇是要進行政治性操作或開誠布公；有時候，人們也會選擇兩者兼施。

道德↔個人或情境倫理

採取權力導向時，人們經常會墨守一套是非分明的道德觀。遵循一套規範不去質疑自己時，或許能讓人變得篤定和果斷，但這種行事作風是出自一種以權力為本、不近人情的立場。而當人們採取力量導向時，則會追隨自己的心和價值觀，但同時也會體恤他人的顧慮與價值觀。因此他們會根據每個情境，參酌自己的道德標準來做出評價。情境倫理沒有固定的外在規則，一個人需要時時根據當下情境去重新評估自己的價值觀，以一種尊重自己、尊重他人的方式，行使自己的價值觀。[6]

道德含有是非黑白的二元對立性。人若站在一個道德的立場，會將某些價值和行動判定為「正確的」、「正當的」或「對的」，而將其他的判定為「不正確的」、「不正當的」或「錯的」。這樣的道德觀在維持社會秩序上是很有用的管理原則，然而，固守這種準則的社會往往不會顧及個人的需求和問題。人們若不假思索地採用自身文化所提供的道德觀，常會失去自我判斷的能力。這麼做也許可以降低存在焦慮、得到歸屬感，但降低存在焦慮即是降低生命的質量，會逐漸扼殺一個人的自發性創造力和自主性。在這項交易中，一個人雖然得到了安全感，但也喪失了思想上的自由。

另一方面，採取一種非關道德的立場，則意味著凡事沒有絕對的對與錯；人們會仔細檢視不同的情境，在自己的價值系統引導下去決定自己的立場。要發掘自己在關鍵議題上的觀點，一個人必須捨棄傳統的道德思維所提供的安全感，自己做決定。採取這種情境倫理，並不代表一個人必須拋開社會的道德規範；但它確實代表一個人必須獨立思考，而不是囫圇吞棗地接受社會普遍的簡化觀點。不假思索地採取社會主導的態度，即是接受一套約定俗成的道德觀；運用自己判斷是非的能力，達到自己的觀點，則是個人倫理的展現。

黑白分明↔灰色地帶

人們憑藉力量時，是以人的角度，而非去人格化的善惡道德標準，來看待自己和他人。因為如此，憑藉力量的人知道任何情境都有灰色地帶，有許多需要考慮的因素；相反地，當人們採取權力導向的運作方式時，就會以非黑即白的二分法將事情定調為善與惡。[7]

內疚↔羞愧

內疚（guilt）是當一個人違背了自認為應該遵從的規則或律法時，所體驗到的一種不安和緊張感。內疚跟外在的評斷或一套被內化的道德觀有關，所以那些外源性標準是否出現在違規的當下，並不重要。一個人感到內疚時，身體會出現緊繃、封閉、發冷等反應，並陷入緊張狀態。他會擔心被抓、被困或受到懲罰。內疚是因為沒有達到他人（或內化的判官）的期望，而對自己施行的一種懲罰。就此而言，內疚是社交上的一個方便法門，可被用來當作一種社交

6　Joseph Fletcher, *Situation Ethics: The New Morality* (Philadelphia: The Westminster Press, 1966).

7　D.B. Rinsley, "The Developmental Etiology of Borderline and Narcissistic Disorders," *in Bulletin of the Menninger Clinic*: 44(2), 1980, p. 127－134.

貨幣；一個人只要說「我很抱歉」，就可抵償他的踰矩行為，而無須對事情有進一步的洞察。從存在主義的觀點來看，內疚是一種非存有狀態。內疚的人物化了自己，認定自己不好或不對；因此在內疚中，人是不臨在的。所以按照我們的定義，人們經常說的「你真當感到羞愧」（Shame on you），實際上是在告訴一個人應該為自己所做的事感到內疚；所以「你真當感到內疚」才是比較正確的說法！羞愧（shame），根據我們的用法，是另一種不同的現象。

羞愧是純粹自我參照下產生的感覺，跟外源性標準沒有關係。人感到羞愧，是因為意識到自己被看穿了；有這種意識時，人常會發覺自己並沒有完全展現自我。因此，羞愧跟自我覺識有絕對的關係，那是對自我期許和自我形象的覺察。這時人會出現臉紅、發熱的身體反應，覺得自己被暴露了、沒有了防衛。以存在論的觀點來看，那是一種存有狀態。羞愧意味著自己被攤在陽光下，因此人在感到羞愧時是脆弱的、臨在的。相對於不利於親密的內疚，羞愧是有利於親密的。

因此，我們使用的「羞愧」有其非常特殊的含義。比方說，我們的定義跟約翰・布雷蕭（John Bradshaw）於書中談到的受虐兒的「有毒的羞愧」（toxic shame）不同[8]，也跟布蕾妮・布朗（Brené Brown）的定義不同；在展現脆弱的重要性上，布朗的論述令人折服，但她認為羞愧是展現脆弱的一個障礙。[9] 雖然我們、布雷蕭、布朗使用的是同一個詞，但我們描述的顯然是不同的現象。

我們自己在這個詞的用法上，很接近古代亞洲人的觀點。儒家思想非常重視生命的深度；孔夫子說：「知恥近乎勇。」有些佛教傳統把羞愧看得跟愛和慈悲一樣重要。我們著重的也是羞愧的這一層含義。[10]

我們一再發現，當人們揭露自己時，人與人的接觸會變得比較有意義、比較深刻。一個人臉紅時，我們常會覺得跟他很親近。他會覺得難為情；但當他脆弱地站在我們面前時，我們會感受到一股將彼此拉近的力量。揭露自己時，人會展現出生命力、深度和能量。臉紅是來自自我覺識；我們意識到自己是什麼樣的人

（和不是什麼樣的人）。這個現象就是我們所謂的「羞愧」。就這一點來說，我們認同克里斯托弗・里克斯（Christopher Ricks）所說的：「臉紅是很重要的靈性經驗。」[11]

這些年來，當伴侶們詢問我們如何深化他們的關係時，我們會建議他們去分享生命中感到無地自容（即我們所說的羞愧）的事。因為人們很少與人分享這類經驗的細節，所以這是一個改變和揭露的大好機會。對我們來說，羞愧是一種力量的體驗，並有利於親密和連結的深化。

容易受傷↔體恤他人

容易被他人的行動或評論刺傷，是一種非常權力導向的立場；那是所謂「敏感」的人控制他人的方式。我們認為這其實是無感，不是真正的敏感。真正敏感的人會體恤他人，對自己的感受（特別是自己受傷的感覺）負責。他不會怪罪別人，也不會藉此控制對方。一個人可以敏感地覺察和體恤他人的立場，又不失去自主的能力。

應該／禁令↔渴望／選擇

聽從自己的渴望，並按照自己的選擇行事，可以培養力量與自主性；服從

---

8   John Bradshaw, Homecoming: *Reclaiming and Championing Your Inner Child* (New York: Bantam Books, 1990), p. 47.

9   For example, TED talk "Listening to Shame," March 2012. www.ted.com

10 Lama Anagarika Govinda, *The Psychological Attitude of Early Buddhist Philosophy* (New York: Samuel Weiser, Inc., 1974), p. 121, and Jock McKeen and Bennet Wong, *The Illuminated Heart: Perspectives on East-West Psychology and Thought* (Gabriola Island: The Haven Institute Press, 2012), p. 233-4.

11 C. Ricks in C.D. *Schneider, Shame, Exposure, and Privacy* (Boston: Beacon Press, 1977), p. 109.

禁令（應該），則是透過依賴場域的自制力去維持權力。不過要注意的是，若拒絕服從「應該」僅僅因為它們是「應該」，也可能是權力而非力量的表現，因為當事人是在過度反應場域的支配。

義務↔責任

當一個人以力量為本時，其行動是在回應他所體察到的自己和周遭環境的需要。當一個人以權力為本時，其行動基本上是在履行義務，而這些義務屬於已預設的行為規範，是不考慮個人或當下情境的。

歸咎↔接納

歸咎會讓一個人持續處於無力反抗、被生活壓迫的受害者立場，那是一種權力導向的立場。接納自己和自身的處境則可讓一個人增長力量、對生命懷抱信心。

指責↔負責

人們經常將負責與指責混為一談。一個人肯為一件事負責，代表他承認自己參與了那件事，不論自願或非自願、自覺或不自覺。如果一個行人在穿越馬路時意外地被一輛汽車撞了，那個人要為自己是那個穿越馬路的人負責，也許是他當時不夠小心，甚或處於一種自毀的狀態。從責任的架構來看，駕駛和行人都有一套說詞，說明兩人都參與了這起事件，但以我們在此討論的概念來說，任何一方都不該受到指責。

指責的架構裡存有一種先入為主的是非道德觀；一定有人錯了。所以人們

會評估證據，判定誰是加害者、誰是受害者，誰有罪、誰無罪。大多數人的經驗從小就被這些觀念給框限了，以至於很難跨出這個框架，以一種非關道德的立場去看待我們所經歷的事。

以傳染病為例，在一般人的想法裡，人是細菌的受害者，細菌則是疾病的始作俑者。以責任的架構來說，人需要為創造細菌滋生的環境負責，為讓自己的身體被那特定的生物侵害負責。但我們無須以善惡的觀點來論斷生病的過程；可將疾病視為患者在生命的某個層次上，自覺或不自覺地參與許多過程的體現。它不是任何人或任何事的錯；每個人都有他參與一件事的責任，每個人都有一個故事要說，有他想要達到的目的。

為自己的健康狀態和疾病負責，是許多整體醫學療法的中心思想。沒有所謂的受害者；生病也不是任何人或任何事的錯。這些療法聚焦於患者在整個病程中的參與、患者想藉由這樣的參與達到的目的、他說的故事，以及故事所透露的隱喻。應用傳統療法的互補醫學，同樣也致力於協助患者發掘自己製造、參與或助長疾病的原因。遺憾的是，許多擁護整體醫療的人開始對傳統醫療的功能懷有敵意，有時甚至會責怪生病的人（包括他們自己！）。這種製造內疚感的態度反而會助長疾病的延續，對療程沒有好處。

心牆↔界線

人們採取權力導向的運作方式時，通常會願意與生命以物易物，把自己當作交易的籌碼。他們也許看起來有很明確的定位，與他人之間也有清楚的界線，然而卻通常都是躲在心牆後面，而不是活在自己的界線裡。心牆是靠不住的壁壘，是用來阻擋外界的防禦工程；它的基石是對他人的恐懼和對自己的不確定感。不幸的是，心牆不只是防衛，它還會削弱一個人敏感地與環境和其他人互動的能力。相對地，界線是伴隨力量導向的自我感而來，是富有韌性及彈性的，是與自己、與他人的一種敏感關係。自主性的選擇有利於建立界線，讓

一個人愈來愈清楚自己的定位。（關於心牆與界線，本書〈從「物」到「人」，從物化到融入〉章節有更詳細討論。）

不臨在↔臨在

一個人在展現脆弱及力量時，是臨在的；一個人在追逐權力的堡壘時，真實我是不臨在的。臨在的人，置自己於他們的接觸界線上，願意去回應。臨在時，一個人是警覺的、圓滿的。

角色扮演↔如實做自己

在追求理想我的權力時，人們學會了角色扮演，藉由呈現一個社會接受的形象來控制周遭的人事物；因為受制於他人，這些角色扮演者的自我感是很薄弱的。憑藉力量的人，比較願意真實地表達自己，顯現出來的會比較接近他們的現實我和真實我，也比較不容易受外界擺布。

反應↔回應

憑藉權力的人，會以一種衝動、大而化之、慣性的方式對情境做出反應。憑藉力量的人，會因境因人做出不同的回應，並同時真實、自發、充分地展現自我。

權力導向的人視他人為必須掌控的物體；力量導向的人視他人為有血有肉、可能與自己相交的人。當人採取以權力為本的操作方式時，是不會體認到他者的世界的，因為他們將他者物化為角色了（例如：「我的男朋友」、「我的妻子」、「我的兒子」等等）；因此，他們對別人的反應是不假思索、武斷

和僵固的。憑藉力量的人是內省的、人性化，而且會對周遭環境明察秋毫地回應，因此他的回應是有彈性的，會顧及對方的憂慮、想法和感受。憑藉權力的人會以去人性化、疏離的方式反應，以致看不見細節，無法根據不同的情境變通地回應。

希望↔信心

　　希望包括對現況的不滿，以及對未來變化的期望或期待。在希望裡，人們會試圖控制情勢；然而在對抗那些可能會讓情勢朝他們不樂見的方向發展的外力時，他們又把自己當成了這些外力的受害者。所以說，希望是跟權力和控制有關的，而且是一種不負責任的表現。希望會讓一個人無法專注於當下發生的事，也會限制一個人的成長和自由。希望是否認現在、迴避生命的一種表現；從存在主義的觀點來看，希望是一種非存有狀態。

　　相對地，按照我們的定義，信心是「對生命持續轉化的確定感」。信心來自一個人的內在世界，是一種接受過去、現在和未來的態度。以存在主義的觀點來說，它是一種擁抱生命與死亡的存有狀態。當一個人的力量，以及臨在、敏感地回應他人和外在事件的能力增強時，他對生死的恐懼也會隨之減弱。

寂寞／孤立↔孤獨

　　孤獨是人類的一個存在處境，因為每個人都是一個分離和獨特的個體。它無所謂好壞，只是一個本然。接受孤獨的事實，可讓人感受到他最深層的本質，並且培養力量。寂寞是一個人不願意接受孤獨、相信人的存在無須如此所體驗到的感受。這樣的人會將世界隔絕在外，因為沒有伴侶而自憐；但他們往往也是活在希望裡的人。弔詭的是，愈能接受孤獨的人，愈能與人親近。人若無法接受每個人都是個別分離的個體，就會有強烈的孤立感。孤獨意味著自

立、接受、信心；寂寞則意味著依賴場域、否認、希望。

反抗↔展現自我

　　反抗是值得我們思考的另一個相關概念。當一個人對一個情境或另一個人採取對立姿態時，他即是在反抗；反抗帶有挑釁的意味和場域依賴性。在對抗某件事或某個人時，一個人其實是受那件事或那個人束縛和左右的。透過反抗或革命去爭取自己的個人性和獨立性，是跟權力和控制有關的議題。

　　當一個人堅定地表達自己的立場時，他就是在展現自我。這麼做不是為了對抗任何人，而是在表達自己，跟其他任何人無關。那是一種自我肯定和成長的過程，有助於一個人的自主性與個性化。

屈服↔臣服

　　在性能量方面，屈服與臣服經常是兩個混淆不清的概念，但與性能量無關的互動其實也會出現這兩種現象。很多人認為放下對方是一種愛的極致表現，但經驗也警告他們不要被另一個人掌控，因為那可能會讓他們失去自我。如果我們了解臣服與屈服之別，就能解開這個兩難的習題。

　　屈服是和權力有關的行為。一個人服從另一個人的意志，讓對方來掌控自己，視對方為主要的對象，貶低了自己的重要性。然而，一如所有的權力情境，支配的一方和屈服的一方都意在控制對方，儘管他們似乎是站在對立的兩端。根據存在主義的說法，執迷於屈服所帶來的刺激感是向非存在狀態或死亡的挑逗行為——藉由意志的完全消融，放棄（或接收）所有的責任。

　　臣服是放下對自我的控制，所參照的是自己而不是其他任何人。一個人是

向自己臣服（放下），而不是向任何他者臣服。為了融入社會並得到回饋，人們從眾地透過角色、社會成規、工作能力去培養自制力。雖然自制能力對一個人的人格培養很重要，但也會抑制一個人的自發性，讓他喪失一些自我感。放下這樣的控制（亦即臣服）能讓一個人變得柔軟、歡快，讓他能重新體驗煥然一新的自己。誠如勞倫斯（D.H. Lawrence）在其小說《亞倫的權杖》（Aaron's Rod）中說的：「獻出你自己，但不要捨棄你自己。」[12]

感傷主義↔真實情感

奧斯卡‧王爾德（Oscar Wilde）將感傷主義（sentimentalism）界定為「無須付出代價地享受氾濫的情感」。[13] 我們同意這樣的感傷主義是一種縱情的表現。感傷主義是以局外人的姿態體驗情感——他人的情感以及自己的情感。這種形式的情感體驗，就某個程度來說是一種娛樂，可以帶給人愉悅感或其他刺激。的確，娛樂產業和大眾傳媒經常利用人的這種感情用事的潛質來達到它們的目的。然而，在這種有時讓人不可自拔的傷春悲秋的情懷下，往往潛藏著人們對較真實的情感、較直接地體驗情感的渴望。培養力量，可以讓一個人更如實地體驗自己的情感，那是對實際的人和當下情境做出的即時回應。一如王爾德說的，敞開心扉去體驗這樣的情感，可能是需要付出代價的，但回饋是豐盛的。接受自己較深層的情感，並將這些情感與他人分享，一個人就可以更充分地體驗到自己的人性，並發現更深化的親密關係所帶來的滿足感。

所有的關係都是屈服與臣服之間的拉鋸，人在其中交替地發展個人的力量（透過臣服）和權力（透過屈服／支配）。這兩種經驗的比重決定了關係的本質，以及人在關係中成長的可能性。

12　D.H. Lawrence, *Aaron's Rod* (Harmondsworth: Penguin Books, 1950), p. 200.

13　Oscar Wilde, in Edgar A. Levenson, *The Ambiguity of Change* (New York: Basic Books, 1983), p. 33.

衝力↔滿足感

憑藉力量的人，會體驗到一種內在的滿足感，那是對自己具有滋養作用的滿足感；而憑藉權力的人，體驗到的是一股衝力，那是一種驅策力，也是一種壓力。有了力量，一個人便能悠然、篤定地與自己較深層的本質互通聲氣，浸淫在他與自己和其他生命的連結感中。在權力中，那驅策人追求理想我的動力，會讓一個人充滿壓力、不確定感和焦慮；它或許具有很大的激勵作用，但通常也讓人無法放鬆！

信任別人↔信任自己

在權力導向下，一個人信任的是他人；既然這種導向的信任帶有期待和控制的成分，當別人達不到他的期望時，他就可以責怪他們。在力量導向下，一個人信任的是自己，並對自己鑑別、回應和選擇的能力充滿信心。

仰慕↔啟發

仰慕時，人們會抬舉他們所仰慕的對象，貶低自己；無疑地，這是一種以權力為本的觀點。而當人們藉由覺察另一個人時，他們也會更充分地認識自己、自己的潛能、自己的能力——這就是受到啟發。

傲慢↔謙卑

傲慢是一種自我膨脹感，一種非存有狀態。謙卑是一種存有狀態，意味著一個人對自己和自己在這個世界上的位置有很細膩的體會；謙卑的人看重自己，但不會去誇大其重要性。虛假的謙卑，亦即把自己看得很卑微、無足輕

重,是權力導向的;那是一種造作,是對自己的獨特性失察,是一種非存有立場。

憤世嫉俗↔笑看人生

憤世嫉俗是一種貶抑經驗、迴避生命的態度。憤世嫉俗者對生命的輕蔑是一種自我挫敗的行為,是傲慢和自以為是(自命不凡地鄙視這個世界)的表現,他們往往缺乏面對生命實相的勇氣。目空一切的憤世嫉俗者否定生命,而不是投入生命。笑看人生來自對生命的深入欣賞和接納。笑看人生是一種高境界的幽默感,在參透生命的同時,還能詼諧以對。笑看人生來自謙卑(相反地,憤世嫉俗來自傲慢)。

不可褻瀆↔神聖

「不可褻瀆」(sacred)這個詞常用來形容被推崇為特殊、重要、榮耀、不可侵犯、獨特、不同凡響的人事物。它含有一種道德觀,而使得某些人事物被高舉到一個不可褻瀆的地位;人們製造了「聖地」和「聖牛」,又為保護它們而發動戰爭。由此可見,將某物推崇為不可褻瀆,就是將它與其他眾生隔離開來。

對我們來說,「神聖」(holy)是指一種融入生命的境界。當人體驗到神聖的事物時,他是以一種合一、同在的方式參與的。領會到每個境遇都與眾生相連,即是擁有一種全觀(holistic,希臘文 holos,意指「整體」)的視角,也是與萬物合一的境界。任何境遇都有神聖的一面,只要人們意識到它與其他生命的關係就能感受到。不同於不可褻瀆,神聖的事物並沒有什麼特別之處;在每一個境遇裡,即便平凡無奇,都可以進入神聖之境。

「這個世界的不幸，源自於它阻抗神聖的事物進入日常生活中。」

——馬丁・布伯（Martin Buber）[14]

完美↔大放異彩

完美是理想我的目標，它意味著拚搏、成就和否認真實我。追求完美跟自我憎恨與對生命的不滿有關。因此，追求完美是一種非存有狀態。

大放異彩是真實我的一項功能，和精益求精的能力有關。接受生命——不是追求完美，而是勇於展現自我的獨特潛能——才能大放異彩。它是伴隨自我實現和自我展現而來，是存有狀態的一個屬性。大放異彩不同於完美（一個無法實現的理想），而是意味著自我的充分展現。

接下來所列出的，即是本書所討論的權力和力量之區別。

出類拔萃	↔	展現自我
控制	↔	展現脆弱
非存有狀態	↔	存有狀態
孤立	↔	親密
物化	↔	以人相待
成就	↔	精益求精
嚴肅	↔	幽默
注意力	↔	認同
安全感	↔	不安感
依賴場域	↔	自主自決
獨立	↔	自主
依賴場域	↔	覺察場域
個性化	↔	個體化

關係的階段

照顧他人	↔	關懷他人
同情／憐憫	↔	同理心
怨天尤人	↔	自我負責
自私自利	↔	自我中心
自我憎恨	↔	自我疼惜
趨樂避苦	↔	接受苦與樂
政治性操作	↔	開誠布公
道德	↔	個人或情境倫理
黑白分明	↔	灰色地帶
內疚	↔	羞愧
容易受傷	↔	體恤他人
應該／禁令	↔	渴望／選擇
義務	↔	責任
歸咎	↔	接納
指責	↔	負責
心牆	↔	界線
不在	↔	臨在
角色扮演	↔	如實做自己
反應	↔	回應
希望	↔	信心
寂寞／孤立	↔	孤獨
反抗	↔	展現自我
屈服	↔	臣服
感傷主義	↔	真實情感
衝力	↔	滿足感

---

14 M. Buber, *Hasidism and Modern Man*, edited and translated by Maurice Friedman(New York: Harper Torchbooks, 1966), p. 180.

信任別人	↔	信任自己
仰慕	↔	啟發
傲慢	↔	謙卑
憤世嫉俗	↔	笑看人生
不可褻瀆	↔	神聖
完美	↔	大放異彩

關係的階段

整合期

問：單身好，還是結婚好？

答：單身對女生最好，但對男生不好，因為男生需要有人跟在後面打掃。——安妮塔（九歲）

答：想這種問題，會讓我頭痛。我只是個小孩，不需要想這種麻煩事。——威爾（七歲）[1]

經過一段長期的權力爭奪期，伴侶會從新的角度看待彼此的差異。他們通常會停止爭吵，或是對一再重演的老套劇情抱持較高的幽默感。權力爭奪的混亂塵埃落定後，伴侶會進入一段平靜期，許多人為此感到困擾，因為不再爭吵後，反而失去原有的興奮感。在這個階段，伴侶的性關係會逐漸缺少動力，這種特徵有時被稱為「七年之癢」，許多夫妻在這時分房而睡，並認為一定出了什麼問題。這其實是非常正常的現象！

所謂七年之癢是指權力爭奪期平靜下來，隨著關係的平穩，以為關係已經死氣沉沉，原有的衝力需要另尋刺激。其實並非如此，這時的伴侶對彼此已有某種程度的了解，可以不必證明誰對誰錯。可是，如果認為性衝力才是活力的唯一指標，就可能外遇，或是另尋全新的關係以再度激發衝力。尋找新的浪漫期就可能導向偏離狀態：分離。

伴侶經歷浪漫期的錯覺和迷失，以及權力爭奪期的長期風暴之後，常常浮現更有彈性也更穩定的堅固關係，對彼此也有某種程度的了解，能進行新的冒險：讓親密感愈來愈深的旅程。對他們而言，浪漫期和權力爭奪期是考驗和試

---

[1] David Heller, *Growing Up Isn't Hard to Do If You Start Out As a Kid* (New York: Random House, 1991).

鍊的場所，通過種種障礙後，就能以更接納的眼光和心胸看待彼此。他們準備好進入關係的其他階段，跳脫錯覺和防衛，開始進入整合的階段。

接納這種狀況的夫妻會開始互相分享，而且往往發現彼此其實有非常溫暖、親近的感覺，雖然衝力已經降低，卻開始真正的親密！

開始學習相處

權力爭奪時，雙方都在爭辯誰對誰錯，陷入衝突、防衛和責備而拉遠彼此的距離，也遠離了自己。由於在衝突中物化自己和對方，所以無法更深入了解彼此，不認識伴侶的個人特質，只是將之視為防衛和責備的對象。

當態度轉變，伴侶就比較不會試圖控制、改變或責備對方，而開始以真誠的興趣和好奇傾聽對方。伴侶在權力爭奪期能得到了解對方的資訊，但這種資訊卻被用來在衝突中保持彼此的距離。進入整合期後，彼此開始互相好奇，想了解對方，以這種態度開始傾聽和詢問，而不是防衛。關係愈來愈深，愈來愈了解對方和自己。當他們開始用接納取代抗拒時，親密之花就能盛開。

好奇、溝通與五個 A

好奇是從權力爭奪期進入整合期的催化劑，就這個部分，我們推薦我們稱為「五個 A」的過程：覺察（awareness）、承認（acknowledgement）、接納（acceptance）、行動（action）與欣賞（appreciation）。人可以選擇對自己在任何處境中所做、所思或所感都有更多的**覺察**，藉由向伴侶**承認**這個部分，就能愈來愈**接納**自己。這種接納並不需要別人**喜歡**他們所做的事或採取的態度，也不用無奈地放棄成長而故態復萌，只是要他們誠實而且疼惜地辨識**事實**，沒有任何藉口或否認。在這種過程中，他們開始更充分地認識自己與伴

侶;而不是防衛又沒有覺察,他們在學習了解彼此。這種覺察能轉化為**行動**,促進自我的發展,並強化彼此的關係。這也許涉及在當下的情境中選擇不同的行動,既不否認,也不抹除已發生的事。伴侶在此可以**欣賞**自己與對方。由於這個過程可以透過呼吸(breathing)而活化,我們用縮寫 BAAAAA 來表示:呼吸、覺察、承認、接納、行動、欣賞。

舉例來說明如何進行:「你遲到時,我**覺察**到自己想責備你,我**承認**剛剛又責備了你,我**接納**自己會這樣做(雖然我不喜歡我做出這件事的事實),也對你的經驗很好奇,你願意多說一些你內心的狀況嗎?我的**行動**是坐下來和你談這件事,而不是只有大發脾氣、破壞溝通!我能**欣賞**自己在此做了不一樣的事,也欣賞你願意和我談一談。」

清除雜草

就如花園需要定期維護和照顧,整合期的工作就是讓關係更深入。我們建議伴侶每天花一段時間分享自己的觀點、想法、感受和經驗,了解彼此的世界。這種方式能使雙方逐漸了解自己和對方,不受限於理想化和物化的觀點。伴侶每次都要承認自己僵化的道德信念、自以為事情該如何進行,就有機會跳脫這種限制,進入愈來愈了解自己和對方的過程。

伴侶可以意見不合

整合期的伴侶可以意見不合而不必爭執,他們並不爭辯誰對誰錯,能接受彼此的差異,即使觀點非常不同,仍能好好相處,這個過程會愈來愈接納自己和他人。隨著接納度愈來愈高,親密感也就愈來愈深,不但更了解自己,也更了解對方。關係花園現在進入快速成長的階段,伴侶(花園中的植物)在個體的共同發展中一起成熟、結果。

認識自己和伴侶的原貌時，就能得到內在力量，不需要做任何改變。他們會顯得更平靜、更有安全感，生活的其他面向也很穩定，從原本依賴別人以得到安全感的情形，變得更依靠自己，不需要靠伴侶的某種表現來解決他們的存在困境。他們可能說：「我好，你也好，我們可以在一起，接受雙方是不同的獨立個體，仍然彼此相愛。」

整合期的夫妻並不是**相安無事**，而是共享**和諧**的差異，他們可以各唱各的調，不需要配合別人的旋律，在相互接納和承認中，兩人的旋律會彼此調和，滋生親密和深入的互動。

人性的展現

伴侶在整合期時，雙方首度真正展現人性；先前的階段中，兩人都是物化的角色，到了整合期，各人都受到重視、接納和承認，在彼此的分享和見證中呈現自己。向自己和伴侶敞開時，就更扎實地成為更個體化、更投入關係的人。

人際分享會開始進入更深、更屬靈的範疇，彼此更實在地了解對方，並見證各人展現的生命歷程，這是真正深度對話的入口；以馬丁‧布伯（Martin Buber）的話來說，就是從「我──它」關係進入「我──你」關係。[2]

充滿勇氣的人生

很難見到深入的整合期，大部分人一直陷入權力爭奪期的衝突和浪漫期令人陶醉的錯覺，並沒有全然進入整合期。當伴侶發現彼此和諧時，仍然會有權力爭奪和浪漫的部分，但只要能加以承認，就不會身陷其中。簡言之，整合期的人把重心從外界轉回自己身上，愈來愈依靠自己，對彼此也更敏銳、更能覺察，不再嘗試透過浪漫和物化的幻影與表象來克服存在的處境，對個體性愈

來愈有把握，各人的自主性和各自的目標愈來愈明確，同時保持對伴侶的敏感度。

存在的核心潛藏著空虛和無意義的感覺，這對人的成長與發展都是一種挑戰，讓人愈來愈堅強。透過彼此建立的關係，就能勇敢地面對死亡的憂懼，不需要陷入浪漫期與權力爭奪期虛幻的物化與意象。若能面對自己的不安全感，並分享出來，就能接納彼此的原貌，知道兩人都是孤獨且沒有外界為他們提供確切意義的人。

雖然沒有既定的意義，但可以創造意義；符合自身價值觀的行動可以填補空虛感。經歷過整合期的人，會處在創造個人意義的位置，以親密分享和對自己也對伴侶坦誠的勇敢行動填滿空虛。在關係中，自我實現的計畫會被彼此回應的對話加強。伴侶得以認識自己和對方，愈發向彼此打開自己、坦露自己，就也更加向自己開放、坦誠。

整合與焦慮

整合期的人會因為逐漸接納自己的孤獨而減輕神經質的焦慮；經歷深層的憂懼時，就是進一步肯定信念的時候。這種人會承認自己的絕望，願意面對挑戰，更深地接納生命最黑暗的一面：

接納絕望感，這種接納就是信心，並站在勇敢活下去的分界線。

——保羅・田立克[3]

2　Martin Buber, *I and Thou* (New York: Charles Scribner's Sons, 1970), p.14.

3　Paul Tillich, *The Courage To Be* (New Haven: Yale University Press, 1952), p.175.

整合期的經驗能讓人度過黑暗期，不會關閉自己，也不會放棄自己或別人；他們會持續與伴侶和生命本身進行勇敢的深度對話。他們的靈性根基在於對自己和伴侶的深刻接納，所以能用不斷增長的參與感和敬畏感擁抱人生。

整合期的人更能接納孤單、獨立的存在處境，所以能與另一個獨立的生命分享，敞開自己，並從中得到滿足感。他們會帶著勇氣與力量全心慶賀自己、慶賀彼此的關係，以及生命中的所有互動。

幽默感

整合期的特徵是幽默感和輕鬆感。強烈、嚴肅的正義感、內疚感和責備都變成活潑的揶揄和自我覺察的笑聲。原本沉重的主題則成為平靜、愉快以對的事情。伴侶開始慶祝共有的日常生活，以及其中的挑戰、磨難和喜悅。

誠實與責任

誠實是最重要的原則，是深入互動的必要工具。雙方達到某種程度的整合期時，已經體認人無法傷害另一個人的感受；事實上，他們的態度是沒有人能使別人產生任何感受。一旦認為一個人可能傷害別人的感受時，這種態度會造成自我保護、防衛、遮掩，使親密感消失。當雙方承認各自要為自己的感受負責時，就會升起一股開放和自由的感覺，任何話題都不是禁忌，任何處境都可以面對，彼此願意一起溝通、學習。

分享

整合期的人已做好心理準備，願意分享更多的自己，彼此深度對話。任何

事的分享都能強化親密感,這是整合期展現誠實的必然結果。事實,權力爭奪期的各個要素(嫉妒、內疚、憤怒、責備等)一旦能加以分享,就成為整合期的有用資訊。當雙方接納自己有這些要素,不以之為控制的工具,這些要素就成為好奇的對象,有助於關係的成長和強化,原本具有破壞性的東西就成為穩定關係的基石。

整合期的性欲

雖然性衝力在整合期會降低,但想要時就可以重燃性欲,並更深地了解性衝力是如何產生的。願意分享性幻想的夫妻,有可能借用物化的方式發現嶄新層次的性衝力。這種分享需要雙方有成熟的穩定度,以避免權力爭奪期產生的內疚或責備。

心流

權力爭奪期的人容易卡在不斷重複的對錯爭執,整合期的人則會經歷變遷和流動,雙方會成為真正的人,超越原本將自己與對方物化的經驗,他們會愈來愈了解彼此。他們在這種變遷中,就進入生命的流動,體驗到更大的自由,願意承擔伴隨這種自由而有的更大責任。

米哈里·契森米哈里(Mihaly Csikszentmihalyi)曾描述人在「心流經驗」(flow experience)中的特質,[4] 這些人有清楚的目標、行動果斷、真誠專注、聚精會神,在生活中有擔當;他們比較會經驗到自我意識的降低,覺得參與某種比自己更大的事情。他們會覺得時間過得很快,能在經驗中為自己尋找樂

---

4 M. Csikszentmihalyi, *The Evolving Self* (New York: Harper Collins, 1993), pp.178－79.

趣。整合期的伴侶常常顯示「心流經驗」的特質，彼此投入而同在，覺得自己參與生命，有歸屬於比自己更大事物的感覺。

持續的更新

伴侶能透過持續的更新維持整合期關係的動力，他們不會志得意滿，以為關係自然會保持下去；其實關係是持續成長和發展的工具，對自己和對方都是如此。為了繼續共同成長，需要找出新的東西來分享。以下是維持整合期繼續發展下去的關鍵，可以避免自滿或厭煩。

一、**頻繁而可信賴的接觸**，能讓伴侶覺察彼此與生活的過程。即使只是固定一起喝杯咖啡，或是一起分享最喜歡的電視節目，都能為彼此帶來自然而持續不斷的了解。

二、**每天的談心時間很重要**，可以了解彼此正向與負向的想法、感受和經驗。可以選一大清早或是晚上，概述一天的經驗。

三、**一起進行雙方都有興趣的計畫**，能使彼此的關係成為生活的重心。比如一起照料花園、研究相同的主題，或是商業上的合作。擁有共同計畫的伴侶自然容易產生互動。

四、**談論各自的興趣**，能了解彼此的現狀和生活。例如，一方喜歡慢跑，另一方喜歡留在家裡看書，就要互相詢問各自活動時的經驗。如此可以分享各自的興趣，不會因此產生距離。

五、**新奇與實驗**，有助於保持關係的新鮮和活力。一起到陌生的地方旅行，或是品嘗新奇的食物、參觀藝術展覽，都能提供新鮮的主題以供討論和分享。隨著經驗的累積，伴侶在自己和彼此間能找到持續的刺

激感和愉悅感。

六、共同學習，能為關係帶來新的層面，不論是輕鬆地共同探索一個主題，或是學交際舞、參加社區大學的課程，一起學習的行動能使他們的互動更深入。

七、恢復浪漫，深情的示意和儀式能為關係帶來溫暖和特殊的感覺。伴侶會有彼此才懂得的笑話和暗號，表示對方很特別。

愛的狀態

關係花園中，愛的狀態會在整合期盛開，雙方開始了解彼此，有較多的現實感，較少幻想。整合期的刺激感可能不如激烈的浪漫期和權力爭奪期，但兩人能首度體驗對自己和對方的真正滿足感。

整合期的人非常負責任，不會責備對方，也不會自責、內疚和懊悔，超越道德的限制，不從對錯、疚責的觀點來看事情，而是看見好奇和學習的可能性。

他們接納自己，在過程中冶鍊真誠的關係。深度對話的過程能強化雙方的成長與發展，同時關係也愈來愈深入。

一個人愛上另一個人，可能是我們所承擔的最困難任務，終極的任務、終極的測試與考驗，所有其他任務都只是為這個任務做準備。

——里爾克（Rainer Maria Rilke）[5]

5　Rainer Maria Rilke, quoted in E.H. Sell, *The Spirit of Loving* (Boston, MA: Shambhala Publications, 1995), p.47.

承諾期

　　伴侶一旦在關係中達到某種程度的整合期，就會投入積極而有意義的深度對話。雙方都是活生生的人，不僅僅是物化的角色。他們對自己和對方的了解都更深入，自己和彼此的關係也愈來愈有力量。現在已不需要任何人做改變，事情就是如此，因為要求任何人改變根本是不可能的事，[1] 而是愈來愈了解並接納自己與彼此。一旦扎實地建立整合期的過程，雙方就做好準備，可以邁入下一個階段：承諾期。

承諾階段

　　承諾期的伴侶非常了解彼此，包括各自的真誠自我，以及各人會玩的心理遊戲和權力遊戲。他們樂於溝通自己的想法和感受，以這種方式繼續深入了解彼此。他們愈來愈投入各自和共同的生活，由於對自己和對方有真實的了解，已準備好做出有根有據的承諾。

　　由於這個階段的伴侶非常了解彼此，所以承諾的內容不是浪漫期的幻想或權力爭奪期的義務，而是承諾彼此有帶著覺察的自由選擇。

　　他們並不是向對方做出承諾，而是對生活和自己做出堅定的承諾。在這個過程中，他們願意共享一個承諾，一起計畫雙方的期待和決定，並付諸行動。

在承諾期生孩子

　　承諾期是生孩子的最佳時期。夫妻經常在浪漫期就懷孕，那時還不夠了解

彼此；也有許多孩子是在權力爭奪期受孕，那時的伴侶可能以為新生命的降臨有助於減輕彼此投射與物化而造成的緊張與爭執。在關係早期階段誕生的孩子，需要面對父母還不了解自己、把精力放在爭執的情形。較穩定的父母能了解自己和對方，以及雙方的動機和渴望，這種父母自然能了解孩子，並能清楚設定親子間的界線。在這種氛圍下，孩子會有堅固關係的基本經驗，而成長為真誠獨特的人。

承諾的演變

隨著伴侶的改變，承諾也會隨之成熟、改變。其實關係的每一個階段都需要承諾，浪漫期的承諾常常是夢想、理想，在這個階段結婚的人常常許諾「熱愛、尊敬、服從」一個自己還不了解的人；我們建議浪漫期的夫妻需要的承諾是彼此要有足夠的時間相互了解。權力爭奪期的伴侶可以承諾彼此同在，一起處理衝突；這個階段的人往往會在潛意識中承諾自己一定要勝過對方或征服對方（這顯然違反親密的發展）。權力爭奪期或浪漫期的承諾多半最後會使生活受到限制，進而限制關係，甚至扼殺關係。但不需要如此。

伴侶達到某種程度的整合期之後，更能有堅實、有根據的相互承諾。整合期會發展誠實、可靠的溝通與好奇，可以將計畫和想像付諸行動，這種承諾並非異想天開或天真幼稚，而是在整合期透過彼此的充分了解自然產生的。現在雙方各自都是個體化、獨特而有力量的人，有能力做出真正的承諾，努力實現自己的選擇。關係中，當雙方承諾在一起，就能依賴自己與對方。這個階段的伴侶會為生活從事堅定的承諾，包括獨自和共同的事。他們可以不需要對方，但又確信能依賴自己和對方。

1　For our views on the impossibility of change (and opportunities for transformation), see *Being：A Manual for Life*, Chapter 17.

意志與固執

　　承諾期需要運用意志（will）。請注意，固執（willfulness）是權力爭奪期的特徵，通常與物化和防衛有關；相反地，清楚表達意志則是成熟人格的一部分，對整合能力的發展非常重要，比如奉獻、可靠性、勤奮、責任，以及果斷回應的行動。意志的作用是針對目的；固執則妨礙成長，常常導致僵化固著的情形。固執的結果是自負、自以為是、安全感和心牆，所以會妨礙親密。純淨地運用意志，有助於關係花園功能的成長，而固執則使雜草叢生，扼殺了新的成長。

關係的照料與維護

　　承諾在任何處境中都會以分享、誠實、坦誠的態度來面對，能使關係保持健康狀態。就像花園需要除草、澆水、施肥，關係也需要相互承諾帶來的持續照料和維護。只要對彼此有真誠的關懷和好奇，並願分享自己，雙方就能展現自己，不斷為關係帶來更新。

　　關係花園中，做出承諾的人就像深入扎根的植物，由於了解自己，所以能留在原來的位置，投身於花園的生活，不需要特別的關注或多餘的照顧。他們能深入泥土之中，從生命的核心得到滋養，與大自然及環境和諧共處。他們的力量足以承受一時的艱難和挑戰，與花園中其他強壯的植物一起和諧成長。

承諾是針對自己

　　這個階段的承諾主要不是對另一個人，而是針對自己，雙方都願意獻身於選定的活動或目標。在承諾的修練和約束中，各人的成長都得以增強、發展。承諾期的人不是出於衝動，不會心血來潮就放棄目標或立場，轉而追求另一件

事,而能一起經歷暴風雨,持續成長、發展、深入。有了承諾,就能集中焦點,雙方愈來愈有能力處理較大的計畫,在漸增的挑戰中成長。在承諾期運用意志,可以發展出強壯、成熟、個體化的「我」。當這種「我」承諾一起留在關係時,不但可以各自成長,關係也會隨之成長。

一起承諾

我並不是向你承諾,而是向自己承諾我所選擇的任何事。關係中,我的承諾會影響我對關係的付出,當你同樣做出承諾時,我們就可以在關係中一起擁有期望,這不是要求,而是共同的協定。我愈看重你,就愈願意承諾和你在一起,彼此就可以有愈多期望。這是相互信任的根基,可信任的人會扎根愈深、愈強,外在事件的變化和波動不會破壞他們的生活。當伴侶學會一起信任時,雙方和關係都會變得強壯堅固。

有限的承諾

許多人害怕做出承諾,可以只投入一段限定的時間。如果害怕承諾的巨大負擔,可以只接受有限的承諾,比如以一個月或三個月為期限,約定好期限後,就可以投入關係的原則,不用擔心永遠無法改變。當他們學會如何在短期承諾中生活之後,就比較能接受更長期的承諾。我們建議不願承諾的人,可以做出短期的承諾,逐漸建立堅持下去的能力。

以我們自己為例,基卓發現與煥祥同住可以省下長期訂閱雜誌的費用,於是改善對承諾的恐懼,選擇更長期與煥祥同住:蘇格蘭的節儉血統讓他為了省下幾塊錢就勝過內心的恐懼![2] 同樣地,承諾共同承擔財務責任,能讓人了解

2　Bennet Wong and Jock McKeen, *In and Out of Our Own Way* (Gabriola Island, BC: PD Publishing, 1995), p.131.

自己其實可以度過環境的無常變化，覺得自己更有力量。例如，合力買房子可能是非常令人滿足的提議。

教導孩子承諾

承諾是一種可以培養的能力，需要努力重複練習，就好像運動能訓練肌肉和耐力，使力量愈來愈強壯。對小事的承諾可以讓孩子學習自我訓練，每當孩子對任何事做出承諾，並堅持下去，就能提升自我接納度和自我價值感。當孩子知道可以靠自己做自己想做的事，就會愈來愈有安全感。

這種方式讓孩子能學會依靠自己，變得有自信。例如學習安排預算，只花一部分零用錢，為將來存錢，能讓孩子學會如何保留自己的資源，很早就有良好的理財觀，並知道自己愈來愈能處理自己的事務。

不同關係中的承諾

不同類型的關係需要不同的承諾，舉例來說，商業夥伴可能只需要一天花幾分鐘溝通，就可以保持事業的進展；朋友可能需要每週共度一個傍晚，才足以保持關係的發展。對於主要關係中的伴侶，我們建議每天至少需要半小時的分享、清理，並把焦點放在各自的感受與想法上。

長久的關係中，我們建議伴侶每隔一段時間就重新評估自己的承諾，他們往往因此發現承諾的滋味，並喜歡長期承諾帶來的力量。

我們自己的關係中，承諾的部分可以摘要如下：

我們為生命做出承諾，如果關係沒有了生命，承諾可能在明天就結束。這

不是根據時間做出的承諾，而是根據生命做出的承諾。但我們也承諾在分手前，要一起處理結束關係的所有相關細節；然而在探討分手議題的刺激下，很容易發現新的生命，所以我們不太可能真的分手。雙方都能自由選擇在一起或離開，我們在一起是因為不斷地共同發現生命。

承諾是生命的基礎

承諾期藏有開啟重大祕密的鑰匙，顯相的祕密。[3] 當伴侶把他們的意志導向有創意、增進生命的追尋，就參與了更大的社會脈絡，做出有益的貢獻，帶來生命與新鮮感。生命的光輝透過他們共同的合作與努力而得以顯現。

> 關於所有主動進取的行動（與創造），除非做出承諾，否則就會有所猶豫，有退縮的可能，而且總是無效。有一個基本真理，若忽略此真理，無數的想法和傑出的計畫都會被扼殺：當人明確向自己做出承諾的那一刻，天道也開始運行。所有事情的發生都是幫助原本不會發生的事得以發生。由決定而產生的一連串事件，能使人遇見完全意料不到的插曲、相遇和物質的支持，是任何人都夢想不到的。不論你能做或夢想能做的是什麼，開始吧！勇敢之中就有天賦、力量和魔力。現在就開始吧！
>
> ——歌德（Goethe）[4]

---

3 Note that this is quite different to the notion of manifestation popularized in the book and movie *The Secret*. We discuss the difference in *Being: A Manual for Life*, Chapter 21.

4 J.W. Goethe, translator unknown. Original German quoted in *Goethe's Faust, Gesamtausgabe* (Frankfurt am Main: Insel Verlag, 1976), p.142.

共同創造期

伴侶經歷整合期和承諾期時，雙方對自己和對方的了解會不斷進展，知道自己的力量、弱點、欲望和夢想。由於信任雙方的承諾，所以能投入真誠的合作。他們在一起時，不論選擇任何任務，都會成為創造的過程。這種搭檔似乎充滿原創力和活力，他們一起投入時，不論碰觸什麼都會充滿生命和亮光，使周圍的人得到啟發。演藝界中，具有創造力的合作關係能在互動中展現細膩的敏感度和偉大的成果，羅傑斯（Rodgers）與漢瑪斯坦（Hammerstein）在音樂上的合作就是很好的例子。

共同創造期中，伴侶的努力是和諧一致的，當他們在一起時，心流似乎伸手可及，不論是跳雙人舞，或只是一起洗碗盤，他們的動作和互動都是流暢的，具有單純的優雅，他們的互動就是別人的靈感。當伴侶之間能超越權力爭奪期的道德教訓，在整合期了解自己和對方，並在承諾期用意志合作時，眼前就展開大量的可能性。有人說他們周圍會出現生命與愛的光環，即使是最世俗的事物也有了靈性生命。他們在每一刻都展現禪的精神：在一起，卻又彼此不同、獨立、個體化而真誠。他們在身、心、靈都展現活力，在他們的創作中表現出來，這是全然的道成肉身。

共同創造的伴侶會具備承認和分享生命所有面向的能力，他們能運用原本在關係中被視為負面或有破壞性的部分；把個別差異轉成有創意的挑戰，而不是為對錯爭執。一個人負面的部分可以用正面的方式運用：吝嗇的人負責記帳，控制的人安排行程、負責計畫。原本用來防衛的人格特質，就可以透過創意的運用，促進彼此的關係和共同的計畫。藉由承認和接納個性的特徵，沒有一件事需要被視為全然的負面。

週期的循環

雙方在這個階段有充足的自由，生命充滿可能性，兩人的力量強大到足以實現夢想和願望。由於較不僵化，所以彼此能欣然接受新的想法，想出新奇的方式處理問題。簡言之，他們是開放的，準備好進入下個階段，也就是重返浪漫期。

由於他們在先前各階段的學習已累積了許多經驗，所以接下來是**資訊更充足**的浪漫期。於是關係週期會以螺旋發展的方式展開，擴展到生活中，並有更多創造力。想像力會重新開啟而進入新的浪漫期；人會進入前所未知的新領域，對可能發生的事充滿期待。帶著這種擴大的視野，就能看見更大範圍的生命、愛與關係，並加以追尋。接著很快就會進入新的權力爭奪期而有更進一步的學習，並能很快進入新的整合期，不斷增加對自己和對方的了解。接下來是更深層的承諾期與更豐富的共同創造期。這其實是在關係中活出來的生命週期。

弗里茨・波爾斯（Fritz Perls）在一九六〇年代寫了一首著名的《完形祈禱文》——「我在這個世界／不是為你的期望而活／你在這個世界／也不是為我的期望而活」[1]。許多人因此相信成長的路是孤獨的、關係會妨礙成長。下面這首詩則從關係的角度回應波爾斯：

超越波爾斯
如果我只做自己的事
你做你自己的事
我們就在危險之中
不但失去彼此

---

[1] 編按：節錄自德國心理治療師弗里茨・波爾斯（Fritz Perls）的完形祈禱文（Gestalt Prayer），本書所引用之原文為：I am not in this world to live up to your expectations, And you are not in this world to live up to mine.

也喪失自己。
我在這個世界
不是為你的期望而活，
但我在這個世界
是要證實你是獨特的人
也被你證實。
我們能成為全然的自己
只因為彼此的關係；
脫離你的我會瓦解。
我不是偶然遇見你；
而是在積極爭取的生命中找到你。
我不願被動地讓事情臨到我
我能刻意地行動
使事情發生。
我必須從自己開始，沒錯；
可是我不能止於自己：
真理始於兩個人。

——瓦特爾‧塔布斯（Walter Tubbs）[2]

2　Walter Tubbs, "Beyond Perls," *Journal of Humanistic Psychology*, 12(2), Fall 1972.

走過循環的週期

混沌與關係

混沌理論認為靜止狀態是能量的活動處於最低程度的**平衡狀態**，且多半是可預測的。另一個極端則是**混亂**（即混沌），其中的能量是有秩序的，可是其模式是無法預測的。[1]

比如一顆向上滾動的石頭，距離原有的平衡狀態愈遠就愈不穩定，蓄積愈多能量，隨時會滾回原來的平衡狀態。所以，脫離平衡狀態愈遠就愈可能產生混亂，或是出現無法預期的行為。

從這個觀點來看人的生活和個體的發展，就會發現人在面對生活的需求時，會離平衡狀態有一段距離，距離愈小，人的生活就愈可預測，但也相對較停滯、沒有活力；如果距離愈遠，人就愈焦慮、難以預料，但也更有活力。最大的成長可能出現在我們所謂的「最佳整合區」（zone of optimal integration，簡稱 ZOI），這是一種高原區，超過這個區域時，混亂（焦慮的經驗）的程度會過於嚴重，讓人無法處理。人能處理愈大程度的混亂，就愈能遠離平衡狀態，也愈有機會探索和體驗更多人生。

成長和發展中的人，透過處理新的情境，就能擴大最佳整合區；當人靜止下來，或是在面對（真實或想像的）威脅時退縮，最佳整合區就會縮小。擴大和縮小的波動過程就是健康有機體（包括人類）的特徵：波動的範圍愈大，行動的彈性就愈大，生活的經驗也愈充實。

混沌並不是雜亂失序，而是其模式過於複雜、無法預期。人若脫離平衡愈遠，就會面臨愈大的混亂度和複雜性，在這種混沌狀態中，人常常會以僵化的方式緊縮，用界線和心牆框住自己，使經驗的範圍變窄；這是面對混亂時的**神經質**解決方法。這樣做的人不但會使最佳整合區縮小，也會使自己的界線僵

化,變成厚重的防衛心牆,因此感受不到活力、滿足與完整。這種僵化的狀態愈常發生,最佳整合區就會愈來愈趨近平衡狀態。這種靜止的平衡狀態被存在主義者稱為「生命中的死亡」。

精神官能症是生命歷程變窄化和僵化的現象,用來控制不確定的混沌。覺得可能失去控制時就會焦慮,害怕失控後會發生悲慘的事;在極端的情形下,他們會害怕失控可能導致犯罪或精神病行為。如果不敢體驗擴展的生活,以及伴隨而來的複雜性與混沌,往往會對權力和控制發生興趣,因為權力和控制能提供安全感的假象;他們藉著控制自己和掌握別人,希望逃避危險的混沌狀況。

脈絡中的「我」

平衡與混沌的關係應用到人身上時,可以用隔頁的「自我脈絡圖」表示。圖的中心是**平衡點**(靜止),此處沒有動作、沒有成長、沒有改變,發生在這裡的事件是可預測而確定的。距離中心愈遠,就愈趨向無法預測的混沌(混亂)。從平衡進入混沌的移動有可能發生在三個不同的領域:**靈性**、**訓練營**和**關係花園**。訓練營中,混沌會被社會化的重複行為與態度所控制和壓抑;關係花園中,混沌會透過動態的接納而轉化;在靈性的區域則會為混沌賦予意義。我們接下來會解釋,這三個區域之間還有「中介區」(責任、宗教、法律)。

訓練營

人在生活中會逐漸遇到愈來愈多的混沌,並學習如何加以處理。早期的訓

---

1 Dean Black, Inner Wisdom (Springville, UT: Tapestry Press, 1990), p.42. For more on chaos, see *The Illuminated Heart: Perspectives on East-West Psychology and Thought*, Chapter V.8.

自我脈絡圖

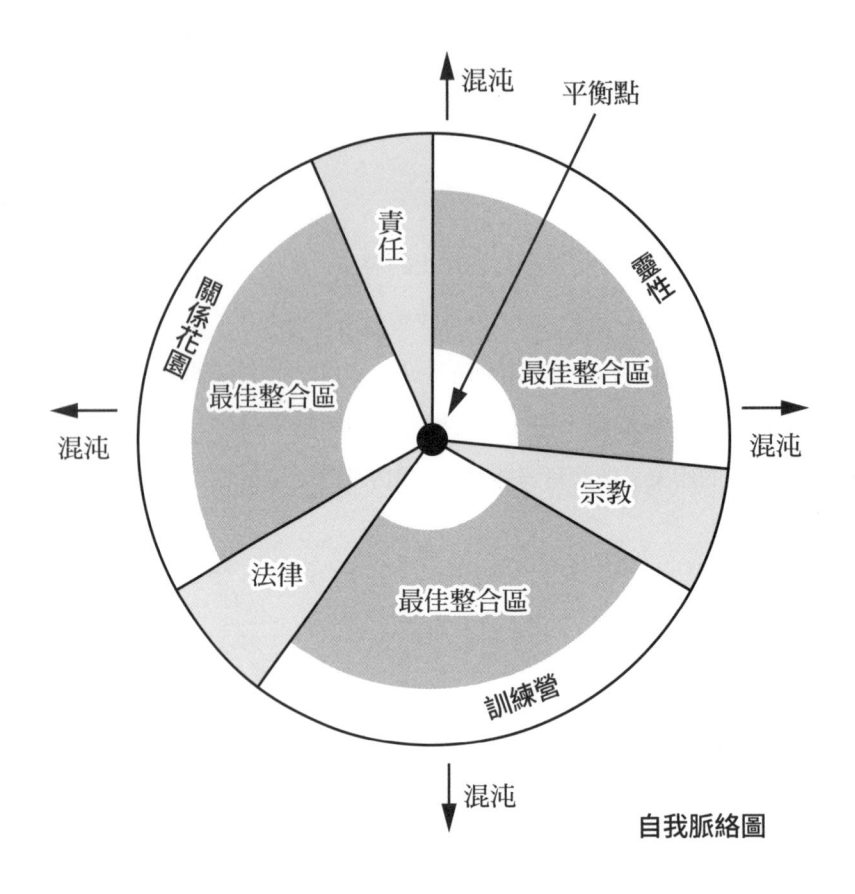

練和學校教育大多是在教人用標準化的方式和工具來處理不可預測性。其實，語言、角色和行為規範都是具體化的習俗，幫助社會在無法預期的混沌中保持秩序。訓練愈成功，人就愈可預測而社會化；可惜這種訓練也會讓生命的能量停滯，扼殺個體的創造力和活力。為了符合社會秩序的約束，人必須壓抑真誠的生命能量，這正是訓練營的目標。

孩子學會採取父母的行為和關注之事，並透過模仿而更社會化；父母對孩子被訓練成父母的樣子也表示贊同。孩子融入其中後會覺得較舒適，較不會焦慮，但生活中自發的喜悅也因此受限。透過外化的過程，孩子學會把焦點從內在轉向尋求外在對象（權威）的贊同與注意，起初的外在對象是人（老師、父母、手足），之後則是來自整體文化較抽象的報償（聲譽、頭銜等）。因此，訓練營教人控制被社會視為不適當的衝動，但在這個過程中，會因為追求理想

我而無法接觸真正的自己；[2] 結果產生物化、去人性化的外化能量。

關係花園

關係花園的態度是接納混沌，並在混沌中一起工作，不是試圖控制和壓抑混沌，而是欣然接受無法預期的事，視之為新奇與創造力的來源。兩人間出現意料之外的事時，彼此會分享自己的焦慮，不是試圖減輕或忽視焦慮，而是使混亂的能量轉為互動、交流和個人成長的動力。

雙方在親密、分享、接納的過程中，愈來愈貼近自己，也更全然投入對方的真實個人特質。隨著坦露內在的歷程而更了解彼此，於是體驗到成長與愈來愈強的自主性。訓練營是以僵化的態度與模式來反應，但關係花園則將彼此視為敏感的人來回應。訓練營的成員是**物化的對象**，彼此的關係建立在「它──它」的基礎，關係花園則是在「我──你」的方式中成為**人**。[3] 訓練營的特徵是角色化的人，這種人會強調道德、築起心牆；關係花園則是自我負責的人，以人際敏感度發展界線，進而將個人化的倫理觀應用到每一個新奇的情境。

所以關係花園能培養自由地表達，又保持對自己與他人的敏感，進而不斷探索一個人真實的人格特質。關係花園裡的人並不完美，但比較敏感、更有活力、更富人性。

靈性

我們對靈性的定義類似保羅・田立克與其他人的方式，就是與**意義**有關。

---

2 We discuss this process in depth in *Being: A Manual for Life*, Chapter 1.
3 Martin Buber, *I and Thou* (New York: Charles Scribner's Sons, 1970), p.14.

存在主義哲學家的立場認為人生沒有確切的意義，意義來自個人的決定、責任與行動。依此方式，每個人會根據自己的價值體系創造或展現他或她自身的意義，並做出符合這個價值體系的決定與行動。當人採取這個觀點，就會經驗到焦慮。許多人不願面對這種態度的不確定性與沉重感，以及其中必然存在的混亂；他們寧可堅守既有的意義與行為，以保持安全，留在較接近平衡的位置。結果就較少感覺到生命的經驗，但也較少焦慮（混沌）。這種安全感的尋求會涉及特定團體的認同，接受團體的指示，以換取歸屬感帶來的安全感。

混沌會提供一種挑戰，以發現意義。靈性就是發生這種情形的領域。當人面對混沌之中的空虛和不確定性時，會學習去處理這些因素，以發現屬於自己的意義。

中介區

每兩個領域之間各有一個介面，我們的圖表中以兩個區域之間的狹窄片段表示。宗教是靈性和訓練營之間發展出來的介面。訓練營牽涉到維持社會秩序的規條、準則與期待。孩子被訓練要舉止適當、符合家庭的期望，並擴展到符合整體文化的要求。就如我們提過的，靈性的特徵是沒有個體生活與經驗的固定意義。宗教的功能就是把個體的意義（靈性）連結到文化。

責任是發生在關係花園和靈性之間的介面，牽涉到對伴侶、家人和環境其他人的敏感度與覺察力，以及對他們是否尊重、有所回應。靈性中，沒有任何事情會超越個體感受到的意義。但若要關係花園成長，個體與他人之間必須有動態的關係，這是透過責任的介面發生的。所以責任把靈性和關係花園連結起來。

法律（結構化的社會規範）則是發生在訓練營和關係花園之間的介面，也是社會規則、義務、角色、習俗之所在。法律把社會的規則和關係花園的新奇

與可能性組織在一起。從這個角度來看，法律是社會便利措施的一種簡略形式、共同認定的習俗，提供公民義務的框架，與個人關係所關切之事取得平衡。

最佳整合區

最佳整合區是有可能整合混沌而沒有過度壓力的位置。靈性、關係花園和訓練營都各有一段最佳整合區。這個區域不會太靠近靜止不動或缺乏彈性與改變可能的中心點，同時也不會太遠離平衡而造成難以承受的混亂與焦慮。從自我的心理動力來說，最佳整合區就是自我的整合功能，可以平衡本我（id，代表混亂）的原始力量與超我（superego，代表平衡）的約束力量。[4]

三個區域都各有一段最佳整合區。靈性的最佳整合區中，個體不會被空虛淹沒，但仍具有與平衡點保持一段距離的愉悅感和創造力；訓練營的最佳整合區中，習俗和規範不會強烈到完全淹沒生命力，生命的活動在社會規範的指導中仍有自發性的空間；關係花園的最佳整合區中，個體性可以藉由對自己與他人的敏感度與覺察力以達到平衡。

同步

當人距離平衡愈遠，與當下脈絡的關係就愈重要。[5]當人進入更大的混沌，就需要與脈絡有更多關聯以維護自我，並保持對他人的敏感度。爵士樂團所謂的**相位鎖定**（phase locking）或「強制同步」（slaving）就是發生在距離平衡

4　*The Illuminated Heart*, Chapter II.1, II.2.

5　Dean Black, *Inner Wisdom*, pp.119, 120.

較遠的情形，當演奏者愈來愈脫離傳統曲調，鼓手就透過節奏設定脈絡，讓其他樂手逐漸依賴鼓手的脈絡。雖然其他樂手非常依賴鼓手的節奏，但在這種限制之內有極大的自由，彼此處在「同步」或「一致」的狀態（用我們的話來說，他們是「和諧的」或「共振的」）。

三種領域（靈性、關係花園和訓練營）都會發生這種與脈絡的相關性。同步並不需要過度的限制，而是發生在彼此和諧、互相回應的關係，需要依靠自己而不是依賴外界，但又保持對環境的敏感，這種相稱合宜的情形來自主動的內在敏感度，而不是外在規範要求的義務行為。當人學會對脈絡有所回應，不加以忽略或抗拒時，就可以更深地了解自己在和諧共振中的獨特位置。

自由與混沌

外化和依賴場域的人會失去自身的自由。訓練營的人學會順從以減少混沌，為了安全感而失去自由；遵從權威人物的指示時，就失去了自主性。靈性中的人可能很想以訓練營的方式遵從靈性導師，從外在尋找自己的意義，因而失去自己。當伴侶失去與自己或對方的接觸時，就會變得孤立，失去自己的位置，於是也不再自由。

和睦與和諧

和睦（peace）是忍耐，不是真正的接納。人在訓練營的規範和結構中學會協議出暫時的和睦，因此，關係循環中的浪漫期和權力爭奪期就有和睦與衝突（衝突就是缺少和睦），偏離狀態的冷漠、超越或分離會有和睦的約束，或是無法保持和睦而變成戰場。

和諧（harmony）是接納，發生在關係花園裡。伴侶在整合期會展現和諧，

即使意見不合，也能接納自己和對方。和睦是需要透過忍耐來達成協議，和諧則是毫不勉強地擁抱差異。

靈性是合一的狀態，所以沒有協議，也沒有爭議。人類經驗可以涵蓋這三種領域。

若要在存有的無限中找到自己的位置，就必須要既是分離的，也是合一的。

——《易經》[6]

浪漫期與混沌

浪漫期的關係會以各種可能的想像打破各人神經質心牆的僵化限制，在陶醉中釋放原本被壓抑的混沌能量，就是所謂的「熱戀」。雖然這種狀況從許多角度來看都很像暫時的精神病狀態，但通常被肯定為正面經驗；浪漫期的**興奮感**令人嚮往，可是相同的感受在其他狀況則可能被負面地稱為**焦慮**。

浪漫期可能有許多降服於控制的經驗，因為想像力提供了安全感的錯覺，相信自己可以擁有情人，於是心牆和界線都消融於互相關心和控制的承諾之中，甚至在極大的混亂中仍覺得快樂。這個階段就像所有精神官能症一樣，完全看不到關係之外的問題和混亂。這時很少有真正的親密（根據我們的定義，親密是真正了解彼此），但彼此的想像世界會有許多發現（想像世界本身就無比非凡）。

---

[6] Richard Wilhelm and Carey F. Baynes, translators, The I Ching, or Book of Changes, 3rd ed. (Princeton, NJ: Princeton University Press, 1967), p.17.

編按：原文出自《易經》第三卦之屯卦（震下坎上）。

權力爭奪期與混沌

經過浪漫期後，伴侶開始了解彼此，虛幻的想像在嚴酷現實的威脅下成為泡影，接下來雙方開始出現典型的控制模式，既要控制對方，又要控制關係，以處理至今仍被否認的混亂。大部分人會出現強烈的占有欲，試圖窄化自己的世界，只看見可處理的部分，而向其他部分築起心牆。控制的方法很多，比如給對方好處、嫉妒、照顧、內疚、討好、勒索，都是這個過程常見的問題。

如果能成功地控制對方，關係可能表現出穩定的表象，可是關係底層會變得僵化而令人窒息。關係的最佳整合區不再跳動，因為心牆和規則會使人喪失活力，開始趨近平衡點，雙方都動彈不得。兩人自己的最佳整合區也變窄、僵化，成為沒有波動的心牆，導致雙方雖然覺得安全，卻感到厭煩和冷漠。由於各自把混亂留在心牆和控制之中，使個人成長受到大幅限制，影響創造力和學習力，充滿靈性的活力被僵化的道德判斷和是非對錯取代，這種關係不再是成長的花園，而是安全的牢籠。

不過，就如接下來兩章會談到的，人有可能以一種方式來處理權力爭奪，讓成長成為可能，並逐漸增加整合的經驗。

整合期

如果以敏銳、關懷、了解和接納處理權力的爭奪，關係就能進入整合期，逐漸遠離平衡點。關係花園可以促進各人的成長（以及子女的成長）。處理新觀念造成的混亂、新奇的經驗、到異國文化旅行、深入探究靈性與宗教，都能為花園裡的人提供滋養的作用，甚至影響朋友和其他人。把新的洞識整合到日常生活之中，這種關係能使各人的界線持續擴展，吸納愈來愈多的混亂。

雖然權力爭奪期常常以控制來處理混沌和差異，但在整合期卻欣然接受混

亂與形形色色的差異。為自己的感受負責，能讓雙方更全面地展現原貌。即使需要面對嫉妒、傷害與不安全感，但他們尋求的不是妥協，而是擴展了解與接納的範圍。在這種方式下，最佳整合區就能吸納新的生活與更大的成長。

心智是在身體的脈絡中運作，而身體又住在環境之中；心智「伴隨」或相關的經驗都在這些範圍之內。舉例來說，兒時受到父母虐待身體的人在面對權威人物時，身體會有恐懼反應，心智會「伴隨」著身體裡的父母創傷經驗；當身體被設定在這種態度時，將來遇到類似的脈絡時，就會出現已設定好的類似反應。所有人與人的相會都有完全相同的歷程，有時會對最親密的關係造成深遠的影響。

關係花園的核心議題有時就是坦露這些伴隨著的心牆經驗，可以提供療癒和成長的獨特機會。在了解與接納的氛圍中，舊有的模式會受到挑戰、揭露、檢視與考驗，並在滋養、安全的脈絡中，提供機會產生新的經驗，這就是治療試圖做的事。同樣地，伴侶可以學習在親密對話中解除舊有、習慣的關係模式，欣然接受新的互動方式。

如果關係能使人遠離穩定的平衡點，就能創造探索與充滿創意的氛圍。在這種「花園」中，每個人都支持對方揭露舊有的習性，並發現關於自己的新事物。當進入更加親密的層次時會出現許多困難，這時，承諾留在關係之中可能有很大的助益。當伴侶間能達到舒適的高原，接納極大的混亂，就成為令人興奮、共同成長的環境。

從權力爭奪期進入整合期，之一

透過了解，可以讓人改變觀點，不受既有態度和信念的限制。探索整合期的關係常常使人面臨挑戰，跳脫過去的信念和假設，同時學習新的觀點。除了先前談到的實用工具，還有許多概念可以幫助人了解並釐清關係的議題。本章與下一章涵蓋許多重要的觀念，可以了解並走過權力爭奪期的議題，進入更深的整合期經驗。

任何兩個笨蛋

我們的格言是：**任何兩個笨蛋都能創造親密關係**。我們也認為有些人必然比其他人更容易創造親密觀係。只要雙方願意彼此坦露、誠實，投入不斷的回映和回饋，就能有深入的親密。不論是相同或不同性別的人、年齡相同或差別很大的人，都適用這個原則。只要雙方想要探索，願意誠實以對，就能走過權力爭奪期的議題。

為什麼要以親密取代性衝力？

性欲往往會妨礙親密，人通常比較容易和性伴侶以外的朋友建立親密關係；雖然與性伴侶也有可能發展出親密感，但其實不容易。一般說來，親密感有限的人之間會有最強烈的性衝力，而探索親密感的人會發現，當彼此愈來愈親近時，性衝力反而會降低。

許多人認為性衝力的消減表示出了問題，其實這是深度親密感的跡象。我們文化的理想典範強調性衝力的重要，為什麼有人會想脫離興奮的關係而進入

較穩定的關係呢？為什麼不追求享樂式的滿足、更多性興奮，或是在別處的另一次迷戀，而要試圖進入愈來愈親密的關係呢？我們的答案是，感官的享樂、性興奮和浪漫的快感都有時間性，自然而然會逐漸消減。別人提供的感官樂趣會快速消退，經過一段時間的放縱就會想另尋目標，性的興奮或迷戀也是如此，想要維持原有的興奮程度，就需要耗費更多時間和資源。

不斷滋長的親密感不會以這種方式消退，它可以自給自足，就像自己繁殖的千年花。伴侶愈來愈了解彼此時，會體驗到內在力量、安全感，以及不斷擴展的滿足感。興奮感是注定衰退的現象，親密感則會愈益增長、讓人滿足。

親密的滿足感不同於權力欲的滿足感。擄獲另一個人，不論是浪漫的努力或性欲的征服，都只能提供一閃即逝的成就感，不確定感幾乎會立刻潛入，於是會試圖持續控制他人。性遊戲中，人必須一再證明自己。浪漫期需要愈來愈多的禮物，以保證情人不會失去興趣。當然了，這種遊戲中，結果必然是逐漸對彼此失去興趣，然後轉而追逐別人或其他活動。人在性遊戲和浪漫的追求中，想要「擄獲別人的意識」，正如沙特所說：「打從一開始，就注定失敗。」[1]

逐漸進入親密

有些理論認為人類的基本處境是分離，所以自然會導致孤立。我們相信分離和連結都是人類的重要面向。然而，我們看見的與經驗到的是趨向親近的自然傾向。人在一起時都傾向逐漸進入親密，就好像在滑溜的山頂上，如果順其自然，就必然因為地心引力而逐漸靠近。

大部分人在潛意識中都會害怕親密，「我怕你了解我之後，就會離開我」，

---

[1] J.M. Russell, "Sartre's Theory of Sexuality," Journal of Humanistic Psychology, 19(2), 1979, p.41.

或「如果我們彼此親近，我可能會消失，或喪失自我感」，或「如果我讓你靠近，你可能會讓我窒息」。出於這種恐懼，人通常會以心牆和防衛的方式抗拒，避免逐漸進入親密。弔詭的是，這些被人視為保護自己的工具其實是障礙，會妨礙他們成為更加完整、全然發展、真誠相待的人。

抱持誠意與拘泥法規

人的基本意圖會為所有互動定下基調，這種情形適用於所有關係：家庭、朋友、情侶、配偶和商業夥伴。許多人寧可自己是正確的（拘泥於法規），而不是快樂的（脆弱而親密）。拘泥於法規的人會試圖讓伴侶陷入權力爭奪，而不是在分享脆弱中展現親密。抱持誠意的人會為自己的經驗負責，所以能避免責備或內疚，以誠實和好奇與對方分享，進而發展親密。

這是交換的**精神**，而不是為了滿足個人。如果基本意圖在於守法，就會在權力爭奪中叫囂；如果意圖是透過脆弱和分享而邁向整合期，即使所說的話完全相同，結果也會完全不同。

聲明權利

「試圖控制對方」和「聲明權利」有一項差異，後者是說明自己重視伴侶，承諾投入這個特殊的關係。採礦者對一處礦區聲明權利時，就會全心開採這個區域，不再注意其他有潛力的地方。在關係中聲明權利就相當於宣告：「我會把時間投注在你身上，我要求你也這麼做。」於是建立關係中的基本位置，**聲明彼此的立場**，但不是聲明擁有對方的生活。

當我這樣做時，表示我會在關係中維護花園，我會努力建立兩人之間持續的互動。但意思並不是我擁有你這個人，而是我獻身於兩人的相處和成長。我

聲明的權利是我與你的特殊位置。

棺材釘

浪漫期或權力爭奪期的任何衝突如果未受到注意，就會威脅親密感，每次無法溝通的經驗就會使關係的部分生命流失。當人選擇有所保留時，能量就會停滯，生命的振動也會減少，而變得較不臨在。彼此相處卻不臨在的情形一旦逐漸增加，就會漸漸走入冷漠或分離。

這種停滯就像小小的死亡，關係只禁得起幾次小小的死亡，接下來就是徹底死亡。每一個未解決的議題都像釘入棺材的釘子，使關係更加受到限制。由於不知道釘了幾根釘子就會結束關係的生命，所以有智慧的人會處理每一個出現的議題，不論過程多麼痛苦都會這麼做，才可以預防未明言的祕密和隱瞞的資訊所造成的威脅。

偏見和僵化的信念會限制親密

偏見是指事先設定的判斷，也就是原本就有的解讀。偏見不是事實，也不能準確地代表每一個特定的情境，只是根據舊有經驗建構的粗糙預測工具。對沒有安全感或不成熟的人而言，偏見是了解世界的方便法門，卻使人無法真正了解另一個人。偏見是猜測和估計，可以用來粗略地評估別人；偏見會讓評斷者對特定某人設下一些想法與感受。

如果認定自己的偏見是正確的，就無法了解別人的真實人性。與其堅持偏見，還不如向對方分享自己的看法，並邀請對方說出自己的觀點，這種方式能讓雙方重新展開對話。當人分享自己受偏見影響而產生的感受，就是坦露自己，向自己與他人打開新的可能性，進而打開關係花園中成長與親密的大門。

幽靈

「幽靈」的概念與偏見有關。人其實並不了解彼此，只知道自己對別人的印象，這種印象是根據他們對感官輸入訊息的解讀，加上過去經驗的記憶而產生的。對別人的感受是根據自己過去對具有類似特質的人的感受而產生的，人往往會把伴侶當成具有父母形象或過去經驗中的某一個人來建立關係，所以在產生防衛、激烈爭辯或試圖控制時，真正想掌控的對象可能不是對方，而是為了彌補過去與某個人之間的經驗。例如，當一方因為過去的痛苦經驗而害怕性行為時，就好像把過去的襲擊者的「幽靈」放到伴侶身上。這種過程中，對方是被物化的，而關係也會因為過去的幽靈而固著於權力的爭奪。

如果不願意承認幽靈的現象，關係就會停滯在浪漫期或權力爭奪期。發生這種情形時，人會維持自己投射的意象，一直看不見新的可能性，無法了解自己和伴侶，把自己轉成環境之下的無助受害者。

若要跳脫幽靈現象，就需要勇氣、付出與誠實。承認幽靈現象時，就開始跳脫物化的限制，看見雙方都有需要處理的感受。把別人看成幽靈的人往往會心懷怨恨，逐漸深入了解後會覺得害怕，然後是內疚，再來是尷尬和羞愧。被物化的人可能覺得受傷、生氣、憤慨、哀傷或疼惜。分享物化帶來的感受時，兩人就有機會更全然地了解自己和伴侶。這是處理權力爭奪時常見的主題：分享物化的情形，就有可能展開人與人之間脆弱、坦誠的對話。

歷史注定重演

人被吸引進入關係以處理童年未解決的議題，且很容易把早年的模式和印象投射出來。浪漫期和權力爭奪期的特徵就是把過去的經驗投射到伴侶身上。人會被某種類型的人吸引，建立關係，以滿足渴求、欲望與未滿足的需求。當人放棄權力爭奪而進入冷漠、超越或分離狀態時，往往只是在逃避人生的功

課,如果向伴侶分享潛在的模式與傾向,就有可能學到這些功課。分離永遠無法解決問題,因為未經檢視的模式必然會顯露於下一位伴侶對你的吸引力。所以最好在當前的伴侶身上好好處理自己的議題;如果離開一個關係,仍然會有強烈的傾向尋找另一個同類型的人。

人注定會在接下來的關係重演一再重複的強迫性模式,除非能更了解自己以及對伴侶的選擇,那時才能自由地與某個不同類型的人建立關係,或是以更警覺而帶著學習興趣的態度選擇同類型的伴侶。這一段關係中沒有學會的功課,仍然會在下一段關係中出現。當然了,有一些情形,比如虐待的關係,分離可能是唯一有用的行動。

不敢去愛

有些人不敢愛人,是因為害怕失去對方。他們害怕情人最終離去時的痛苦與哀傷,所以不敢打開心房、動彈不得,無法體驗關愛的感受,於是覺得空虛,因為他們已經與自己想要的東西隔離。愛的狀態包含冒險與勇氣,如果不敢打開窗戶,微風就無法吹入。當人對自主的愛的狀態更有把握時,就能更自由地感受,不會擔心可能失去愛的對象。其實人永遠無法擁有愛的對象。你無法保守住你愛的人,但能保守自己處在愛的狀態中的感受。

關係中能學到的最深的人生功課,就是你不能擁有任何人。
——菲茲派翠克(D. Fitzpatrick)[2]

---

2 D. Fitzpatrick, personal communication.

孤獨與寂寞是不同的

隨著個體化的過程，會逐漸了解人是孤獨（alone）的皮囊。在關係中，彼此愈靠近，這種孤獨的感覺就愈明顯。真誠的親密對話中，可以分享這種孤獨的感覺；當人不接納孤獨的事實，就會覺得寂寞（lonely）。感到孤獨是自我接納，感到寂寞是不接納自己與人生，並渴望環境能有所不同。

有些人害怕親密是因為害怕面對孤獨；他們會投入權力遊戲（比如雜交），或是依賴別人，都是做為逃避自己、逃避孤獨的方法。浪漫期和權力爭奪期的許多議題都是為了逃避孤獨的感覺；但人在這些階段的錯覺中，仍然常常覺得非常寂寞。雖然透過纏黏與依賴，試圖滿足與他人連結的意象，但結果卻覺得更為孤立，因為沒有真正接觸到自己與伴侶。

以內疚來控制

內疚的人其實是拒絕誠實看待自己，把自己物化成壞人，用內疚懲罰自己，這時並沒有自我覺察。此外，內疚的人往往試圖控制伴侶（你怎麼能對一個如此內疚的人生氣呢？），所以內疚可能被當成降低別人期望的手段。自責是方便的替代品，取代自我探索、自我覺察與分享。

所以，內疚是違反親密的——除非能加以分享。分享任何事都能增強親密感，內疚的人可能會說：「我覺得沒有安全感，發現我害怕去看自己，所以一直忙著內疚，而沒有清楚觀看自己的行為。我想告訴你這一點，因為我不希望你掉入一直試圖安撫我的內疚。我的內疚是試圖操縱你，讓我不需要去看自己。」以這種方式分享內疚，可以向伴侶澄清，再度打開親密和自我覺察的大門。

占有與非占有

浪漫期和權力爭奪期的人會嘗試抓住對方，當成自己的財產，於是對方成為「我的男友」或「我的孩子」。占有的關係中，會一直把別人物化。當人愈來愈依靠自己時，就更願意把別人視為獨立的人，他們可以承認自己渴望抓緊、擁有對方，以分享當成放手的方法。關係愈來愈穩定後，就能慶賀彼此的互動，不需要占有對方。整合期的人具有的特徵之一就是珍愛彼此的自由。

不占有看起來有點像不關心，可是，我們相信最深刻的關心就是伴侶能放棄彼此的所有權，享受各人自主的關係。他們不受制於義務或要求，並能選擇何時在一起何時不在一起，這是承諾期的基礎。

依附與放下

人與人之間可以看重、珍惜彼此，由此發展出持續而一致的關係；當人不重視對方時就會各自孤立，也無法挑戰自己的潛力。人在看重對方的同時仍有自主的能力，並學習放下對他人的依賴；在摯愛的一方死亡或離婚時，這種放下特別讓人心酸。

在不斷成長、成熟的關係中，需要同時學會依附（連結、重視對方）與放下（放棄嬰兒式的依賴，滋長更多的自主性）。

期望

一九六〇年代末期的人本運動把期望視為不好的事，那個年代的人遵循弗里茨・波爾斯的完形教導[3]（我在這個世界，不是為你的期望而活，你在這個

3　Fritz Perls, *Gestalt Therapy Verbatim*, 1969. 2nd revised ed., Gestalt Journal Press, 1992.

世界，也不是為我的期望而活）。遵循這種倫理觀的「自由精神」無法發展持續不輟的關係，而是不斷更換伴侶。波爾斯的詩有時被人以自私和不成熟的方式解讀，許多人因此認為不需要考量別人，只以自己獨有、不關心別人的方式成長。直到今日，仍有人維持這種態度。

就關係的持續和深入而言，期望是非常重要的。根據雙方有多少期望，可以估計兩人的距離遠近。愛全世界但不對特定的人有特殊期望，是容易的事；當人愈來愈親近，想要和諧生活時，就會發現容易對彼此產生期望。期望有時是親密感的流通，愈親近的人就會對彼此有愈多期望。當然了，以期望來控制對方時會造成許多限制，可是我們本來就會對最親近的人有更多期望。把一個人放在生活中的重要位置，並承認彼此的期望後，最終還必須做好承受痛苦情緒的心理準備。

當對方不符合期望時，不需要責備對方或讓對方感到內疚。期望是出於自己的選擇，不表示自己必然有權利要求對方。人應該為自己的期望負責，承認期望是出於自己。伴侶可以同意符合彼此的期望，但仍然沒有權利要求對方實現。期望是一種約定，不是權利。

怨恨的來源就是期望，如果沒有期望，就沒有怨恨；減少怨恨的簡單方法就是降低期望。每當發現自己怨恨對方時，可以單純地降低期望就好了；可是，在親密伴侶或家人中，這種方式可能產生問題，因為降低期望會拉大彼此的距離。

期望的程度和親密的程度有關；期望愈大，表示對方愈特別。對一般朋友不會有過高和太多的期望。人愈親近，彼此的期望就愈高。期望未得滿足時，常常造成雙方的痛苦和失望。期望不得滿足的人可能會覺得被遺棄，另一方則會覺得懊悔。不符合期望時，有可能使一方或雙方重新評估是否要繼續在一起，一旦選擇繼續，並保留期望，就代表雙方需要面對成長與發展所帶來的挑戰。

期望是可以協調的。關係中，如果有一方一直不符合原本協議的期望，這

個事實並不是怨恨或責備的理由。這是重新評估期望的時候，並決定兩人是否仍要保留這些期望。也許一方想降低期望，因此有可能拉遠距離（因為對方的分量會變得像一般人一樣），這會產生一種結果：降低期望時，原本因為能互相依賴而產生的特殊性會減少。不符合期望的人也可能決定努力達到期望，以維繫期望帶來的親近程度。這種議題會持續在親密對話中出現。

投入

投入（investment）是與期望有關的概念，投入就是奉獻自己的生命能量。藉著投入伴侶，就把興趣和時間獻給兩人的關係。投入代表彼此如何重視對方：愈不投入某個人，就表示對方愈不重要，這就好像在複雜的暗礁中航行，如果缺少投入，就沒有深入的關懷；如果投入太多，就容易進入權力爭奪。

期待來自投入。關係中，期望的程度代表對方的重要程度，對於完全不重要的人，很容易不抱任何期望；如果是普通朋友不守約定，我們不會很在意。可是，如果是重要的伴侶不遵守小小的約定，也會因為非常看重對方，而容易覺得非常不舒服。

人在關心時就會投入，投入時，如果無法滿足期望就會覺得痛苦。投入並沒有錯，問題在於不願面對有時會伴隨投入而來的不舒服。

浪漫期和權力爭奪期的關係中，很容易為了未滿足的期望而抱怨。有較多經驗、更加成熟之後，就會把投入視為關懷對方的自然表現。親密關係中，可以分享失望而不帶責備；分享能增進親近的感受，責備則會限制親密。

信任

　　信任別人會使自己成為依賴場域的人，造成浪漫期和權力爭奪期背後的無力感。我們要學習的不是信任別人，而是信任自己對別人的評估。如果某人想信任你，你需要詢問信任的定義，如果別人是信任你去做你做不到的事，就不要同意對方。伴侶間如果不是信任彼此，而是澄清彼此的期待，可以避免關係中的許多問題。

　　伴侶間需要的不是信任，而是釐清彼此的期望，界定他們的界線和底線，說明破壞約定可能會有的結果。信任對方是不必要的，但是雙方在探索親密感時，必須做好心理準備，了解破壞承諾的後果，並接受任何伴隨而來的痛苦，不需要責備對方。

自動化反應或回應

　　自動化反應（reaction）是一種固定的行為模式，表達封閉的態度。所以，自動化反應就像表明自己的政治立場。當伴侶卡在權力爭奪時，他們的反應就好像反射動作，並沒有把對方當成人，而是將對方物化。

　　另一方面，回應（response）是參與的人性化過程。回應時，對自己和他人都有好奇與體諒，以興趣、考量、深思來傾聽，試圖從不同的觀點看見彼此的價值，並嘗試在情境中學習，而不只是「處理這件事」。

　　固定的自動化反應往往是早年生活形成的習慣，特別是剛建立關係的前幾年，會發現自己對伴侶的反應常常是出於舊有的偏見和態度。覺察這一點之後，就可以分享這些模式，讓彼此在好奇中更為親密。知道反應模式後，就可以在自動化反應出現時馬上發現，藉著邀請對方針對自動化反應來對話，可以使互動更人性化。

例如，妻子準備好晚餐，丈夫卻遲歸，妻子的自動化反應可能是生氣地指責丈夫。如果從好奇的角度探討她的反應，可能發現她非常重視丈夫返家的時間，然後探討背後的意義。探索之後，她可能發現自己被綁在家裡、缺乏安全感，害怕丈夫遲歸可能是對她缺少興趣，甚至想離開她。分享自己的恐懼後，她可能覺得哀傷和不好意思。如果丈夫不用防衛的態度，就能欣賞妻子表達的脆弱感。同樣地，他也會考慮分享自己對這種情境的期望與反應。

自動化反應會讓雙方留在權力爭奪之中。回應則會促進整合，是增加互動與成長的捷徑。

自負

自負（pride）會限制親密，每當人把精力投注在自負時，就會過於重視自己的形象，甚於分享自己。他們寧可是「對」的，而不是「快樂」的。自負會加深權力爭奪，表現脆弱感的人則會放下自負，更坦露真實的自己。

輕視與傲慢

輕視（contempt）是以不屑的態度貶抑別人。輕視時，會以物化和貶抑的態度對待別人和生命本身。其實在輕視的過程中，也會貶抑自己和自身的感受，因為輕視者會退離生命，碰觸不到自己和別人。輕視通常是一種防衛姿態，掩飾背後的感受，比如不安全感、害怕或痛苦，所以輕視往往是保護自己的姿態。如果想要與人更為靠近，可以分享自己對人的輕視，並探討物化別人的背後意義。

輕視是貶抑別人，傲慢（arrogance）則是在關係中高估自己；傲慢的字源和 arrogate 有關，意思是「過度宣揚自己」（來自拉丁字 arrogare，意為不論

合理與否都占為己有）。傲慢的人認為自己較優越或有特權，就像小孩一樣。傲慢的正面意義是在彼此的關係中學到適當的觀點時，能建立健康的自我價值感。雖然傲慢似乎常常會伴隨輕視，但兩者在關係裡的結果是非常不同的，輕視總是帶著負面的能量，而傲慢卻可能促進成長。

耽溺

耽溺（indulgence）是過度投入某個特殊活動、想法或經驗。耽溺於活動的意思是活動比他人和情境更為重要，人在這個過程中往往會陷入重複的行為，無法自拔。這種情形會妨礙關係，因為耽溺的情形會忽視互動，失去對別人的好奇。

大部分經驗都值得占有一小段時間。不過，當人耽溺於某個經驗時，占據的時間就會愈來愈多，讓人愈來愈無法與他人同在。沉迷、嫉妒、哀悼、性欲、工作、食物、自恨、內疚，都是吸引人耽溺其中的美味。舉例來說，每當表現自恨的時間超過兩分鐘時，就要注意自己可能已陷入耽溺！

希望與信心

懷抱希望的狀態會妨礙親密，因為希望就是預期未來有更好的環境，所以希望是對現狀感到不滿足與不接納。關係中，希望有所不同就表示無法滿足於當前的處境。相反地，信心是全然接納現狀，人在信心中會承認並接納自己和伴侶，願意坦誠互動。

關係遇到僵局時（這是常見的情形），依靠希望的人就會把焦點放在未來，希望事情有所不同；這種人常常變得被動、無助、缺乏行動，等待事情出現更有利的變化。相反地，在關係中抱持信心的人，會直接面對身邊的問題，相信自己可以做出一些正向的調整；無論發生什麼事，他們都相信自己有能力處理

任何困難。

生悶氣和噘嘴

期望不被滿足時就會覺得受傷，如果能為自己受傷的感覺負責，了解這是出於自己的期望，就會感覺到自己的脆弱，受傷的感覺就成為可以與人分享的經驗。

相反地，人也可能以生悶氣或噘嘴來對這種經驗做出**自動化反應**。生悶氣是灰心而垂著頭；噘嘴是不高興而鼓出下唇。生悶氣和噘嘴都是用來控制別人的自憐姿勢，常常代表受傷的反應，而且當事人不想有這種受傷的感覺；除了自憐，生悶氣和噘嘴也常常表示對伴侶沒有達到期望的強烈指責。若要從權力爭奪期進入整合期，就要在自己生悶氣和噘嘴時加以承認，願意坦誠分享姿勢背後所代表的受傷感覺，呈現脆弱的一面，而不會非要滿足自己的期望不可。

以自己為中心不是自私

我們以特殊的方式使用「以自己為中心」（self-centredness）這個字眼。對我們而言，以自己為中心是把重心放在自己之內，而不是外在；這是個體化過程中自我覺察和個人發展的必要條件。以自己為中心的人在對伴侶敏感時，仍然保有對自身感受的覺察，所以是負責且與他人坦誠接觸的人。

許多人誤以為促進親密感和整合期的「以自己為中心」就是自私（selfishness），自私是封閉、具有權力的立場，缺乏遠見。自私的人是與自己的意象建立關係，碰觸不到自己與他人的真實感受。自負和耽溺都是自私的現象，並不是以自己為中心。

自私的人把重心從自己內在轉移到別人身上，焦點在於別人能提供什麼東

西,因為自私的人缺乏重心,無法為自己做任何事情,於是關係陷入物化的控制,只為得到個人的利益。

以自己為中心不是自私。自私的人耽溺於一己的重要性,無法與人建立對話;以自己為中心、自主的人能對別人非常敏感、有所回應。自私是物化;以自己為中心則會產生親密感。「自私」是道德的用語;「以自己為中心」是定位的用語,兩者完全不同。

依賴場域和依靠自己

依賴場域(field dependence)的人把重心放在自己之外,在「場域」之中。孩子被教導要注意並遵從父母,出於不安全感,他們通常會這麼做。這種依賴外在的模式使人學會觀察場域中快樂和不快樂的事,成為日後與人互動的原型,於是人會學習不要注意自己,而是愈來愈關注別人是否喜歡他。關係中,當人過度重視伴侶對自己是否認可時,就不再是自發的人,他們的內在缺少力量、嬰兒化、未得發展。浪漫期和權力爭奪期的背後隱含著這種依賴場域的態度。

依靠自己(self-reliant)的人會在發生這種情形時,承認自己向外依賴場域,並為此負起責任。在這個過程中,就能把重心轉回自己身上,成為以自己為中心的人(但不是自私)。他們對場域是覺察的或敏銳的,但不是依賴場域。於是他們與自己處於整合期,並能投入與他人的親密接觸。

依賴、獨立、相互交融

獨立(independence)和依賴(dependence)是一體的兩面,都是把重心放在自己之外。相互交融(interdependence)則是兩個自主的人彼此分享,但

不互相依賴。對我們兩個人而言,這個議題上的發展是最重要的:

我們的關係中,一開始是兩個極端獨立的人,都害怕纏黏或依賴別人。當彼此坦誠時,就發現自己有未得滿足的欲望:想要依附人與被人依附(這是愛的狀態的初期階段,來自早期童年的經驗)。於是我們探討什麼是依賴,由於不想退化到互相限制的方式,於是協議在較短的期間內體驗依賴。當我們對依賴感到愈來愈熟悉時,就能分享各自的獨立和依賴,於是進入我們稱為相互交融的階段。這種方式下,兩人都是自主的,但願意展現脆弱的部分,分享自己的想法與感受,並願意欣賞對方的分享。

大事

一方覺得重大的事,另一方不必然覺得重要,反之亦然。雙方必須記得,一個人覺得非常有威脅性或挑戰性的事,對另一個人可能是小事。例如,如果一個人害怕高處,伴侶可能不了解他為什麼不願去一個非常容易去的地方。在同理心的發展中,要學習用別人的眼光來看世界。妻子常常期望丈夫能體貼、溫暖、深情(丈夫卻覺得這是很困難的事,因為他的成長家庭充滿暴力;妻子卻覺得很容易,因為她來自溫柔的家庭背景),同時丈夫卻期望妻子順從他的性需要(對丈夫是小事,但曾受過創傷和虐待的妻子卻覺得很困難)。若要度過這種困難,就需要好奇心、疼惜、同理心和意願,才能超越自己認為理當享權的僵化觀點。如果無法看見彼此,就會留在權力爭奪之中;如果能承認各自的差異,就能進入整合期。

幽默感與親密感

早期生命中努力得到成功的過程,其實是很嚴肅的。在努力達到完美的過程中,人必須咬緊牙關,並沒有享受過程。強烈追求成就的背後其實隱含自恨

和自我懷疑，人在這種強迫的追求中，不會向自己或別人敞開，這種人把自己視為「物」，扮演角色以滿足強烈的努力，因此親密感和自我覺察都是很受限的。

當人逐漸放棄完美的目標，轉向自在舒適的自我疼惜時，內在就能放鬆，開始享受愈來愈認識自己的過程，也愈來愈接近自己的真實本性。他們願意讓別人了解，因此也更能形成愛的狀態、親密的關係。

當人愈來愈能自在地向自己與伴侶坦露自己時，努力追求目標所造成的嚴肅性就會被熱情的幽默感取代。隨著伴侶進展到整合期、承諾期和共同創造期，就會在生活、愛的狀態與關係中，發現愈來愈多的幽默感和趣味。整個荒謬的人生都是有趣的！也許這就是傳說中的老禪師在全心過日常生活時會大笑的緣故。

哀悼、悲傷和憂鬱

不論是遭遇離婚或死亡，或是摯愛的朋友搬到遠方，在關係中面對這樣的失落時，都會產生哀悼（grieving）和悲傷（sadness），這兩種情感都是要放下在對方身上的投入。原先投入愈多，失去對方時的悲傷就愈強烈。哀悼則更為複雜，包括許多未能在關係中表達的感受，比如憤怒、怨恨，甚至愛。

你哀悼的不是人，而是這個人在你心中的意象，哀悼時想到的是腦海中與這個人共有的經驗。在關係中經歷修通失望與幻滅的人，在對方真正離去時會覺得哀傷和「想念」，但較少哀悼。在關係中不願面對自己有多投入的人，在關係結束時就必須面對；在過程中不願坦承自己投入的人，在對方離開後仍會抓著不放。在關係中一直為自己的感受與投入負責的人，比較會經驗到悲傷，而不是把感受儲存起來，到事後才哀悼。

哀悼時，會混雜憤怒、受傷、愛和悲傷。憤怒來自嬰兒式的依附，把對方當成所有物，這是任何深入的關係都無法避免的情形。哀悼的過程中，會責備離去者。要放下對方，就必須有徹底的哀悼（包括用言語表達情緒）。如果能直接向離開者承認自己的怨恨、失望、愛、憤怒和恨，會使哀悼的過程更為容易。哀悼伴隨的各種感受會起起伏伏。人通常會對離開者生氣，也會對自己生氣，為了自己竟然走入一個終將結束的關係而生氣。

未表達出來的感受有可能卡住，形成長期的緊縮狀態，並被經驗為憂鬱（depression），因此憂鬱之下可能藏有未完整表達而放不下的哀悼。情緒的能量與對方在自己內心的意象綁在一起，以至於很難投入其他關係。

哀悼也可能表現得非常感傷，公開的哀悼儀式有時會妨礙失落與哀傷的真誠表現，因為這是非常個人化的私下表現。在私下的哀悼中，人常常在自己內在找到更深的資源，即使在伴侶離去後，仍能在更新層次的愛的狀態敞開自己。

天下沒有白吃的午餐，要擁有有意義的關係需付出的代價就是痛苦。這種內在的痛苦會開啟通往靈魂底層的管道；願意在別人身上投入意義的人，才能成熟、深入。保羅・茨威格（Paul Zweig）曾說：當人達到痛苦的年歲，才能達到成熟的層次，並能擁抱生活的藝術。[4]

---

4 Paul Zweig, quoted in R. Bly, *Talking All Morning* (Ann Arbor: University of Michigan Press, 1980), p.177.

從權力爭奪期進入整合期，之二

絕招

　　人常常試圖以防衛行為限制親密感。關係中，雙方各有一張王牌，當所有方法都失敗時，就會拿出王牌：絕招。每個人都有特殊的絕招，有人是冒犯的絕招，用粗野的行為嚇走別人；有人是成癮的絕招；有人是暴力的絕招。絕招的種類可說是形形色色：挑起爭端然後忿忿不平地離開、受害者、「病倒給你看」、責備者、「內疚一日遊」、超理智、離開去旅行、瘋狂到不顧現實、「我太累了」等等招數。

　　發展關係時，能了解自己的絕招是很有幫助的，讓你能看見自己逃避親密的防衛方式是什麼。如果伴侶有良好的幽默感，願意互相分享這些防衛方法，就能促進親密感。

祕密有礙親密

　　伴侶常常因為害怕後果而不願分享訊息：怕對方無法接受，或是怕自己被嘲笑。當保有祕密時，就等於隱藏了自己，不但親密感受到限制，也會有更強烈的物化傾向。

　　親密感會在光明中盛開，在黑暗中凋萎。如果想讓關係的親密感加深，就必須分享訊息。許多人堅信關係無法承受全然的誠實，認為必須保留可能造成傷害的訊息以保護對方。可是，當訊息被隱瞞時，也會造成彼此的距離。事實上，這完全是物化他人的態度，表示「軟弱的伴侶」無法接受這種資訊。

我們不接受這種觀點，認為不應該為了怕傷害彼此而有所保留。誠實是尊重彼此的能力。此外，我們也相信人不可能傷害另一個人的感受；人的受傷是表現出自己產生的緊繃，來自個人本身對事件的解讀。

我們相信分享的動機也非常重要，有些人提供訊息是為了報復而試圖傷害別人，雖然人無法傷害別人，但確實可能有傷害伴侶的意圖。這種態度並不是真正的分享，分享的意圖是彼此坦誠，所以能加深親密感。

誠實的代價往往是痛苦，但分享所有資訊的報償就是親密感得以滋長。

當下解決

關係的任何困境都是能量固著時的表現。類似的困境通常都曾出現於核心家庭的成員，把同樣的模式複製到當前的伴侶身上。親密關係是絕佳的機會，可以解決過去的議題，讓人不再受制於固著的反應。如果伴侶在相互的主要關係中願意澄清各自的議題，養育子女時就不會在潛意識中灌輸相同的固著模式。父母自己沒有解決的問題，很容易會傳遞到後代身上。

我們建議大家要留在對話中以解決各種議題，如此才能了解自己固著的模式，即使最終決定分手，也不至於在下一段關係重演歷史。如果兩人選擇留在一起，就會愈來愈熟悉彼此造成局限的模式，然後能分享自己的覺察，而不是責備對方，卡在原有的狀況裡。

走出昔日的傷痛

許多人因為過去受到創傷，因此害怕向新的經驗敞開，認為舊日的痛苦會重現。他們帶著昔日經驗的偏見，無法鮮活地面對現在。有一次在我們帶領的

工作坊中，一位中年婦女被邀請和摯愛的伴侶演練時，整個人僵硬得無法動彈，這個練習是由伴侶輕柔地幫她打開肢體，從緊張變成放鬆、開放的姿勢。雖然她知道他是關愛、敏感的人，但前夫在清晨以暴力強迫性交的經驗卻重現眼前，過去的恐懼進入身體的記憶，而無法回應敏感、關愛的伴侶。她向身體的記憶屈服，把新的伴侶當成前夫。她知道現在的伴侶是不同的人，但她的反應卻把他當成前夫，因為她對打開肢體的活動有固著的聯想。

這就是關係的任務之一：更新身體和情緒對別人的自動化反應。[1] 發展親密感時，可以察覺固定的反應模式並加以承認，而不是在潛意識中屈服於固定的模式。即使因為過去對碰觸有不好的經驗而害怕碰觸，也可以承認自己的恐懼，接納現在的碰觸，體認當前的人的動機和過去的人是不同的。恐懼的人常常需要有暗語和明確的協議，當身體反應過於強烈時，伴侶會停止活動。當伴侶表現出可靠的特質，即使是與往事有關的最強烈聯想，也能加以克服，並學會享受當下的經驗。[2]

堅持浪漫會妨礙成長

不切實際地追求某人，希望藉此紓解焦慮、痛苦和寂寞時，很容易喪失自我。雖然英俊的王子拯救美女的童話故事不可能成真，人還是極度渴望活在這種幻想中。浪漫期的人渴望找到某個特殊的人，解除生活中所有的失望與不安。

如果在關係中不願放棄完美的浪漫期的夢想，就會常常在潛意識中把未得滿足的希望和欲望加在伴侶身上，期望關係能解決所有問題。無法處在浪漫期的人往往自覺不幸，當發現伴侶不符合原有的希望時，也會持續覺得不幸。

這種人會一直不快樂，除非能接受自己要為人生負責，因為沒有任何別的人能為他解決存在的基本議題。當人更徹底了解自己時，通常才更準備好經歷分離和孤獨的痛苦：放下浪漫期，進入現實生活。

責備、壓抑與症狀

責備的行為會在責備者身上製造許多壓力，為了證明別人有錯而變得緊繃、退縮。這種道德束縛會產生各種身體症狀，比如頭痛、腹部不適、關節痛或心臟問題，以及各式各樣的症狀。一位在工作場所感到極大壓力的人如此描述其心臟血管系統症狀的演變：

我的祖先有好幾代總是在心裡藏了許多強烈的批判，卻又不說出來，他們後來都得到高血壓、腦中風和心臟病。當我不喜歡某個人，就可以感覺到血壓上升、胸部緊繃。我可以看見自己要不了幾年就會因為壓抑內心的批評和責備而得到心肌梗塞。脫離之道就是承認內心的責備，向朋友分享，然後深呼吸，而不是壓抑在心中。

一旦能覺察到這一點，症狀就變成警告的信號，提醒自己已變得防衛或自以為是。把症狀視為親密感減退的訊號，就能向伴侶與朋友分享自己的經驗，不是指責對方說：「你害我如此緊張不安。」而是探索症狀的意義，提出類似下述的詢問：「我發現自己的症狀惡化，我懷疑自己可能在壓抑對你的指責；你有沒有發現任何跡象顯示我可能在潛意識中懷著怨恨呢？」

以這種方式，症狀就可以開啟更深的對話，而不是成為兩人間的障礙。

1　Bennet Wong and Jock McKeen, "The Walking Wounded: A Way of Life," *Journal of Child and Youth Care*, 7(3), 1992, pp.79-89.

2　Bennet Wong and Jock McKeen, "Memories of Abuse – A Call For A Balanced Perspective," *Journal of Child and Youth Care*, 10(3), 1996, pp.67-81.

底線

底線常常用在商業界，表示進行某個過程的基本要求或限度。例如，公司企業的底線可能是利潤，如果經過一段時間還無法達到底線，公司就可能倒閉。

在關係中，底線表示人對自己和伴侶的限度。關係中，很少有絕對的底線。不符合底線時就會產生後果，例如，有些人的底線是如果身體被毆打，就不再留在關係裡。

誠實可能是值得擁有的底線，但不見得是絕對的底線。例如，一方不小心說謊，而且沒有注意，伴侶可以與之討論，而不是立刻分手。

我們建議的底線是雙方都不容忍暴力（我們將暴力定義為跨越界線），每個人對暴力的看法都不一樣，一方認為的暴力，可能是另一方能接受的情形。例如，有些人不介意和伴侶打架，有些人卻連口頭責備都不能忍受。這必須由當事人來界定，一對夫妻能接受的激烈口角，可能被另一對夫妻視為言語暴力。

伴侶之間不需要有相同的底線，重要的是彼此知道對方的限度。一方的底線可能是成長，另一方的底線卻是安全感，如果能了解不同的底線，仍然可以和諧共處。底線有可能改變，所以需要定期討論。

底線可以用於親密，也可以用來控制。親密感來自分享底線，並設定不符底線時的後果；控制則是意圖用底線威脅和限制對方的行為，而不是單純地提供資訊。表面上，兩種情形看起來差不多，其差別在於意圖不同（透過分享資訊而更親近，或是透過威脅而控制），不同的意圖接下來也會有不同的結果。

分享資源

人常常會為了關係中誰提供了較多資源而爭執，當一方出錢比另一方多時，這種問題就特別尖銳，因為表面看起來確實不公平，應該承認一方有較大的貢獻，但這種觀點會誤導人以為只有財務才是資源：在這種有限的觀點中，收支表就說明了一切。

其實資源和貢獻有許多形式，基本上有四種資源：

一、金錢。
二、時間。
三、精力。
四、知識。

企業中，地位相同的夥伴有可能投資的金額並不對等，也許一方有許多資本（錢），但沒有時間。為了肯定另一方投入的時間和精力，所以讓對方也擁有百分之五十的股權，這是所謂「血汗股權」。

婚姻中，一方常常留在家中，把時間和精力用來養育子女、操持家務，另一方較少把時間投入家庭，把大部分賺來的錢拿回家，這種伴侶可能是完全平等的。

精力和知識是密切相關的。知識是組織的原則，是把精力概念化的模式。精力會透過知識和組織的資源，以具體的形式呈現，產生作用。人有了經驗，就能以綜合和創造的方式引導和管理精力；知識能把不同材料組合成具有特定功能的結構。例如，橋樑的建造與維修需要正確評估其型態與環境，了解材料的張力強度和性能，才蓋得出能承受大自然挑戰的橋。擁有愈多知識，就能以更有效能和創意的方式運用精力。

有時，年長的人能提供多年蓄積下來的大量經驗（知識），他們從長年生活和多次實驗得到的視野，對關係的成功或破裂可能可以提供有用的脈絡知識。所以，他們以前投入學習的時間和努力都是可以在關係中運用的資源。許多人誤解這種觀點，以為公司或機構裡對資深前輩特別尊重，只是在報答他們過去付出的勞力，這種局限的態度並沒有把知識和經驗（脈絡）視為資源，有時甚至是關鍵的資源。工商企業中，有時會付出可觀的酬勞給外部董事或顧問，以提供基礎深厚的經驗和充滿睿智的創意，這是他們在這個領域奉獻多年才發展出的能力。

　　年輕的夥伴有時能從初次看到一件事情的角度提供興奮感和新奇感。合作關係中，年輕人可能也提供較多勞力，年長者可能提供較多經驗與智慧，他們的貢獻和年輕人是相等的，但內容完全不同。

　　當伴侶堅持各人對相同的資源必須付出公平的分量時，就會陷入權力爭奪。另一方面，這種體認也可能被用來推卸責任。不能因為一方貢獻某個特殊資源，就表示別人不需盡可能付出。當雙方對某個特殊資源擁有相同的分量時，他們必須對等地貢獻一己之力。基本上，為了讓雙方全心投入關係，他們必須盡其所能提供一切資源。

　　比如有一對夫妻，妻子有全職的收入，但因為丈夫有龐大的財務資源，所以妻子完全不負責家庭開銷，由丈夫負擔所有帳單，因為他認為男人理當如此；她卻把薪資只用在自己身上。這是拙劣的資源分配，會有悲慘的後果。這對夫妻後來分開時，因為沒有澄清彼此的期望而充滿怨恨！

　　打從關係一開始，雙方就應該討論彼此對各種資源的期望，協議各人會提供什麼。當情況改變時，可以重新討論雙方的協議；無論如何，把期望說清楚，可以避免將來的困惑、失望與怨恨。雙方雖然不需要在各種資源都提供等量的付出，但應該盡一己所能來付出。從關係一開始就評估雙方的付出是有益的，特別是錢財上的付出，但伴侶也要重視非錢財方面的付出（家務、烹調、照顧

孩子等等)。重點在於伴侶要評估自己對關係的付出,讓各人可以相信雙方是公平的付出。

絕不妥協

一般說來,我們的文化希望關係中的人能妥協,各自放棄一些東西,以找出共通的立場。這種方式企圖把人簡化成「最小公分母」、盡量不要活出完全的自己,我們發現這種觀念會把人物化。為了學習,以及愈來愈親近,各人要說明自己的欲望和意圖,同時不將之放棄。如果一方被要求:「你願意放棄什麼來維繫關係?」充滿生命活力的回答是:「什麼也不放棄,我要的是關係,不是妥協。」人在妥協中會放棄自我,這時能提供的東西反而更少。在我們的關係中,永遠沒有妥協。

接納別人的差異而不妥協可以創造和諧。看似不一致的音符可以創造和諧的音樂。沒有不好的和諧,接納不尋常的組合有時能產生複雜有趣的互動,非常不同的伴侶即使有極度的差異也能和諧共處,只要彼此保持好奇,承認並接納差異,沒有責備或怨恨,就可以在一起而不必改變對方或委屈自己。我們的目標不是妥協或判斷誰對誰錯,而是更能欣賞全新的(不悅耳的)和諧。

妥協就會順從別人的渴望,使自己受到委曲和限制,一般說來,這種情形會造成怨恨對方、厭恨自己。找出可以納入各種渴望的解決辦法,而不是否認渴望,才能得到和諧。我們相信各人必須承認自己的渴望,並試圖滿足渴望。這不是簡化的「跟隨你的祝福」或「跟著能量走」,這種說法是粗糙而不負責任的。伴侶應該尊重個別差異,公開而明確地表達自己的渴望。當人承認自己的渴望,就向自己的生命臣服,變得更為強壯,且在滋長的親密感中有更多可以分享的經驗。

一旦承認自己的渴望,就可以選擇是否要追逐渴望,同時也不會放棄自

我。例如，一個人可能想滑雪，卻決定和不想滑雪的伴侶留在家裡。他並沒有妥協，而是做出自由的選擇，覺得陪伴對方比滑雪的渴望更重要。

我怎麼知道自己是妥協，還是單純地接納對方的願望呢？線索在於是否有怨恨。如果我很高興地陪你看電影，即使我本來想看的是另一部，但我也不是妥協，我仍然知道自己想看另一部電影，但我可以另外再找時間去看原本想看的電影。如果我為了沒有看我想看的電影而怨恨你，就是妥協，順從你的欲望。所以，沒有怨恨就表示沒有妥協，妥協會伴隨著怨恨、內疚和自恨。

對別人的性衝力：渴望與選擇

若想留在關係中，就要注意渴望，並對伴侶的感受保持開放、敏感的態度。如果知道自己的渴望，就能選擇與親密的伴侶分享，但不一定要追求這些渴望。我們竭力反對那些邀請人「跟著能量走」卻不尊重伴侶的方式。我們認為伴侶可以讓對方知道自己的渴望，以此為討論的基礎，探討如何讓雙方得到自己想要的東西。

如果一方對關係外的某人有性衝力，這是很常見的情形，因為性衝力就是基於物化的態度，這是常見而可預期的事。然而，許多伴侶相信他們必須只以彼此為性衝力的對象，如果對別人有興奮感，就是有問題的。

這種情形本身其實不必然是問題，因為向伴侶承認自己對別人有性欲，這種承認可能會成為親密的行動。由於人通常有極大的壓力要壓抑這種感受，所以分享出來可能會為關係帶來新的活力；原本用來隱藏這些資訊的能量，現在可以用在伴侶身上。這種程度的誠實會讓雙方都變得脆弱，但他們不用防衛或責備，而是仍然開放地互相分享這種率直可能引發的威脅感。與其否認或隱藏對別人的性欲，還不如向伴侶分享，以增強彼此的親密感。

大部分的人無法接受伴侶發生外遇，但可能願意接受伴侶說出自己受到別人的吸引，並保證不會付諸行動。只有少數伴侶能接受對方有外遇，我們並不推薦，然而如果整件事能向親密伴侶完全坦誠，還是能保持親近。還有一種方式是由伴侶扮演你想要的對象，使你得到某種想要的經驗。

行動顯露欲望

　　行動會表現出人的動機和欲望，就如六〇年代的名言：「如果你在做什麼，就表示你喜歡什麼！」拒絕對自己的行動負責就會留在權力爭奪期；承認自己對行動的責任，就能引發整合期的對話。雙方可以承認自己所做的事就是自己真正想做這件事。雖然這種欲望往往是出於潛意識，但也沒有理由去說「我並不想做我所做的事」這種防衛的話。更坦誠的說法是：「我承認自己正在想別的事，所以沒有仔細聽你說話；我顯然重視自己的思緒甚於陪伴你。」雖然這種程度的誠實不易啟齒，但有助於避免許多無謂的爭論，爭論只會使關係回到權力爭奪期。

閒話

　　閒話就是討論某個不在現場的人。閒話如果成為祕密，就會減少親密感，這種情形常見於家人之間，兩人討論不在場的第三人，這會限制分享與互動的可能性。當然了，如果一有機會就直接告訴當事人的話，在當事人不在場時先討論這個人並不會造成問題。如果不隱藏閒話，家人、事業和友誼就可以在開放的氛圍中成長。

分享暴力的想法

任何做法，只要未經對方同意，就是暴力。所以，兩個朋友練空手道的對打並不是暴力，因為雙方同意這種肢體動作。反過來說，照顧一個不想被注意的人，就可能是暴力。我們相信沒有任何人或對象應該受到傷害，所以對我們而言，毆打伴侶是絕對不恰當的。可是在許多情形下，用言語取代肢體暴力可能是可接受的，例如，有些夫妻不允許肢體暴力，但接受爭吵時的怒罵，以表現全部能量。

夫妻可以同意說出對彼此的暴力幻想，例如想像看見對方被丟出窗外，或是想像如何讓對方痛苦。在雙方允許與協議的界線內分享幻想，可以表現爭執的能量，而沒有任何真正的危險。此外，坦露這些想法可能會展現通常不被允許表現的脆弱，這種脆弱受到尊重而不是排斥時，可以使雙方更加親近。

克服麻木

許多人會發現自己有時感覺不到自身的感受和關愛，即使是全心投入關係的人，也偶爾會關閉自己，變得麻木，缺少同理心，無法與自己和伴侶臨在。

好奇和記憶可以克服這種遲鈍的感受。探討失去臨在的情形，有時可以使人碰觸自己逃避的更深層感受；有意識地呼吸，然後尋找未被注意的感受，往往很有幫助。無法感受時，可以回憶過去曾有的感受。體認這只是暫時的現象，就比較不會為當前的麻木陷入絕望，可以放鬆地等待，再次尋回感受。對彼此的好奇也能克服遲鈍的感覺，重回臨在的狀態。有時，看見（不願對話的）伴侶的痛苦，也可能把自己喚回當下的臨在。

暫停時間

雙方都可以要求「暫停時間」，以避免落入重複的防衛或爆發無法控制的行為。雙方都必須尊重「暫停」的要求，暫時停止互動，並在停止互動前，協議在什麼時間恢復談話。各自有時間考量彼此的處境後，就能恢復互動，並希望能用新鮮的眼光和較少的防衛來互動。

五分鐘的依賴

我們自己在探討獨立和依賴時，有一些出乎意料的發現：基卓驚恐地發現自己其實想要像嬰兒一樣依賴。他是極度獨立的人（幼時曾把換尿布的父母踢開），在承認自己需要抓緊別人、依賴別人時，開啟了自己新的脆弱層面。煥祥害怕的是有人抓著他不放，所以會避免別人抓緊他的處境。結果兩人都有所學習。

解決這個困境的方法是**五分鐘的依賴**：在約定的時間內，基卓可以像兩歲小孩一樣抓住煥祥不放，煥祥承諾在這段時間中與基卓臨在。這種依賴必然需要協議，因為基卓提出要求時煥祥可能正在忙。這個方法使我們各自面對自己的恐懼，更能接納自己的防衛性逃避。基卓現在能享受依賴而不要求過長的注意力，煥祥則學會面對基卓的依賴，不至於不知所措。

多年來，我們在工作坊談到這個方式，現在其他人也會運用五分鐘依賴的原則，依賴的人學會接受並不是提出要求就可以依賴，且在可以依賴的時間沉浸其中；被依賴的人學會面對被窒息或約束的恐懼，了解這種方式有時間的限定。並不是提出依賴的要求就表示對方有義務照辦，因為有時要求的時間可能不恰當。透過這些安排，雙方都能學會敏銳察覺自己的欲望和對方的界線。藉由面對背後的恐懼，並接納嬰兒式的渴求，能使情境中的張力逐漸減輕，雙方透過分享的過程，都能得到更多自主性。

核對

　　與人核對是指分享自己的經驗，並詢問對方的觀點，而不是假定別人有何想法。啟動核對過程的人要表達自己的知覺、解讀和感受，然後請對方說出自己相應的知覺、解讀和感受。這需要有好奇心，並體認伴侶對同一件事很可能會有不同的觀點。

　　發展親密關係最重要的工具之一，就是核對彼此的印象。人在物化的固著態度中，很容易一直用自己的偏見和經驗看對方，沒有和對方核對就自認為知道對方的經驗。如果沒有詢問別人的觀點，往往只具有局限或無效的資訊。當人沒有核對自己的假設時，就會一直留在浪漫期和權力爭奪期的限制中。

　　當人確實核對自己的假設時，就是邀請對方對話，可以帶來親密的分享和更多的整合期。

每天的清理時間

　　就像定期運動的計畫一樣，雙方可以承諾每天花時間處理和清理彼此的關係。這段時間必須是不會分心的時段，因為它是分享、專用、同在的特殊時間。這是接觸和交流的時光，雙方對彼此的活動、想法與感受表示興趣。在定時清理和接觸的過程中，即使兩人平常各有不同的興趣、活動、獨立的生活，仍可了解彼此的經歷。商業夥伴可以提早會面，在開始工作前清理；家人可以協議每天一起吃一頓飯；夫妻可以在晚上共度一段不受打擾的時光。

　　我們建議伴侶要努力了解彼此，交換最新資訊，不要累積未說出口的訊息。就好像有些鳥會每天清理鳥巢，以保持乾淨，人與人保持流動時，就不會累積汙染關係的心理垃圾。

清理不是倒垃圾

當人表達自己的知覺、想法或感受,卻不好奇也不關心對方的反應或感受,就是在倒垃圾（dumping）（好像排便的動作一樣）。倒垃圾只是一種宣洩感受和批評的衝動,並沒有與對方真誠對話的興趣。對方被當成「物」,而自己則固著於習慣的偏見（偏見的意思就是事先設定的判斷）。倒垃圾會包含責備與內疚,所以常用於權力爭奪期。

相反地,清理（clearing）是承認自己的意圖,並對他人表示好奇;清理是透過詢問了解伴侶的看法。倒垃圾時,雙方都被物化;清理時,則是人與人互動的經驗。

清理可以涵蓋過去和現在的議題。伴侶常常在關係中多年後才決定要更為親密,這時已累積了許多未曾表達的印象、假設、怨恨和欣賞。他們可以在現在清理過去的議題,互相討論各自對事情的印象,而不是僵持在各人原有的評斷中。

狀況報告

商業界運作常有追蹤會議,用以檢視企業的目標是否上軌道。照顧花園也要定期檢視土地的狀況是否合用,包括核對土壤的濕度、檢查是否有寄生蟲,並整體性地評估植物本身的健康和生長。

伴侶可以在任何時候,用狀況報告的方式,要求重新檢視關係花園。這是特別的清理與核對,重點放在關係本身的狀態和健康程度。透過定期檢視,伴侶可以追蹤持續出現的議題和期望,評估關係花園的發展。彼此深入的詢問可能包括如下的問話:

「我們想要什麼？」

「我們得到了嗎？」

「我們有什麼地方失敗了？」

「對此我們可以做什麼呢？」

「我們很滿意的是什麼事？」

「還有沒有改善的空間？」

「我們有什麼驚喜的事呢？」

「我們經歷過什麼不愉快的衝擊？」

「在關係中，我們對彼此做何感受？」

這種檢視也包括主動提供訊息，比如：

「你做的事中，我欣賞的有……」

「你做的事中，我覺得不滿的有……」

正向運用權力爭奪

權力爭奪期充滿熱情和興奮，會投入大量的生命力。當人學會分享權力爭奪中的要素時，就能增進自我覺察和自我接納，走出自以為是的僵化立場，進入真誠的好奇，投入彼此共同的生活。原本具有破壞性的要素（比如嫉妒、占有、控制、憤怒、期望和責備），可以透過分享而變成負責、促進成長的方法，從中更深了解自己和伴侶，在生活中穩定地發展整合期。

愛的狀態

性欲

問：婚姻到底是什麼？
答：兩個人約會一陣子，男孩可能向女孩求婚，他說：「我會照顧妳一輩子，至少照顧到生小孩和離婚前，但妳要為我做一件特別的事。」然後她說：「好。」可是她不知道要做的是什麼事，也不知道是不是頑皮的事。她等不及想知道是哪一件事。——安妮塔（九歲）[1]

親密不是性欲

雖然許多人把親密和性欲混為一談，但兩者其實非常不同。親密是指深入了解彼此的內心世界，需要透過脆弱的坦露，以及親近、關懷的分享，才能達到親密。有些親密關係沒有性的成分，雙方仍非常親近。反過來說，許多關係雖然有性衝力和興奮感，卻一點也不親密，沒有親近的情感。

就如本章所談的，我們認為人的性欲在本質上是非個人化的，極度依據人的物化能力。基於此，親密感和性衝力在本質上就很容易互相對立。

好消息是它們不必然會互相排斥。就像鹽與胡椒粉是非常不同的，但可以一起用來調味。但若想得到這個結果，伴侶需要了解人類的這兩種面向是如何發生的、兩者有何不同，然後必須努力結合兩者。我們的關係計畫在一開始是兩個對彼此沒有明顯性衝力的男人，一起聚焦於我們的親密感；我們常常說自己是因為以這個方式開始，所以比其他伴侶更容易平衡兩人間的性趣與親密感。

當人追逐性的吸引力或性衝力時，往往會把伴侶和自己物化，這種情形造成很難得到親密感。人可以因為敞開心房坦露自己而與朋友或同事有親密感；

一般說來，這種坦誠不會導向性行為。由於一般常以委婉的說法描述性行為是「發生親密關係」，而讓人分不清性衝力和親密感的區別。對我們而言，親密關係是排除人與人之間的障礙與防衛，跳脫物化而深入了解彼此；因此，讓性行為成為這種親密關係的一部分，確實是有難度的。

有性關係的親密伴侶，所面臨的挑戰在於要把一些本質上是去個人化、把人物化的元素帶入親密的互動。這當然是有可能的，也是非常有趣的課題。我們經常說：「任何事，只要能分享，就能增進親密感。」性欲的本質雖然是相當去個人化的，但在被分享時，就可以用來增進親密感。這就像夫妻互相分享憤怒的情形一樣；原本將人物化、分隔的東西，也可以用負責、開放的方式加以分享，伴侶在過程中就能學會欣賞彼此在分享這種感受時的脆弱。

關係初期，彼此還不太了解時，性衝力可說是最高的時候。隨著伴侶逐漸了解彼此，性衝力往往會消退，甚至完全消失！然而，仍有可能對同一個人同時有性興奮感和親密感，但不容易，也不是自然發生的，這其實需要兩人之間大量的自我覺察與承諾，才能同時擁有性衝力和親密感，這兩者通常似乎自然會分道揚鑣。

生理性別、性別、吸引力

當學習認識自己，並與親密伴侶分享時，將生理性別（sex）、性別（gender）和性吸引力（sexual attraction）加以區分，是有用的。

生理性別是由基因決定一個人是男性或女性。性別則牽涉到個體與文化對雄性或雌性行為與特徵的觀念。

---

1 David Heller, *Growing Up Isn't Hard to Do If You Start Out As a Kid* (New York: Random House, 1991).

關於什麼樣的人對你有**性吸引力**的問題，只有一部分與生理性別或性別有關。我們要在本章探討性縮影的觀點，做為你進一步探索這個問題的途徑。

生理性別、性別和性吸引力這三者常常被視為息息相關的，我們認為這種混淆會造成問題，所以我們強調的是有許多方法可以在自己的內在把這些面向整合起來。

舉例來說，一位生理性別是女性的人可能具有許多特質在文化上被認為是屬於男性化的，比如支配的傾向或「動作粗野」，這與她是同性戀或異性戀不必然有關聯，也不必然被哪一種特殊類型的男人或女人吸引。同樣地，在不同的場合中，一位生理性別是男性的人可能對女性服裝的配飾有興趣，甚至想要親自穿戴，由此可能表現出他人格中比較女性化的面向（與性別有關的興趣），但他可能是徹頭徹尾的異性戀，只對女性有興趣。當人認為自己具有某些與性別相關的興趣，就必然表示自己是異性戀或同性戀的話，可能造成極大的困惑。

生理性別是基於生物因素，由性染色體的基因決定，除了少數變型，男性的性染色體都是 XY，女性都是 XX。從這個角度來看，生理性別是由生物因素決定，無法改變，即使接受變性手術，仍然是原來的生理性別，因為染色體沒有改變。生殖器官可以移除，卻無法更換。荷爾蒙的平衡可以用藥物調整，許多人的第二性徵可以透過手術和荷爾蒙來調整，但在染色體的層面是無法改變的。

性別則由文化決定，關注的是被認定為男性或女性的角色與特質。所以現代西方社會在傳統上會鼓勵小男孩使用藍色毛毯、玩卡車、學習勇猛好鬥、玩足球、爬樹，搞得全身髒兮兮；小女孩則用粉紅色毛毯、穿有褶邊的裙子，被期待要玩娃娃，並保持乾淨。文化上期待的角色和態度在兩性間設定了二分法，女性應該等待男性採取主動，結婚後，傳統的價值觀要男性賺取家用，女性則料理家務，甚至負責維繫兩人的關係。近幾十年來，這種區分愈來愈模糊，這個主題的許多差異在許多圈子的文化中愈來愈被接受，但從文化母體對

性別認同的態度所引發的潛意識壓力仍然非常強大，個體仍承受著自己也不太了解的期待。男孩如果長得不夠強壯或態度不夠強勢，就覺得沒有安全感；女孩如果想做傳統上由男孩來做的事，就會感到擔心。

傳統中國哲學認為人具有**陰**、**陽**兩種性質，**陰**是柔軟、容讓、涵容、滋養的女性特質；**陽**是堅硬、侵略、指導、主動的男性特質。從榮格學派的觀點來看，所有人都有男性特質和女性特質。男人被教導要壓抑女性特質，尋找一位女性才能使自身完整，女性的男性特質也被如此對待。

所以人覺得自己不完整，需要別人才能完整，這就是寂寞的來源，於是受到浪漫的驅使，想找到某個特別的人以讓自己完整，沒有完美的生活伴侶就覺得孤單。這是關係中浪漫期和權力爭奪期的主要議題，這些階段中的人不認識自己和別人，於是去尋找使自己完整的意象。

當人開始接納自己和別人，就進入關係的整合期。這個階段的人並不想由別人使自己完整，而是體認自己已經完整，並在不斷了解自己與伴侶的過程中感到心醉神迷。目標不再放在需要矯正的錯誤，而在於愈來愈展現整體的完整性，於是不再覺得寂寞。男人不需要找一個女人來使自己完整，而是認識自己的女性本質，也就是內在女性特質投射出來的意象（性興奮和浪漫也是由此而來），榮格稱之為**阿尼瑪（anima）**[2]。同樣地，女性也不需要依靠男性，就能體驗自己的完整性。浪漫期和權力爭奪期關係到人的不完整和對外界的依賴，整合期的人則能體驗自己的完整，把自己視為生命的獨特表現，為自己負責。

當人有興趣探索慣常角色背後的自己時，往往會發現自己曾試圖要伴侶提供自己本身就能提供的東西。傳統家庭的固定模式很奇怪，男人下班回家就蹺

---

2 編按：榮格的分析心理學中，Anima 是男性無意識中的女性原型，對應於女性無意識中的男性原型 Animus。它是一個人內在對異性的心理印象，對個體化（individuation）過程非常重要。

起二郎腿，妻子負責做晚餐、侍候先生、聽他發牢騷、照顧孩子，卻不曾期待自己也能得到這樣的對待。於是男性的照顧能力未得發展，也沒有能力用回應、接納的方式與人建立關係。若要成為更負責的人，就必須覺察這些性別偏見，向伴侶承認，然後接納這些情形，然後才能開始穿透、超越這些事。這其實可能是非常自由的，許多男人發現自己非常喜歡某些原本分配給女性的角色：烹飪、照顧孩子、購物。許多女性也發現努力工作和對家計有所貢獻時，有極大的解放感。

大部分的關係都有性別偏見，這是從家庭和文化學來的；一旦加以了解和克服後，就能同時擁有**陰**與**陽**、男性特質與女性特質，成為豐富、整合的人。想要有所學習的伴侶可以在性遊戲中發現上述情形，這種探索可能讓人覺得受到威脅、過於沉重，有時甚至非常可怕，因為它會質疑非常基本的自我假設，但也能讓人得到鼓舞與啟示！

性欲的各個面向

問：結婚的適當年齡是幾歲？
答： 八十四歲，因為你在那個年紀不再需要工作，可以整天在臥房裡彼此相愛。──卡洛琳（八歲）[3]

表 1 描述了性欲的數種不同面向。這些類別並不是互不相容的，事實上，所有面向都有可能同時發生在特定情境的任何人，以不同程度表現性欲的各個面向。一對年輕夫婦想要懷孕時，生物面向可能最重要，所以特別注意在排卵期做愛；在關係早期，性衝力可能最明顯，然後轉入美感與靈性的發展。

這些關注的區塊並沒有誰好誰壞的問題，此外，它們之間會互相重疊、流動。沒有人是完全相同的，我們對性欲的這些不同面向會有不同程度的興趣，絕對不要為自己或伴侶貼上標籤，比如「感官──情色型」，我們希望的是對

	生物	感官——情色	性衝力	浪漫	美感／神話	超個人
位置	身體	身體	精神——情緒	精神	更深的本質	高等我
動機	紓解緊張	紓解緊張	克服無助感	紓解疏離感	情緒——靈性	意義感
形式	射精	愛撫	穿透／吸入	意象管理	意義管理	狂喜
目標	生殖	快樂／疼痛	支配／屈服	控制	意義的歸因	合一
方法	高潮	感官	象徵	象徵	感官／象徵	無法言傳
親密	非個人化	非個人化	非個人化	非個人化	非個人化	非個人化

表 1 性欲的不同面向

這些不同的面向有所認識，促進對自己與彼此的了解，特別是那些對性的興趣各自不同的伴侶。

性欲有許多形式，我們常說一個房間裡若有五十個人，就有五十種不同的性欲形式。這張圖表的用處在於讓讀者了解自己最有興趣的是什麼，並幫助各人了解伴侶的興趣可能與自己不同。希望這樣能引發許多討論與分享，有些甚至可以在私密的臥房進行！

這些元素就像一鍋湯裡的各種成分，分別要用不同的分量和強度。有些湯放很多蒜頭，有些湯則放一點檸檬香茅調味。有些關係有高度的性衝力，有些關係則以美學或浪漫調味。這些動機沒有好壞之別，只是性關係多重面向的不同成分。

重要的是了解性欲的所有這些面向本身是非個人化的，在這種脆弱的經驗分享中，可以讓性欲更個人化，成為愈益成長的親密關係中的一部分。

3　David Heller, *Growing Up Isn't Hard to Do If You Start Out As a Kid* (New York: Random House, 1991).

性欲的生物面

　　性欲的生物面向通常被視為理所當然的，然而我們對這個非常重要主題的知識仍有許多斷層。一項常見的假設是認為性驅力是由生物性決定的，由複雜的神經荷爾蒙網絡調節，影響行為的機制。簡言之就是人的基因模式是製造適當的化學物質，為身體準備好形成可以運作與付諸行動的性徵，驅使他們與異性產生性行為。其目的當然是為了物種的延續。

　　如果這個假設是正確的，性行為的自然史就會如下述的方式發展：男性具有相當穩定的荷爾蒙平衡性，為性活動做好準備，但不具有性交的驅力（與普遍的信念相反）。女性具有複雜的內在韻律週期，荷爾蒙的平衡性有如細膩的交響樂。當排卵未受抑制時，大約每個月會發生一次，為了增進卵子在那時受孕的機會，會釋放微妙的化學物質（費洛蒙）；如果費洛蒙接觸到男性，就會刺激他的性神經荷爾蒙裝置，於是他會尋找女性。結果就是性交行為，但只有一個月一次！這是「自然的」（也就是根據自然而有的）性欲，由生物學來決定。從這個觀點來看，所有其他的性行為都是「不自然的」或「反常的」（perverse，意為「轉入其他方向」，因為其目標不是生殖）。有些宗教根據生物學的假定採取道德的立場，宣稱只有「自然的性」才是道德上可接受的。這個觀點的邏輯會延伸到排卵期以外的所有性交，不但是「不自然的」，也是不道德的！無論如何，生物學的性欲所涉及的驅力不限於人類，也不限於個體，因此是非個人化的。然而，這個面向有時會成為伴侶經驗的重要場景，比如嘗試懷孕時；而且在這個經驗中，也有可能彼此感到脆弱而親密。

感官——情色的面向

　　性欲的感官——情色面向與神經系統的結構有關。身體的神經構造會被不同的刺激激發，產生各種愉悅或不快的經驗。有些特定的部位（性感帶）受到特定方式的碰觸或撫摸時，會激發出興奮或激動的感覺，被描述為「性的感

覺」。更明確的說法就是，這是感官的激發，而性的意義被附加其上。透過碰觸（撫摸、觸感、溫暖等等）的感官激發只是各種可能的知覺激發中的一種；舉例來說，刺激有可能透過視覺（顏色、形狀、大小、明暗）、聽覺（音樂、呼吸聲、靜默）、嗅覺（身體的氣味、香水）和味覺（身體的味道、食物、飲料）。透過感官刺激的這種激發組成了性欲的感官──情色面向。這大多是透過副交感神經系統調節的，可以產生鬆弛和整體的幸福感。然而，並不是所有的感官──情色經驗都是輕柔、愉悅或放鬆的，比如躍入冰冷的海洋會以相當激烈、立即的方式刺激感官，突然的拍打或咬人也是如此。

不同的人對性欲的感官──情色面向也會有不同程度的重視。對某些人來說，它是性欲最重要的面向；但對其他人而言，那只是讓結果更刺激的方法。感官──情色的經驗可能具有較短的半衰期。不論是被人撫摸或按摩，都有可能讓人惱怒，長時間過多的香氣或味道也是如此。然而，形形色色的觸覺刺激也可以挑起情欲，範圍包括從愉悅到疼痛的各種刺激，從溫柔的愛撫、輕柔的按摩，到粗魯的碰觸、掐擰、咬人與毆打。感官──情色的激發不必然與特定的人或物有關；感官的接觸是產生情色經驗的必要條件。由此看來，感官──情色的面向基本上是非個人化的；提供碰觸或掐擰的特定人物是次要的。

感官──情色經驗基本上是身體經驗，由神經感覺器官來調節。大腦中樞主要是負責整合，刺激產生的經驗發生在間腦，間腦位於負責思考功能的大腦之下。由於這些大腦結構在所有高等動物是共通的，不只見於人類，因此這些經驗基本上是自然的，也是非個人化的。

性衝力

前幾回合，是性；但能長期維持興趣的，是權力。

——江青女士 [4]

感官——情色經驗可以被詩意地描述為輕柔且豐潤、愉悅的，但不會是強迫的。另外一種性經驗則比較劇烈、高度緊張、激烈、迫切且有強制性，就是性衝力。性衝力是令人興奮、充滿張力且急迫的，會驅使人行動，並產生大量的血流、增高血壓與心跳，讓身體性感帶變得腫脹而敏感。性衝力主要是由交感神經系統（被描述成「戰／逃／懼」的系統）負責調節。性衝力的經驗是非個人化的，因為性對象通常是被物化的，就跟感官——情色經驗一樣，這時特定的人是次要的。不同的是，感官——情色經驗是生物性與感覺的，而性衝力的經驗基本上是由象徵激發的，其過程主要是在心智歷程，牽涉到大腦皮質，這裡是以象徵運作的部位。客體（包括語言與被物化的人）會被賦予特殊的意義，此意義與高度個人化的特定感受有關。

羅伯特・史托勒在《性興奮》[5] 一書中提出許多觀念，我們發現在處理人面對關係中的性衝力時，這些觀念是很有用的。史托勒的論點很聰明、充滿洞識，也能激發思考，但基本上是無法證明的。雖然我們並沒有完全信服他的看法，但他的假設確實幫助我們釐清自己的想法，特別是和外在權力與內在力量、控制與脆弱相關的概念。所以，在這個段落中，我們邀請你為自己決定，關於這方面的想法，你想要把多少內容整合到你自己的性欲觀裡。

史托勒說，在象徵的層次上，每一個人性興奮的性衝力形式，反映出文化（文化上的浪漫）與個人歷史組合起來的影響。從存在的觀點來看，這兩種影響的背後都有孩童時期未曾解決的議題——持續不斷對無助與毀滅的恐懼，不斷反芻無價值感與自我懷疑，以及最重要的，對於被別人拋棄的恐懼，這對嬰兒來說是有可能導致死亡的。社會提供的解決方法是要每一個人都掌握求生存的技巧，並控制環境（特別是環境中的人），以讓生命成為可預測的。於是人

人陷入權力的爭奪。當一個人想控制別人的同時，就也有屈服的渴望，以交出責任讓別人負責。這種支配與屈服的渴求會在象徵的層次上成為性經驗背後潛藏的重要主題；點燃性衝力興奮感的也是它。

性欲中表達支配／屈服主題的主要方法就是透過性交。插入或是吸入（也就是被進入或被插入）的渴望就像一個銅板的兩個相反面。背後的主題就是控制──支配者與屈服者在被別人強烈渴望與需要時，都覺得獲得勝利，雙方都經驗到認可，暫時不會害怕被拋棄。任何性關係的浪漫期，不論是在舞池或雞尾酒會，在追求所欲的物化之人時，都有這種性衝力的興奮感。當別人在口語或行為上願意全然投入時，就有支配的刺激感。失敗、被拒絕的可能性只會提高刺激感。屈服也有相當的威力，許多人被當成欲望或支配的對象時也會經驗到刺激感。一段時間後，屈服與支配的關係會變得平淡無奇，逐漸被視為理所當然，興奮感就會減弱；互有承諾的關係大部分會在五年之內發生這種情形。

根據史托勒的論點，性衝力是幼年時期幻想中的權力主題的性欲版本，這種主題往往是童年受到傷害經驗的轉換。在性衝力中，以及選擇什麼伴侶來扮演支配與屈服的主題時，都是在重新述說生命的故事，所以人不會對每一個人都經驗到性衝力，形成性衝力的要素數以千計（性別、年齡、尺寸、形狀、顏色、聲調、態度，以及其他人格特質）。我們並不是被人所吸引，而是被最符合現存於潛意識中童年幻想裡的要素的物化對象所吸引。性吸引力的元素就是權力與支配主題的成分，這個主題想要得到實現。個體不會被任何一個人吸引，而是被那些最符合他們幻想中的角色（他們的「縮影」）所具有的要素的人吸引；他們藉此試圖彌補早期受害、創傷或只是有所缺憾的經驗。因此，每一個性衝力都有一段故事；「縮影」之中是濃縮的物化偶像，包含早年生命中需要修復的元素。他們在過去並未成功地掌控，因此現在想要支配那些回映出過往經驗

4　Madam Jiang Qing, quoted in *Time* March 21, 1977.

5　R. Stoller, *Sexual Excitement* (New York: Pantheon, 1979).

的對象與意象。以沙特的話來說,就是他們想要「擄獲別人的意識」。[6]

史托勒的觀點認為性衝力與復仇的主題有關;個人並不是選擇一個人,而是選擇一個可供其支配與控制的對象,以象徵性地修復兒童時期無力感的問題。我們並不完全接受這個以復仇為主題的觀點,然而,我們認為成人性欲的運作大多是透過控制來克服與平衡早期經驗。這主要是心智的現象——雖然會被身體經驗為性衝力,卻是透過大腦來調節,在大腦皮質的潛意識幻想之中。這個論點否認了性衝力是為了特定某人的浪漫迷思。事實上,從這個觀點來看,性衝力是完全非個人化的,而是操縱代表早期未解決的事件與創傷的象徵性物化對象。這對於性衝力的地位,以及更廣泛地,對於親密關係中性欲的探索,都具有重要的意涵。

浪漫的性欲

對某些人而言,關係中最刺激的面向就是浪漫的活動。對他們來說,實際的性交行為還不如那些引人進入臥室的事件刺激,他們享受鮮花、燭光晚餐、輕柔的音樂與交談,賀卡與電話會提升自己被重視、珍愛的經驗。他們尋找一種寧靜的支配,讓伴侶滿足這些激情的象徵。這些浪漫的表現代表浪漫情人互許的重要性,就其本身而言都是象徵性的,所以也是非個人化的。

浪漫會讓人強烈運用其想像力,因此可以是非常有創意的活動領域。浪漫是成人的沙遊池,非常有娛樂性——可以暫時脫離單調的現實生活。在最好的情形下,浪漫可以開啟想像力,通往新的可能性。浪漫就像幕間的插曲,使人精神飽滿、興致昂揚。事實上,浪漫可以開啟未曾探索過的各種可能性。可是,沉迷其中時,會把個人成長與親密的可能性推入幕後。

美感與神話的性欲

有些人的主要吸引力在於追逐美麗、外形與優雅，他們在美學中經驗到樂趣。對他們而言，人體與活動是最具吸引力的，就像藝術一樣。他們在欣賞舞蹈、繪畫或雕塑時，會充滿樂趣與興奮。伴侶對他們的吸引力主要在於那個人的美麗。以這種方式被刺激的人會在身體或臉的特殊部位出現興奮的顫抖。優雅的動作和短暫的影像也有這種樂趣。一次完美的相遇、落在臉上的特殊陰影、裸露手臂上閃爍的燭光、靈巧的鋼琴樂音，注重美感的人會被所有這些事激發性欲。在這種吸引力中，他們是與外形建立關係，而不是與人建立關係，因此，這種形式的性欲也是非個人化的。

對某些人而言，這種經驗的意義本質上是神話的。神話是表達深層存在模式的故事。神話角色的互動中，會描述並闡明普世的歷程。當這些神話與兩性的互動有關，並與男性力量與女性力量間的動力有關時，就描述出人類在性的互動背後常見的主題。每一個社會都有自己的神話。這些神話通常都包括熱戀、追求、征服的故事，這些型態也被用來創造出許多劇本、電影、藝術品和民間故事的人物角色。神話包括同性的友誼（如達蒙與皮西厄斯）[7]、親子互動（如伊底帕斯）[8]，以及男女的愛情關係。西方世界的藝術與文學大量涵蓋

6　J.M. Russell, "Sartre's Theory of Sexuality," in *Journal of Humanistic Psychology*, 19(2), Spring 1979, p.41.

7　編按：皮西厄斯（Pythias）因得罪了狄奧尼修斯（Dionysius）而被判死刑。他請求在行刑前回家處理家事，達蒙（Damon）自願代替他留下，承擔若皮西厄斯未返回即受刑的風險。皮西厄斯如期歸來，解救了達蒙。狄奧尼修斯被他們的真摯情誼感動，不僅赦免了皮西厄斯，還請求與他們成為朋友。

8　編按：拉伊俄斯（Laius）收到神諭，預言他的兒子將殺父娶母，於是拋棄了剛出生的伊底帕斯（Oedipus）。而後伊底帕斯輾轉由珀羅普斯（Polybus）撫養長大。伊底帕斯為避免自己實現神諭，離開養父母，途中卻在無意間殺死了親生父親拉伊俄斯，其後更成為底比斯的國王，並娶了自己的生母伊俄卡斯忒（Jocasta）。佛洛伊德（Totem und Tabu, 1913）借用伊底帕斯的神話，提出「伊底帕斯情結」，指兒童在成長過程中，無意識地愛戀異性父母，並將同性父母視為競爭對手。

性與關係的描述，比如愛神丘比特和賽姬的故事[9]、冥后普希芬妮的強暴[10]、天神宙斯化身天鵝與斯巴達王后勒達相愛[11]、納西瑟斯的自戀神話[12]、阿波羅和達芬妮的傳奇[13]。情人為了在一起而反抗父母，也是普世共通的故事，如莎士比亞筆下的羅密歐與茱莉葉[14]。

在日常的性表現中，這些普世的面向大多是在潛意識中；然而，這些深層的元素可能會在許多人的性欲中運作。欣賞戲劇、芭蕾舞、歌劇、電影與文學的人，都能汲取到這種來源的性激發。再次強調，這基本上是非個人化的，但可以透過分享而成為個人化的。

性欲的超個人面向

就如我們在性欲的其他面向所討論的一樣，超個人的面向基本上也是非個人化的，這種情形的目標是超越個人的限制。蕭伯納（George Bernard Shaw）在《人與超人》（Man And Superman）中反映出這個觀點基本上的非個人化：[15]

唐璜：安娜，請妳公正地評判我對於性的看法，承認我們總是認為性關係完全不是個人化的或友誼的關係。

安娜：不是個人化或友誼的關係！還有什麼關係是更個人化的？更神聖的？更莊嚴的？

唐璜：神聖的和莊嚴的，要是妳喜歡這麼說，安娜，但不是個人化的、也無關友誼的。妳和上帝的關係是神聖、莊嚴的，但妳敢說這是個人化的、有關友誼的嗎？在性關係中，男女雙方都是宇宙創造能量的不能自主的代理人，在這種關係中，一切個人化的思慮都被拋棄了，一切個人化的關係都沒有了。

許多人在經歷到深沉的孤獨感時，會絕望地以各種方式試圖與他人連結，包括用性的方式。有些人的性目的是與他人融合或靈性的合一；有些人則是透

過可能被稱為「宇宙高潮」的方式達到終極的結合。

很少人能在性活動中真正深刻地放下，丟棄個人的限制，以發現和宇宙的合一感。這不是一種與他人連結的行動，而是體認到生命狀態已經與他人連結。這種高峰經驗需要超越對孤獨以及死亡的恐懼。它需要「禁錮的自我」的消融，需要「我」的臣服。有人稱之為神聖，也有人稱之為合一或恩典的狀態。

有些人透過密宗修行，這種方式把性能量做為通往開悟的管道。許多人覺得相愛的人以性行為修行是非常浪漫的方式，可以共同達到高潮，並有更親近的連結。我們認為這種目標，浪漫與體驗，本身是非個人化的，但就像我們談到的性欲的任何其他面向一樣，可以在親密關係中分享，做為讓非個人化成為個人化的過程。

9　編按：賽姬（Psyche）因美貌引起維納斯（Venus）的嫉妒，維納斯命兒子丘比特（Cupid）讓她愛上最醜的怪物。然而，丘比特自己卻愛上了賽姬，並將她帶到自己的宮殿，要求她不能看見他的真面目。在姊姊們的挑唆下，賽姬違背約定，偷偷看了丘比特而導致其離開。為了尋回愛人，賽姬經歷了維納斯設下的重重考驗，最終在眾神的幫助下，與丘比特重逢。

10　編按：普希芬妮（Persephone）擁有絕倫美貌，而黑帝斯（Hades）將其擄走並強暴了她。

11　編按：宙斯對美麗的斯巴達王后勒達（Leda）產生了愛慕之情。他變身為一隻天鵝，接近勒達，並與她結合。不過根據不同版本，這段結合有時被描寫為宙斯對其誘惑，有時則為宙斯強迫與其結合。但皆有神明以權威支配、干涉凡人命運的意味。

12　編按：納西瑟斯（Narcissus）以英俊著稱，吸引了無數愛慕者，但他冷漠無情，拒絕了所有人。被他拒絕的女子們請求涅墨西斯（Nemesis）懲罰納西瑟斯。使他在水中看見自己的倒影並深深愛上了它。他無法將目光從自己的影像上移開，最終因無法得到所愛而亡。自戀的英文名詞 narcissism 便來自納西瑟斯。

13　編按：阿波羅（Apollō）瘋狂地追求達芙妮（Daphne），只不過達芙妮始終迴避、拒絕阿波羅的愛，在被逼到絕境時，黛芙妮向她的父親河神祈求幫助。河神答應了她的請求，將她變成了一棵月桂樹。阿波羅悲痛不已，最終將月桂樹奉為神聖之物。

14　編按：《羅密歐與茱麗葉》（Romeo and Juliet）是莎士比亞的經典悲劇，講述了一對年輕戀人的愛情故事，因家族仇恨而以悲劇收場，諷刺的是故事卻以兩個家族的和好作為結尾。

15　G.B. Shaw, Man and Superman (Baltimore: Penguin Books, 1952), p.163.

讓非個人化成為個人化

我們談到的各個面向中，性欲基本上都是非個人化的。持續進行的關係所面臨的挑戰就是找出興趣與興奮的來源，然後將之帶入關係中的親密分享，讓非個人化的東西成為個人化。當伴侶分享這種私密的訊息，就會變得脆弱、了解彼此，增強他們的親密；這時就比較不會物化彼此。一般說來，伴侶分別會對不同的面向感興趣，所以他們的挑戰就是如何讓雙方都感到滿足。通往這種滿足感的道路就是親密的分享，以誠實、開放、好奇和意願來參與、探索。

當伴侶間更親密時性興奮感就會減弱，因為他們較不會以象徵的方式互動，而會更個人化。性的經驗往往變得較有滿足感，有些人會因為滿足感而有興奮感。這種「親密能量」在臣服時比屈服時（本書於〈再談外在權力與內在力量導向的區別〉中，有更詳盡討論臣服與屈服的差別），更讓人有興奮感。有些人認為這就是他們的性興奮感，並以此滿足。

然而有些人對於失去支配與屈服相關的性衝力感到不滿意，他們會尋求治療或想要改變伴侶。當人想要重燃關係中的性興奮感時，往往需要開發有創意的方式，一起重新探索這些主題。撇開道德的觀點，任何行為或欲望本身都沒有錯，造成差錯的是對特殊的欲望漠不關心。重點在於「一致同意」：為了成長與雙方的益處，關係中的雙方必須同意互動中的各個面向。違反意願和侵犯個人界線，都會把性經驗轉成暴力行為。各人都應該有能力在沒有不利於任何一方的背景下，探索特殊欲望與衝動的意義。

幻想、演戲、感官的刺激，以及一起探討色情故事與電影，都是可能的方式。我們接下來會談到更多可能性，但想要先深入探討縮影的觀念，以更仔細地看一看個別的人如何發展其特殊的性衝力與吸引力。

完美的性對象與性的縮影

性吸引力的要素包括文化和個人兩種層面。每一個社會都有某些被認為具有吸引力的物化典範,因為這些標準是武斷的,所以不同世代、不同地點、不同世紀的典範都不一樣。當前北美文化的女性物化性典範是金髮、健美的身材、長腿、翹唇和豐滿的臀部,這些特徵大多可見於當紅明星與歌手(由於電影無遠弗屆的影響力,世界上許多其他地方的理想典範也愈來愈趨向這些條件)。每隔十年就會有一組新的完美性對象,讓群眾做夢與模仿。男性的物化性典範則是肌肉發達的運動員身材、孩子氣的臉孔、靦腆地露齒微笑、具洞察力的雙眼、結實的腹部,以及不顧一切的態度。男人和女人都被這些明星吸引,盡可能模仿他們。

在個人層面上,性吸引力和個人的歷史較有關聯。沒有人是完全只對男性或女性有興趣。我們同意史托勒的論點,他認為人把童年的未竟之事編寫到自己的性衝力之中,每一個人都有特殊的故事來述說他或她的特定性衝力。如果孩子在成長過程渴望擁有或控制金髮的母親,也許在成人後會對金髮伴侶感興趣;也可能是他發現這個關聯太可怕,反而把興趣轉向黑髮女友。不曾得到父親足夠關注的人,可能選擇身材、氣質類似父親的男人為對象。他也可能在幼時看見父親酗酒,儘管發誓絕不和酗酒的人交往,卻常常發現自己不知不覺就和這種人上床。我們不認為一定有這些關聯,然而確實常有這種情形,所以我們會鼓勵伴侶在探討他們的性欲時考慮這些觀點。

所有文化和個人的故事都被編寫入**性的縮影**(sexual microdot)。我們在〈浪漫期〉一章談過這個用語的演變。人的生活故事會以象徵的方式濃縮到下意識,形成這個人想追求的對象,其對象不是完整的人,只是人的某些部分,或是附屬於特殊類型的人的特質,或是過去著迷的某人所具有的人格特徵。從這個角度來看,性衝力是從早期童年開始直到現在對某些對象著迷與固著的跡象。

性的縮影可以解釋性衝力的廣泛可能性:所欲的對象可能是瘦削或肥胖、

乳房豐滿或乾癟、健壯或孱弱、高或矮、下巴繃緊或鬆弛、皮膚多毛或平滑、指甲骯髒或極度乾淨、說話粗魯或文雅、穿著伐木工人的汗衫或配飾珍珠的黑衣。任何選擇的背後都有許多故事。

　　穿過擁擠的房間，或是走入酒吧短短的走道，或是在教堂長椅的另一端，人能很快就發現自己性衝力的對象，這都是出於內在性縮影的無聲雷達掃描，於是心跳加速，心裡開始幻想各種情節，然後展開追求，希望這個對象屬於自己！追求和擁有的劇本都寫在縮影裡面，可以激發具體的行動以擄獲對方。一旦得到對象，就以各自不同的方式建立關係，每個人互動的特色都不一樣。這些常見的主題為浪漫的詠嘆與快樂提供故事情節；這些主題都源於內在的縮影，反映出各種品味、傾向、希望與渴求。

分享性幻想

　　以下介紹的觀念大部分是與分享性衝力中支配／屈服的主題有關，我們在與伴侶工作的過程中，發現這些主題對於那些想在關係中保持性興奮感的人特別重要。

　　然而，性衝力只是性能量各種表現方式中的一種。人會有每月一次排卵週期的強烈衝動的能量，這是以生殖為目標的設計。也會有感官情欲的樂趣可以觸動所有感官，還有完美外形或優雅儀態的美感刺激。此外，還有超越個人的高峰經驗，讓人臣服於性愛的極樂世界。所有這些形式，包括性衝力，都能被浪漫化成全然的多愁善感。所以我們鼓勵伴侶之間去享受並分享他們選擇的任何能量，由此促進親密的關係。

　　如前所述，這些不同主題的探索需要在一致同意的情形與雙方認可的界線中進行。在關係中，與性衝力有關的擄獲主題可以用性遊戲來表現。如果沒有限度、不尊重界線，個人被毀滅的風險就會轉變成恐懼，而失去性衝力。伴侶

在建立界線後,可以討論、分享、角色扮演,而不會彼此踐踏。親近的關係(或至少是信賴的關係)具有足夠的安全感來冒險,以探討失去自我的危險範圍。少了這種安全感,又沒有經過雙方同意的話,原本在親密關係中令人興奮的行為也可能成為暴力的行為。有了雙方的同意和安全感,才能避免這種情形。

在這種一致同意下,伴侶可以探索新奇、刺激的性遊戲。許多夫妻喜歡互相為對方手淫,有時則附耳細語性幻想。更冒險可能也更刺激的,就是在伴侶面前自慰,對許多人而言,這種方法會讓人面對窺淫和暴露欲望的羞恥感與內疚感。愈被壓抑的事就愈讓人覺得刺激!

色情幻想有許多經典的主題,包括四處旅行的銷售員遇見農夫的女兒、軍人赴戰場前的最後一次約會、教堂裡的牧師和信徒、學生和老師、病人和醫生、遇到強暴犯或擄人犯、下流的匿名電話、偷窺別人脫衣或洗澡。愈是禁忌的幻想,就愈能引發激烈反應。除了上述列出的個人幻想,夫妻在私密的臥房也可以一起想出無窮無盡的情境。雙方的同意與安全感都是必須一再強調的,同時還要事先協議其中一人想停止幻想時可以使用什麼暗語,一出現這個訊號,就必須立刻予以尊重。一旦進行這種探索,某個層面的幻想被喚起、分享或付諸行動時,將來就有可能喚起被壓抑到更深層面的幻想。於是在過程中,每個人的歷史就可以被顯露、表達、受到了解。

還有一個很有意思的面向可能會浮現,就是羞辱或被羞辱的渴望,這是幼時或年輕時受到羞辱的經驗導致報復的需求,包括打屁股或被打屁股、被綁起來、射精在身上的渴望。以匿名的方式打色情電話或進行其他做法,可能具有高度的性衝力,特別是在伴侶有過能明顯控制對方性興奮的經驗時;匿名的元素凸顯了去個人化的狀態。

色情作品在這個時代可說無處不在,網路上、雜誌裡,甚至以隱微的方式出現在電視廣告中。不論常常圍繞著這個主題的是怎麼樣的道德或政治議題,我們都不得不承認色情作品是非常受歡迎的。許多人因為某種或好幾種方式的

色情作品而激起性欲。親密關係中，這不必然會成為問題，即使只有一方對色情作品有興趣，也不見得會造成問題。問題通常在於涉及色情作品時，都是私下、祕密的事，如果丈夫在半夜偷偷溜去上網看圖片，就會在伴侶之間築起祕密的心牆，製造兩人間的距離。我們建議伴侶之間互相分享所有性的祕密，保持彼此同在，以處理尷尬、羞恥與不安全感，以及其中的刺激與熱情。就如我們常說的：「任何被分享的事都可以增進親密感。」色情的內容也是如此，就像其他事情一樣。如果你對色情作品有興趣，我們建議你以脆弱、坦誠的方式向伴侶分享；如果你是接收這種資訊的伴侶，請保持好奇與開放的態度，分享你的感受，包括正向與負向的感受，以更深入了解你的伴侶與你自己。

分享吸引力與性衝力

尋求親密感的伴侶想要在愛的狀態中連結時，最好能辨識和承認所有物化的衝動。聰明、極度複雜的人在選擇性對象時可能非常多樣而奇特。對彼此物化興奮感來源的了解，可以增強親密感，這時，為了擁有更深的親密感，雙方必須都能同意分享內心興奮的幻想，即使對象（過去的或現在的）不是現在的伴侶！這種方式可以使原本非個人化的狀態轉為個人化。分享這些個人化的資訊時，可能會伴隨大量的脆弱感，也可能造成痛苦和憤怒，但這也可以加以分享，以促進更深的親密感。

這種分享中，雙方必須盡可能對自己和對方保持不評斷、不批評（包括對自己和他人）和好奇的態度。當人更加了解伴侶過去的經驗和性傾向，就能瞥見對方內在的權力欲望與匱乏感。在這些時刻，彼此的性衝力常常變得非常強烈，可以將之引入彼此的性遊戲。隨著彼此愈來愈熟悉後，就會開始了解原先是多麼不了解對方，原本所認識的對方只是出於彼此的投射！

坦露這些最深處的物化祕密後，雙方就能共同創造。比如下述的例子：有一天，辛蒂向伴侶透露，她在做愛時常常因為幻想在家裡被推銷員引誘而感到

興奮。山姆沒有說出心中的計畫，有一天，山姆打扮成推銷員的模樣按電鈴，辛蒂開門後，山姆開始挑逗她，進入臥室後，享受有史以來最刺激的性愛！探索彼此的幻想是另一種把非個人化的欲望轉成個人化與啟發性的方法。

我們通常不會建議伴侶在主要關係之外尋找性刺激。對於少數能成功這樣做的伴侶，我們仍建議伴侶要反覆重申維持主要關係的承諾，並嚴格地持續向彼此坦露這些傾向、活動和感受。

性衝力與激情

性衝力的物化、幻想、著迷和強迫性，會產生觸電般的興奮感，伴隨各種層次的自我懷疑與自恨，因為否認了個人性。支配和擄獲別人的欲望會讓雙方都成為受害者，就如沙特所說，這種性欲望注定失敗。[16]

他的意思是指物化的興奮感是重複的強迫性，沒有更新的作用。因此，一段時間之後，就有尋找新的性對象以供支配的傾向，而不會與當前的伴侶有深入的關係。除非說出自己的物化傾向，並在深入親密的背景中加以探索，否則無法達到認識自己與他人的程度。大多數人的分享都很有限，因此無法獲得來自親密關係的所有益處。

另一方面，當彼此分享自己的幻想與物化，就可能發現愈來愈經驗到生命的熱情。他們以更直接的方式和宇宙生命力連結，跳脫彼此的角色、理想化和物化。生活可能變得較不刺激，但更加滿足、充滿熱情；完整的人應該能兼具刺激與滿足。

16　J.M. Russell, "Sartre's Theory of Sexuality," p.41.

屈服與臣服

屈服（submission）與權力有關，是一個人把控制權交給別人，順從別人的意志。別人成為主要的參考點，自己的重要性降低。然而，就像所有的權力結構一樣，支配與屈服的雙方都致力於控制對方，只是看似位在相反的兩極。以存在主義的用語來說，屈服可望經驗到的刺激性衝力在於挑起不存在或死亡的議題──透過意志的終極消解，放棄（或接管）所有責任。先前已看到，屈服與支配的這個主題就是性衝力的興奮感的特徵。

臣服（surrender）的行動是放棄對自己的控制，其參考點只是在自己，不在別人。臣服的人是放下控制或限制自己的企圖，但不是把這種控制交給別人。人為了在社會中求生存或得到獎勵，需要藉由角色、社會習俗與做事的技能，發展自我的控制。這種自我克制對人格的發展非常重要，但同時也會阻礙自發性，並有某種程度的喪失自我感。放棄這種控制（比如臣服）會讓自己柔軟、欣喜，產生再次經驗到自己的新鮮感。

所有關係都牽涉到參與者在屈服與臣服之間的交互作用。這種經驗分量的多寡會決定關係的本質，以及關係中個人成長的可能性。

互相探索性欲的各種面向的過程中，特別是性衝力的面向，會一再出現向自身本質**臣服**的機會。向自己與對方承認自身性欲存在的範圍，可能會經驗到放下控制、心流和欣喜的感覺，有人將之描述為狂喜。

為自己的性興奮感負責

我們認為人要為自身所產生的感受負責，包括性興奮感，所以一個人無法使別人「啟動」或「興奮」。人的熱情和性的興趣其實都是根據生活經驗、想像和個人品味，從自己內心產生的。因此，當人啟動或關閉時，就能對自己有

許多認識，但也不應該在自己沒有啟動時自責或責備伴侶，而是探討為什麼沒有啟動，從中了解自己的限制。

這種態度能紓解雙方必須有所表現的要求。我們不建議嘗試坊間那些能使對方興奮的方式，而是認為伴侶要在對話中探索各自會在什麼情形下興奮。人無法啟動伴侶，但當然能逐漸了解伴侶以什麼方式啟動自己，才會願意並喜歡參與，增強自己的興奮感和愉悅感。

當伴侶在學習自己能經驗到的各種高潮時，這種自我負責的原則是很有益的。雖然雙方同時達到高潮是可能的，但有可能成為一種限制人的理想。雙方應該一同達到高潮的觀念，往往是出於浪漫的想法，認為可以有宇宙性的連結。其實與對方的高潮同在而能有深入的分享，與個人的滿足完全無關。自己達到高潮後再使伴侶也達到高潮，也可以是非常喜悅、興奮和共享的經驗。

陰道、陰蒂和肛門的高潮各有不同的性質，不能說何者較好，這是個人的偏好，要視狀況而定。如果能自由實驗，就能體驗各種不同的高潮。有人說他們可以不用碰觸對方也可能達到高潮！男性每回只能有一次高潮是個迷思，許多人可以在一小時內達到兩次或數次高潮。每一次的高潮常常不一樣，有時較像女伴描述的全身發出快樂的顫動，而不是射精的高潮。有時女性也會有類似男性射精的經驗。男性和女性的高潮都可以和一般人所以為的情形完全不同、更為刺激。

有一種觀念會妨礙人有連續高潮，就是認為只有性器官交媾才是有效的高潮。事實上，最刺激的高潮往往是用手、口或肛門的刺激，或是在伴侶面前自慰。當人在性欲上有創意時，就能在伴侶面前開放地自慰，目睹的伴侶也會覺得愉快、興奮。當一方的性欲比另一方強時，這種方式可以紓解彼此的壓力；並不是每一次性欲的需要都必須結束在交媾或生悶氣！如果男方感到興奮但女方並不想性交時，她可以陪著他，在他自慰時分享他的愉悅，反之亦然。這種方式可以分享性欲而不要求對方配合；每當一方性欲升起時，另一方可以自由

決定要不要。事實上，在這種自由中，常常會因為伴侶的分享而升起性欲。

關鍵在於開放的溝通，任何時候都能持續談論自己的感受，自己想要什麼、不想要什麼。

性欲和生活是同形體

「同形體」（isomorphic）是指「具有相同的形態」。性欲的表現方式可以反映人的整體生活。在性欲中喜歡支配／屈服的人，在生活其他部分也有這些議題。人並不需要把所有性癖好的形式都付諸行動，只要探索吸引力、性衝力或厭惡感在哪裡，就能了解一個人存在的基本模式。所以，性欲可以是自我探索的基礎之一。不論人對性欲的熱情在哪裡，都可以在生活的其他部分找到相應的地方。多年來，我們一直這麼說：

你在性欲中是什麼樣的人，在生活中也會是什麼樣的人。

這句話需要加以解釋一下。我們真正的意思是，你的一生在各個面向，包括性的範疇，都有一些相同的主題與議題，但這些主題在不同領域會有不同的處理。舉例來說，一位在工作中客氣、有禮的人，在籃球場上可能像隻老虎。在一種處境中的順從性可能在別的處境會反映出支配性。支配／屈服的主題在一個人生命中的不同領域會以不同的方式表現。

性欲也是如此。如果你在日常生活中是支配的人，負責照顧每一個人，這不表示你在性欲中也想以這種方式表現。這只表示支配是你生活中的一個主題。事實上，你在性方面可能喜歡採取非常被動的角色，享受由別人負責的機會。

機會

對我們而言，親密與性欲的區分是非常重要的。兩者的混淆會造成許多失望，因為會錯失我們所定義的親密中的可能性，以及性的歡愉和刺激。

透過一起分享獨特的性興趣，伴侶可以強化親密感，更深入地認識彼此。在持續的關係中，伴侶可以經驗到更多的自由，發現性欲牽涉到的所有面向，範疇可以從世俗的褻瀆到神聖的狂喜。他們在這種探索中可以找到成長、自我發現、對自己與彼此的欣賞，和不斷增長的親近感，以及最重要的，在生活中擁有更強烈的個人意義感。

愛的狀態的面向

愛的意義

「愛」是英語中最常用到的字眼。人渴望愛、為愛奮鬥,甚至為愛而死。大家互訴彼此相愛。大部分人假定家人之間必然有愛,但對「愛」的真正意義卻少有共識!說到這個字時,各人都假定自己表達的意思和別人聽見的意思一樣,但事實往往並非如此。由於這種誤解,許多關係注定失敗,所造成的情感痛苦和後遺症都是我們非常熟悉的!我們要澄清一些關於愛與愛的狀態的不同觀念,這是非常有用的。

「愛的狀態」不是一件商品

愛經常被當成商品,可以交換或買賣,或拒絕支付,或用來勒索和控制。當愛被視為某種數量有限的東西時,必然會被小心監管、慢慢花用,以免耗竭。這種把愛視為物品的觀點,本質上是機械化的,認為人只能付出這麼多愛,所以必須當個精明的投資者,以確保自己的付出能有合理的回報。孩子被視為空無一物的容器,必須用愛填滿,將來才能付出愛。父母和孩子都固著於愛的交換模式,好像愛是一種物品,是能用來互相控制的商品。林肯說:「愛,是把孩子綁在父母身上的鎖鍊。」[1]

我們來談談如何分辨愛與愛的狀態,對我們而言,愛的狀態不是一件東西或物品,而是表達情感的**行動**。根本沒有「愛」這種東西,只有**愛的狀態**。愛的狀態是一種過程,並沒有一個可以稱為「愛」的終點,只有**旅程**、人生的發展**課題**,人在其中可以**發現**自己與他人處在愛的狀態的關係之中。愛的狀態是彼此互動中的一種性質,是內在的某種感受,可以用外觀(愛的「樣貌」)和

行動（愛的狀態中的行為）表現出來。

愛的狀態的能量觀點

另一種觀點把愛的狀態視為能量，是人與人之間和諧流動的能量，使人因滋養而成長、得到快樂。相應於這種觀點，就有被愛的需求：沒有回報的愛的狀態會使人耗盡能量。這種愛的狀態的定義，本質顯然仍是機械化的。

我們的觀點很不一樣，我們相信能量不是用來轉讓或交換的，而是一個人內在的能量與另一個人內在的能量在和諧宇宙的脈絡中共振。別人所謂的「愛的連結」，我們將之視為**有意義的彼此連結共振**，所以人沒有被愛的需求，只需要發現和激發自己愛的狀態的共振能量。

當人與人之間調整到同一個頻率時，就會產生共同的振動，人在這種愛的狀態中是敏感而脆弱的，彼此有和諧的意願和能力。能量在他們之間不會像機械化的能量觀點那樣喪失或消散，這種生命狀態可以讓宇宙的能量毫無阻礙地在兩人之間流動，創造同理共感的可能性，彼此相互回應。人在這個過程中，**能認識**自己和對方。愛的狀態不是連結，而是呈現原本已經存在的連結，因為人其實不是分離的。

愛的狀態是彼此有連結

愛的狀態是彼此有連結。我們不贊成過度簡化的格言說：「除非你學會愛

---

[1] Abraham Lincoln, quoted in E.M. Beck (ed.), *Bartlett's Familiar Quotations* (Boston, MA: Little, Brown and Co., 1980), p.524.

自己，否則無法愛別人。」這種觀點其實會導致過度專注於自己身上的耽溺行為，把時間浪費在等待愛的來臨，無法發展自己潛在的豐富與深度。人不需要先被愛；當學會對別人發生興趣時，就會發現自己的感受與回應；彼此學到同理的經驗時，就能激發自身愛的狀態的潛力。他們需要的不是先被愛，而是練習自己的主動性與勇氣，願意冒險進入愛的狀態的關係。

愛的狀態讓人看見自己的防衛、面具與角色，看見原本看不到的部分。愛的狀態不是把兩個人黏在一起的膠水，這是機械化的觀點。愛的狀態是在事物的整體架構中**啟發、揭露、找到**真我的道路。

發展愛的狀態

隨著人的成長與成熟，愛的狀態的意義也會隨之改變。這種改變不是接續出現的，而是累積出來的。嬰兒需要以照顧和保護的方式被愛，長大後，這些需要就較不重要，但並沒有完全消失。愛的狀態的其他意義會逐漸展現，在不同時期表現不同程度的重要性。人愈成熟，愛的狀態的意義就變得愈加廣泛、複雜。

愛的狀態不是固定不變的實體，而是在不同處境和不同時間會有所不同的**過程**。母親懷中的嬰兒所經驗到的愛的狀態，其實與當下共同參與活動的母親所經驗到的是不同的。同樣這個母親對丈夫說「我愛你」時，會帶著不同的意義。同樣這位女性以成人的身分對年邁的父母說「我愛你」時，又有不同的意義。

愛的狀態會隨著成長和經驗而發展，不同年齡的愛的狀態有不同的性質；此外，年紀相同但在不同關係中的愛的狀態也有所不同，所以你會愛披薩、你的狗、莫札特、孩子、丈夫、自己或上帝。雖然在語言中，會用「愛」這個字來描述許多不同的情形，但每一種「愛」都是不同的。愛斯基摩人會用幾十種不同的字來描述不同性質的雪，我們可能也該用幾十種不同的字來描述不同性

質的愛的狀態。

愛的狀態的發展面向

我們相信，在我們與他人、自己、生活之間發展成熟的關係時，會發生接下來所談的愛的狀態的各種面向。

1. 愛的狀態是支持
2. 愛的狀態是增強力量
3. 愛的狀態是啟發
4. 愛的狀態是重視人
5. 愛的狀態是快樂
6. 愛的狀態是認識
7. 愛的狀態是變得脆弱與親密
8. 愛的狀態是接納
9. 愛的狀態是分享
10. 愛的狀態是共同創造
11. 愛的狀態是永恆

請注意愛的狀態的這些面向會反映發展的階段（所以在描述它們時，會把早期經驗的照顧等等也放入其中，以此類推），而且是累積添加形成的，雖然通常是按順序由上往下進行，但這些面向比較像經驗中豐富織錦裡的元素，而不是完全按照順序發生的現象。

任何時刻，根據不同的成熟度，成人具有以許多不同方式來表達愛的狀態的能力，他們會依據自己的個性和環境，選擇他們表現愛的狀態的方式。

1. 愛的狀態是支持

依賴

嬰兒在出生時是無助的，焦慮、害怕、一無所有的嬰兒要依賴雙親或別的照顧者才能生存、舒適、安心。當這些基本的身體和情感需求被滿足時，孩子就覺得被愛。父母以照顧來表達這種愛的狀態，嬰兒則在接受照顧時體驗到這種愛的狀態。

最常被人解釋成愛的，就是這種「照顧」和「被照顧」的基本互動方式。對嬰兒來說，這是必要的交流，因為他們有一種模糊但非常真實的恐懼，如果不被愛就死定了，如果不被愛就可能被拋棄而無法活命。母親和孩子的自然連結會因為**互相依賴的感覺**而加強，不論從身體、情感或靈性的層面來看，這種強烈的連結對孩子都是攸關生死的大事。對父母而言，身體層面較不重要，可是情感與靈性的需求可能比孩子更強烈。

「愛」的這個面向會留存一生。人在成熟後會體認自己有照顧自己的能力；事實上，每一個人獨立、分離、做出個人選擇的能力都會愈益增強。但不論多麼成熟，仍會一直帶著這種嬰兒式的依賴感覺，永遠無法消除。隨著人的成長，可以學會更自由地**選擇**在什麼時間、以什麼方式、對什麼人表達這種感受。

許多被人視為模範的愛情故事把「愛就是涉及需求和依賴」的觀點變成神話，比如羅密歐與茱莉葉的故事。這個偉大愛情故事背後的主題是兩個人沒有彼此就活不下去，他們以「愛」之名犧牲自己。大部分人似乎渴望擁有同樣的浪漫悲劇。

安全感與控制

這種依賴的「愛」是不成熟的，人在其中試圖控制愛的對象，以維持基本的安全感。「相愛」的人有許多控制的方法，討好、操縱、威脅、討人喜歡，或是成為對方不可或缺的人，這些是社會較能接受的控制方式，由此得到安全感。

不論是孩子或成人，這種依賴的「愛」通常會伴隨占有和理所當然的感覺，認為自己「擁有」對方，當擁有權受到威脅時，就產生嫉妒。當人害怕被拋棄時，往往會以嫉妒做為控制對方的方法。

顯然這是**物化的愛**，不是處於愛的狀態。執著於依賴和擁有時，就無法認識彼此，所以無法展開真正的愛的狀態。

討好別人

孩子因為不安全感和害怕被拋棄而學會討好父母，這是日後所有關係的基本主題。成長過程中，孩子持續從外界尋找支持和關注，試圖以討好來保住安全感。進入學校、發展同儕關係時，討好一直都是重要的主題，先是帶著這個主題試圖討好老師，後來則是討好雇主和伴侶。奇怪的是，父母常常因為自己的強烈需求而討好子女。所有這種討好和被保護的渴望都和嬰兒被拋棄的恐懼有關，大部分成人關係的背後都潛藏這個主題。

在親密關係中分享匱乏感

幾乎每一個人都有未解決的嬰兒式依賴，但只有在這種依賴成為關係的核心主題時才會造成問題，因為會使關係受到限制。在發展關係時，這種含有支持性的愛的狀態的主題其實是重要的基礎材料，不但是關係發展初期階段的必須品，而且這個階段還牽涉到個人的脆弱感。互相重視對方時會害怕失去對

方,就好像嬰兒會害怕失去父母。雙方可以藉由互相分享這種脆弱感而走過依賴期,進入更大的自主期。只要一方不試圖以這種匱乏感控制另一方,就可以讓脆弱感的分享成為滋養的時光,互相得到喜悅和滿足。就如莎士比亞所寫的:

愛的慰藉,有如雨後的陽光。[2]

2. 愛的狀態是增強力量

增強力量,不是賦予權力

我們在先前的著作中把這段標題訂為「愛是賦予權力」,後來發現許多人分不清權力和力量的區別。我們現在把「權力」這個字眼的使用限定在「支配、屈服和控制的情境」,人會彼此施展權力。另一方面,力量則來自內在,用來堅持一個人真誠、自主的自己,包括自我覺察和自我負責的選擇與行動,而不是「加諸」在任何其他人身上的力量。我們在〈外在權力——內在力量連續體〉、〈再談外在權力與內在力量導向的區別〉章節中,對權力和力量的區別有更詳細的介紹。

由於發現「賦予權力」（empowering）這個用語會造成混淆,所以我們不再使用這個字眼,改用「增強力量」（enstrengthening）,以表達更清楚的意義。

當人愈來愈被賦予權力（累積權力）,就會更抓緊被他們控制的事。增強力量（內在力量的成長）則來自具體呈現出來的自我感,有自己的觀點、看法、價值觀、思想和感受。表達力量時,不需要反對或遠離任何人、事、物。

信靠自己

孩子成長時會自然發展出愈來愈多信靠自己的技巧，先是抓和握的能力，然後是爬行、走路和說話，這些技巧的掌握能為孩子提供自信和自我價值感（所謂「個人的能力」）。這些技巧發展得愈好，孩子就愈不需要依賴別人而活，孩子逐漸信靠自己時，焦慮和恐懼就會減少。這個過程中，孩子會著急地核對父母或照顧者的反應，因為他們是孩子生存的依據。

孩子會試驗父母，不斷核對父母的反應，看看新發現的獨立能力會得到贊同還是反對。如果父母有被人需要的需求，孩子就會得到訊息，認為向外探索是不好的；這些孩子的情感會一直綁在父母身上，並發展出內疚感而迴避探索和學習的自然渴望。這種過度保護的環境中，父母把孩子當成逃避自己不安全感的工具，自認為對孩子是如此重要，以至於不相信孩子可以自己成長和發展。

孩子年幼時，這種情形往往會出現過度保護的狀況。孩子較大時，父母常常「為了他們好」而訂立規則和告誡，以父母的世界觀綁住孩子，而不是鼓勵孩子發展自己的觀點。孩子把學校課業帶回家時，也常常有這種過度控制的情形，父母往往會建議孩子應該如何畫圖、寫作，妨礙孩子發展自己的創作力。如果父母能說：「你想要做什麼？」而不是「你應該這樣做」，孩子就更能發展自己的觀點和動力。這種父母甚至會鼓勵孩子一步步走向自主和獨立。

不願放手的父母

有些父母本身相信照顧別人就等於是愛，當他們以擁有或控制的態度時，

---

2 W. Shakespeare, "Venus and Adonis" (line 799), in W.J. Craig (ed.), *The Complete Works of William Shakespeare* (London: Oxford University Press, 1957), p.1082.

通常是根據自己所知道的來表現愛的狀態，提供支持、保護和控制；由於這種態度容易造成依賴，所以會限制父母和孩子的發展。這種父母在潛意識層面害怕失去孩子的依賴，孩子知道父母的這種害怕，可能會以好幾種方式反應，比如相信獨立是危險的，而不願取得自給自足的能力；另一方面，當孩子想獨立卻感覺不到支持時，就會產生怨恨、憤怒和反抗。

成人的關係中，彼此的吸引往往是出於支持和被支持的渴望，當其中一方想成長為獨立的人時，依賴關係中的安全感就會受到威脅，於是另一方往往會覺得焦慮、受傷、生氣，可能會指責對方，試圖用某種方式重新控制對方，他似乎無法理解要以愛的狀態支持對方成長為獨立的個體。當人堅持這種控制時，彼此就會疏離，覺得被對方忽略。這種關係的動力往往始於核心家庭中過度保護孩子的父母。

角色

角色是基於期望有所表現而產生的，所以會要求雙方嚴守規則和習俗，而不是重視雙方的獨立和自主。內心匱乏的人為了安全感往往希望伴侶履行角色的要求，而不是探索自己的興趣，例如，丈夫可能期望妻子留在家中做家事，卻不考慮妻子較喜歡外出工作；妻子可能期望丈夫外出工作，卻不顧丈夫較喜歡做家事。處於愛的狀態的成熟個體會樂於見到摯愛的人更能做自己、充滿內在的力量、較不需要別人的贊同。

自主

親密關係中，雙方會認識、承認並學習放下自己想照顧與控制的衝動。當愛的狀態是增強力量時，雙方都被視為獨立的個體；在共有的孤獨中，可以彼此擁抱而不互相倚靠。於是兩個人都能在自己個體化的過程中茁壯。

> 愛是兩個孤獨的人互相保護、接觸和回應。
>
> ——里爾克[3]

3. 愛的狀態是啟發

從混沌到秩序

對嬰兒來說，內在和外在世界的經驗似乎都毫無意義又容易引發焦慮。孩子透過個人能力和技巧的發展，逐漸獲得特殊的世界觀，包括個人的好惡與志向。愛的狀態為孩子提供了**激勵**的經驗，促使他不斷學習，逐漸脫離無知。孩子在有啟發性的事件中感受到愛的狀態，就會有助於他在混沌中梳理出秩序。隨著孩子逐漸成長和學習，就有更廣泛的啟發，這種孩子能愈來愈了解自己與他人。

孩子有學習和探索世界的天性，隨著生命的展現而得到啟發。愛的狀態和這種啟發有關：父母若能看見孩子學習新事物時眼睛發出的光芒，孩子也會處於愛的狀態而發光發亮。好奇是一種天生的功能，父母如果不會欣賞孩子學習的本能，有可能使孩子的好奇心發育不良或甚至喪失。

一生的學習

透過對世界和自己的探索，能讓好奇心不斷發展、愈益增強。生命會提供永無止境的學習可能性，學習和掌握天生的潛力，能讓人得到強烈的滿足感。

---

3 R.M. Rilke, *Letters to a Young Poet*, quoted in *Bartlett's Familiar Quotations*, 15th ed. (Boston: Little, Brown and Company, 1980), p.756.

當人愈來愈做自己時，就會累積內在力量。學習不是累積許多事實，而是在與世界建立關係的過程中，以動態的方式整合和回應，以整體的自己和環境應對。透過學習，人可以在自己與他人的關係中實現自己。

如果能享受學習，就能在一生中擁有充滿啟發的關係，不論是和配偶、孩子、夥伴、朋友的關係，都能如此。這種人會以伴侶的學習、成長、自我實現為樂，自己也會一直擴展視野，學習看見別人眼中的世界。

教條與探索

並不是所有知識都能使人自由。資訊的教導太常以控制和奴役的方式進行，孩子在學校必須贊成和順從老師的教導，這種教條化的知識雖然有用，甚至可能是成功適應社會所必須的知識，卻沒有啟發的作用，只是便於建立和維持角色，卻無法幫助人探索自己。適應這種教條資訊的過程往往會扼殺人的本質。

人到中年，常常有一種表達自我的急迫感，但這時通常早已建立了互相依賴的關係。邁向自我覺察和創造力的衝勁會破壞既有的關係模式，但這種破壞力也能為雙方重新恢復生命力。如果能學習欣賞彼此的創造力和學習，伴侶就能進入具有啟發性的愛的狀態的新世界。

鏡像反映

直接的鏡像反映能促進自主地成長，扭曲的鏡像反映往往發生在浪漫或以權力為基礎的相會。

每一個人成長為個體的過程（**個體化**）就是愈來愈覺察和認識自己。處於愛的狀態的人會以關愛的方式提供資訊、經驗、鼓勵和回饋。以這種方式愛孩

子的父母能體認子女是獨立的個體，在父母和其他人**直接的鏡像反映**刺激下，就有自己成長、獨立的能力，好像花園的植物只要澆水、照料，就能自行成長。但是父母的回饋常常不是出於愛的狀態，而是批評、否定、控制、要求順從，結果會傷害孩子的自我價值感。

父母太常投注於讓子女成為父母想要的樣子，他們關心的往往是社會地位，以及別人對子女的看法（因為會連結到別人對這個家庭的看法），而較不關心年輕人的幸福和學習。有些父母把子女看成延續生命的機會；當父母認為自己的一生失敗時，就可能對孩子有不切實際的期望，想藉子女實現自己未完成的願望。在這種氛圍下，子女被視為滿足父母雄心壯志的工具，而不是有自身興趣、想從自己的角度認識世界的個體。

當父母提供的是**扭曲的鏡像反映**時，回映的意象會讓孩子覺得變小（**凹透鏡**）或變大（**凸透鏡**）；這兩種錯誤的鏡像都無法讓孩子有機會認識切合實際的自我感，也無法和世界建立和諧的關係。父母過度誇讚或嚴厲批評時，孩子都學不到正確的自我評估。

如果給予孩子直接的鏡像反映，從守護者的角色，誠實、不誇張地回饋想法和感受，孩子就能以未經扭曲的觀點認識自己和世界。這種直接的鏡像反映能提供滋養的氛圍，讓孩子有切合實際的學習與啟發。

人在重視直接鏡像反映的關係中，會鼓勵彼此追求更深的自我覺察，並提供愛的狀態與誠實的回饋。可是，大多數關係中，並不是以愛的狀態提供回饋，也沒有關心別人的感受，而是以控制為目的，所以在提出回饋和接受回饋時會帶著怨恨。

> 論到人與所有事物的關係，其價值就是能創造親密……親密會創造了解……了解會創造愛……愛能克服寂寞。
>
> ——安娜伊·寧（Anaïs Nin）[4]

4. 愛的狀態是重視人

重視孩子的方式

父母因為千百種理由生下孩子：為了讓自己找到生命的意義、害怕寂寞、夫妻的共同計畫、想在照顧中找到樂趣、解決內在的永生需求，以及許許多多的原因。抱持不同理由的父母，會以不同的方式重視孩子，每一種方式都會向孩子傳達特殊的情感訊息，這些訊息大部分被稱為「愛」。

小嬰兒從父母眼中得知自己如何受到重視，如果孩子被父母當成財產，就會據此發展行為，很容易把自我價值感建立在討好別人或符合別人期待的能力。如果孩子覺得自己被當作人來重視，就能學會以同樣的方式重視自己。孩子覺得被珍愛時，就相信自己的存在是重要的，其生命在這個世界有某種價值！

占有的愛

有些父母把子女當成自己的財產，他們認為自己「擁有」孩子，孩子的行為必須取悅父母，並沒有把孩子當成個體來尊重，也不重視孩子本身的願望。他們因為順從和成就而被視為「好」孩子。於是，孩子的自我價值感建立在父母被討好的程度，結果這些孩子學會討好所有具有父母權威形象的人，隨著孩子的發展，自我價值感一直與是否討好別人有關，而不是來自內心對自己的評估。

> 你如此愛我，要把我放在口袋隨身攜帶，我將窒息而死。
>
> ——勞倫斯[5]

這種占有的「愛」往往受到高度的重視，許多社會文化上的成就都與此有關。許多人進入關係、生養家庭、努力工作，都是想要這種擁有、照顧、改善他人的生活；這種「愛」建立了安全感的基礎。以這種方式「被愛」的人會覺得自己有價值，可惜這種氛圍裡的自我價值感是建立在別人的評價而不是自己身上。許多孩子無法符合父母、老師的期望，因而終其一生覺得能力不足、自卑、不受歡迎、沒有價值、缺乏安全感，為了得到別人的肯定而任人支配。

角色與理想我

孩子常常被當成**物品**來撫養，必須扮演**角色**（好兒女、優秀的學生、慈愛的父母），很少因為自己身為人的本質而受到重視。孩子被期待成為產品，符合理想我，而不是因為他們的存在（真我）受到欣賞。成長過程因為扮演的角色而得到讚賞的人，容易把自己物化，碰觸不到自己更深層的本質，因而容易自恨、缺乏讓他們回歸生命本質的自我覺察與自我接納。

自我價值感

自我價值感（self-esteem）是成人的核心議題。關係中，許多人只有在得到別人贊同時才覺得有價值，這種依賴場域的人所尋找的同伴是高度尊敬他們、樂於以討好回報的人。這種態度很有用，只是當彼此達不到對方的期望

4　Attributed to Anaïs Nin, source unknown.

5　D.H. Lawrence, *Sons and Lovers* (Middlesex: Penguin Books Ltd., 1948), p.506.

時，就會產生怨恨、憤怒、排斥，接下來通常是沮喪、憂鬱。

然而，人可以學習從人的角度重視自己，這種學習會從父母、朋友以這種方式重視他們的經驗而得到支持。這種人被別人拒絕時，不會崩潰無助，也不會以防衛、暴力、報復來回應，他們能在緊要關頭看清重要的主題：如實看見自己是什麼人，不多也不少。他們容易呈現脆弱，但不會逃避痛苦的感受，能為自己的感受負責，也比較不會責備他人。

重視人

這個面向的愛的狀態是重視角色與成就之外的人本身，關係中的雙方都被視為自主、獨立、完整的人。由於被當作人來重視，不是當成物品，所以兩人之間沒有所有權的問題，而是在獨立中共同成長。

5. 愛的狀態是快樂

在愛的狀態中找到快樂處於愛的狀態的人會樂於看見別人的快樂，父母會被子女眼中閃現的光芒感動，因為這表示孩子與生命連結，父母會覺得快樂、安心、滿足。父母對孩子的照顧多半是在潛意識中由這些感覺決定的，孩子的反應也多半是為了看見父母閃現的光芒。當雙方都有這種光芒時，就進入共同創造的**愛的狀態**。

不過，有一點要特別注意：別人並不是快樂的來源。愛的狀態中，雖然快樂是由對方的存在激發的，但雙方都要為自己的快樂負責。許多人堅信自己的快樂來自別人，只有自己被愛時才覺得快樂，他們感覺不到自己快樂的能力，卻要別人負責。這種依賴場域的人容易用討好的方式控制別人，以避免自己被別人拒絕，結果往往會失去內在的力量與自主性。處在愛的狀態的人會各自成

長，因成長而偉大；每當自己被縮減時，就表示脫離了愛的狀態。

　　兩個人彼此相愛時，愛的狀態本身就是快樂，處於愛的狀態的人在伴侶快樂時也覺得快樂。並不是你的愛的狀態讓伴侶快樂，而是因為雙方是各自不同的人，都能成長和自主地發展，每一個人的快樂都是自己產生的。許多人心中懷著兒時被愛的渴望，因為被愛確實是舒服、快樂的事，可是，更深刻的快樂是**能愛別人**，感受到愛的狀態本身的遼闊與興奮。

　　愛的快樂就是愛的狀態的過程。我們感受到的熱情，比自己引發的熱情，更令人快樂。

——拉羅什富科（La Rochefoucauld）[6]

6. 愛的狀態是認識

坦露與了解

　　當人卸下防衛時，就會向自己和對方敞開。當心牆倒下，雙方就能如實看見彼此，在這個過程中，各自會向對方**坦露**自己。以這種方式了解彼此時，雙方就會有愈來愈親近、和諧的接觸。

　　坦露自己才能讓對方認識你，彼此也在認識對方的過程中坦露更多的自己。認識（recognize）這個字的語源是拉丁文 recognoscere（意為再度知道），當人認識自己的伴侶，就也認識自己，因為人要認識自己的某部分，才能認識別人的相同部分。當了解伴侶是生命的一種展現時，就也能感受到自己參與生

6　François, Duc de La Rochefoucauld, *Reflections*, quoted in Bartlett's Familiar Quotations, 15th ed. (Boston: Little, Brown and Company, 1980), p.293.

命的深刻感覺。在認識彼此時，可以在事物的和諧中對自己的位置有新的了解，完全領會自己和對方及宇宙的合一。生命會因此發光，看見事件中更深的意義：開啟靈性的層面。有些人將此經驗視為上帝的顯現。

每一種關係，從最親近的親子或伴侶，乃至較疏遠的同事和朋友，甚至每天上班搭公車遇見的司機，都是靈魂的交織。這種交織的禮物不只是人與人之間的親密，也是自身靈魂的顯現，伴隨著進入靈魂深處奧祕的邀約。

——湯瑪斯‧摩爾 [7]

7. 愛的狀態是變得脆弱與親密

防衛與角色

孩子發展的過程中，所接受的訓練大部分是為了安全感和生存做準備。於是教育和養育都在促使人防衛，包括：教導如何扮演適當的角色、如何獲得成就、順從權威。孩子學習社交禮儀，配合家庭、學校和教堂的道德規範，學會壓抑情緒、克服衝動、控制自己和別人。於是建立出的關係模式是鼓勵操縱他人和控制自己，以獲得回報。

人有防衛或保護自己的傾向，以確保自己的生存，這是存活的必要條件。心理和情感上的生存與身體的生存同樣重要：失去其一就好像失去全部。每個人都會運用各種防衛以達到上述目的。特殊的防衛對一個人的人格與獨特性有極大的影響，所以防衛系統不但是必要的，也是可取的。

可惜這些確保生存的防衛也會阻礙自己的全然表現，全然展現自己的人會受到責備、排斥和遺棄。對孩子而言，這種排斥有如生存受到威脅；成人在面對可能的排斥時，往往仍有極大的焦慮，可能是來自早年的經驗。所以人會學

習以角色運作，雖然有利於生存，卻需要關閉或壓抑身體的能量，自己被「放入冷藏室，暗中懷著重生的願望」，[8] 以避免他人的評斷和可能的排斥。這種人很難對別人或自己誠實，在人與人的互動中很少表現出脆弱。

放下，進入脆弱

如果想要有個人的成長（探索生命的必要意義），每個人終究必須**放下防衛**，才能體驗自發性，去感受生命的外在限制和內心世界的豐富。這種情形只發生在放下防衛或是讓防衛透明化，或將之全然拋棄時，也就是呈現**脆弱面**的時候。

孩子在一開始就是脆弱的，面對生活的威脅與多變，孩子立刻發展出必要的防衛與角色，否則就會被視為有缺陷或無能。遺憾的是，社會壓力會讓年輕人掩蓋他們的純真，但在愛的狀態、誠實、親密、分享的關係中，仍有可能重新獲得失去的純真。

愛的狀態是提供脆弱

愛的狀態就是提供這種脆弱，開放地呈現自己，純真而沒有狡猾和控制。人在這種愛的狀態裡，就有能力體驗最真誠的自己，不需要自我設限的防衛，那是一種清新、開放、歡愉的情感狀態。自己變得開闊，能夠體驗到自己的疆界向外擴展。這時會出現一種罕見的契機：重新認識自己，全然活在**當下**，跳脫所有防衛。

7　Thomas Moore, Soul Mates: *Honoring the Mystery of Love and Relationship* (New York: HarperCollins Publishers, 1994), p.259.

8　H. Guntrip, *Psychoanalytic Theory, Therapy, and The Self* (New York: Basic Books, 1973), p.152.

成為脆弱的人

親密的人會渴望向對方分享自己，被對方認識。可是，想被認識就必須去除慣性的防衛和角色。當人進入成年期時，這些防衛大都已經根深柢固，將之去除是非常困難的事，幾乎是不可能的任務。

當人以沒有防衛的方式呈現自己時，就可以與別人有親密的接觸，沒有心機、欺騙或操縱，他們的關係是真誠的，他們的愛的狀態包含極度的脆弱。在這種處境中，可能會覺得焦慮、不確定，但也是活在當下、自我坦露、可以產生真實接觸的處境。

少了脆弱，關係就只是角色和慣性的行為，並沒有真正認識彼此。許多婚姻和長期伴侶關係就只是兩個角色的相處，他們可能不曾彼此坦露自己。透過脆弱，就有個人成長的可能，這種愛的狀態讓彼此有認識和親密的機會。

這種愛的狀態發生在整合期及之後的階段。浪漫期和權力爭奪期的脆弱極其有限。當脆弱增加，伴隨著對自己和他人的好奇，就更完滿地開啟整合期的狀態。

由愛掌管之處，就沒有權力意志；由權力支配之處，就沒有愛。愛與權力互為對方的陰影。

——榮格[9]

8. 愛的狀態是接納

接納

以角色和義務為主的關係中，雙方不夠了解彼此，還不足以體驗接納愛的

狀態，當雙方進入更為好奇、較少防衛的整合期，就能認識角色和物化的局限意象之外的彼此。當他們向彼此呈現這個部分時，就能擁抱、接納原本不認識的部分。當好奇、覺察、承認的過程成為關係中一致的主題時，就能愈來愈認識和接納自己與對方。接納自己與對方的過程愈來愈深入時，就會不斷產生新的成長、覺察和進一步的接納。隨著關係的成熟，雙方就會愈來愈個人化，也更個體化。

超越權力爭奪

在權力爭奪期，雙方會隱藏在防衛和角色之後，無法認識彼此，所以沒有多少機會接納自己或對方。這時會僅持在指責、內疚和輕視的狀態，缺少好奇。當能超越對錯的限制，接納雙方的想法、感受和態度，就會開啟全新層面的愛的狀態；他們會愈來愈願意在彼此坦露中承認這些部分。這個過程讓人能克服指責造成的限制，進入更深層愛的狀態的接納；同時，這個接納的過程也能克服自恨，使自我價值感得以提升。

伴侶在相互接納的對話中，能接受當前的處境，而不是抱怨或想要有所不同，他們可說是「捲起袖子」全然投入關係，不論發現什麼，都會有興趣。這種好奇和願意面對任何轉變的態度，正是整合期的特徵。當關係加深，彼此愛的狀態的接納就會更完滿，並包含接納自己與愛自己的狀態。

---

9 C.G. Jung, The Psychology of the Unconscious, vol. 7 (1943), quoted in Bartlett's Familiar Quotations, 15th ed. (Boston: Little, Brown and Company, 1980), p.755.

9. 愛的狀態是分享

> 美好的婚姻是兩人都委任對方做自己孤獨的守護者。
> ——里爾克[10]

處在關係早期階段的伴侶，往往會以物化彼此來防衛，兩人都隱藏在防衛和心牆之後，沒有真正的對話。當他們開始經驗到整合期時，好奇就會大過防衛，坦露多於隱藏。在探索與好奇的氛圍中，他們會彼此坦露，既脆弱又堅強。雙方都更加個體化、更為自主，但更加親近彼此，因為他們能接納彼此的獨立性。當伴侶願意彼此開放、表現脆弱，不受期望、指責、內疚或防衛的限制，就能以處在愛的狀態的方式分享感受。

照顧對方，或關懷對方

分享如果期望回報，就不是愛的狀態。父母為孩子做事常常是為了控制孩子，要他們聽話。這並沒有錯，不但合理，甚至可能是重要的。這是為了未來而訓練孩子的方式，也是控制行為的方法。這是**照顧**孩子的元素。可是，孩子長大後，父母就應該以更多的**關懷**取代這種照顧，才能漸漸脫離「父母」的角色，從人的角度與孩子相處。

避免一直固著在照顧的角色，內心才能愈來愈自由，也更能與他人分享自己；這在主要的親密關係中特別重要。彼此照顧會把人簡化成依賴的對象，扼殺個人的成長，造成停滯、壓抑的關係。關心對方則是尊重別人的個體性，當父母以這種方式愛孩子時，就能以對方這個人為樂，為了逐漸浮現的個體化自我而高興，同時也更以個人化的方式分享自己。主要關係中的伴侶能分享而不依賴時，就會體驗到真正的交流。

個體化

當伴侶以這種方式分享時，就會表現更多的自己、愈來愈個體化；雙方是獨立的，又對彼此敏感。他們不需要為了成為個體而疏遠，而會透過**相互交融**（獨立自主的人交融在一起）而保持親近的互動。當分享出現問題時（大部分家庭都有這種情形），孩子會為了成為**獨立的個體**而需要反抗。分享有助於建立界線和自主，照顧和義務則建立心牆和依賴。

任何事只要一經分享就能強化親密，例如，以負責的態度分享憤怒，不因為自己的憤怒指責別人，維持在界線的範圍內表達情緒而沒有暴力或控制的威脅感。嫉妒、占有、內疚、責備、期望、怨恨和性衝力，都可以用這種方式分享，促進彼此的親近。

學習分享

學習分享可以幫助人跳脫既有觀點的限制。我們可以學習認識伴侶擁有完全不同但令人信服的觀點。透過分享，我們能學會真正的傾聽，聽見對方所聽見的；同樣地，也能學會新的看法，看見伴侶的觀點提供了什麼洞見。雙方由此就能成長，跳脫兒時自我設限的自戀態度，發展更成熟、同理的反應，敏銳地了解彼此的感受與觀點。

我們所做的，不論多麼良善，都無法獨力完成；所以，愛拯救了我們。

——雷因霍爾德·尼布爾（Reinhold Neibuhr）[11]

---

10 Attributed to R.M. Rilke, source unknown.

11 R. Neibuhr, *The Irony of American History* (1952), quoted in *Bartlett's Familiar Quotations*, 15th ed. (Boston: Little, Brown and Company, 1980), p.823.

10. 愛的狀態是共同創造

> 我所知最引人注目的創作者就是以生活本身為媒介的藝術家……他們表達出難以言傳的內容，不需要畫筆、鐵鏈、黏土或吉他。他們既不繪畫，也不雕塑，他們的媒介就是生命。只要他們一出現，不論碰觸什麼，都會為生活增色，他們觀看，並不需要作畫，可說是活生生的藝術家。
>
> ——史東（J. Stone）[12]

在共同創造期，雙方會分享一起投入生活時的接納與覺察。在這種愛的狀態中，兩人的生活會與周遭的人產生動態的互動，成為創造的過程，不只產生細膩的藝術作品，也會在生活的所有面向產生創造力（比如「耀眼」的室內裝潢或烹飪的品味）。這種共同創造的跡象會展現在工作、家庭生活和休閒活動，在活動和彼此的互動中呈現非凡的生活品質：新奇、鮮明、活躍，甚至在小事也看得出來。在關係的相互性中，這種人會把生活的每一部分都當成創作。

關係裡的靈性小孩

當分享愛的狀態時，會創造一些新事物，有人稱之為「結合力」（bond），有人稱之為「靈性小孩」（spirit child），這些名稱都是企圖描述某種難以言說的東西。在這種相互分享、關懷、坦露的脆弱狀態中，各人會更全然地與對方同在，單純地獻出全部的自己，沒有心機，體驗到自己的遼闊與真誠，清新而沒有防衛，彼此有默契地同步；有人說好像是一種「靈魂的結合」，就好像界線完全消融，兩個獨立的人合而為一。

事實上，臣服於愛的狀態並沒有去除兩人之間的界線，而是更清楚地界定界線。當我們體會到人與人之間不可能完全融合時，往往會感到椎心刺痛。每

個人始終是獨立的,然而雙方可以更清楚地了解自己,也更親密地了解彼此,這是真正的**認識**。由於如此深知彼此的經驗,以至於分隔的界線似乎消失了,合一似乎是可能的。這是兩人分享**愛的狀態**的特徵。

在你們的共處中保留空間。

————紀伯倫(Kahlil Gibran)[13]

共同創造的啟發性

共同創造的人所做的事和兩人在一起的方式,會影響他們的環境與一起工作的成果,別人不但能認識這種愛的狀態,更會深受影響,也會得到啟發而在其個體化和分享中進入自己愛的狀態的課題。

所有人都喜愛充滿愛的人。

————愛默生(Ralph Waldo Emerson)[14]

11. 愛的狀態是永恆

摯愛的人永不逝去

財產很快就會被遺忘,人卻難以被遺忘。自己緊緊抓住的事物,即使看起來有很高的價值,也會自然消逝;但被愛的人會成為動態關係的一部分,雙方在其中被轉化。彼此擁有的部分如果與愛無關,將會逐漸消失;可是愛的狀態

12　J. Stone, "Artists," www.jstonecards.com.

13　K. Gibran, *The Prophet* (New York: Alfred A. Knopf, 1966), p.15.

14　R.W. Emerson, "Love," *Essays: First Series* (1841).

中曾有的**精髓**永不逝去。

這種愛的狀態並沒有把一方的個性強加在另一方身上,而是像音聲相和的兩種樂器,當對方出現時,就能呈現原本沒有的和聲。人不會因為愛的狀態的互動而**改變**,而是**喚起**自身本性的豐富。發生這種情形時就不可能將之破壞,因為和聲是永恆的,不受時間限制。

所以,當一方死亡時,愛的狀態並沒有停止。其實愛的狀態的強度往往因為形體的毀滅而增加。一位朋友的兒子因為車禍驟逝,我們問這位朋友:「妳現在是否感覺與失去形體的他更加親近?」她先是被我們的問題嚇了一跳,可是幾天後,她說這個觀點對她有很大的幫助,讓她了解自己與兒子的連結並不在於形體的存在,或是期待他重返人世;她發現自己對兒子的愛的狀態是永恆的。

我們兩人一起變老時,就要面對這一點。我們一直把死亡當成討論的主題,不但自己討論,也與子女和朋友討論。我們想要在彼此還在一起時,就面對這個充滿挑戰的前景——兩人中有一人會先離世,而不是等到死亡發生之後才去面對。

愛的狀態的和諧

我們同意中國哲學的觀點,認為基本的生命能量與時空無關。當人更真誠時,就會連結到宇宙的共振,也連結到生命的一切。所以,人的本質是永恆(不受時間限制)和無限的(不受空間限制);我們同時又是獨特、有限的個體。這是人在靈性深處的本質:每一個體雖然終有一死,但都參與永恆和無限。

愛的狀態

284

宇宙性的愛的狀態

我們在〈共振與愛的狀態的本質〉描述的「共振模式」中，宇宙的共通波動能量可以被稱為「上帝」（也可以稱為道、宇宙能量或宇宙性的愛的狀態）。個別的人以獨特的生命出現，從宇宙的能量之源散發而出。每個人在時空中都是分離、獨特的，但必死之軀是永恆過程的展現。當人碰觸到自己的真實本質（透過自我疼惜、呼吸、與他人對話），就會和宇宙性的愛的狀態和諧共振，他們在其中都是永遠相關的。「愛的狀態是永恆」就是承認一切都是一體的。

我們認為這是愛的狀態的**超個人**層面。當伴侶發現更多的自己和彼此，就會在欣賞雙方展現出的獨特性與完整性中得到**轉化**（transformation）。這**不是**超脫身體、不認同俗世存在的**超越**（transcendence）。透過在相愛關係中對話的嚴峻考驗，能讓每個人的素質都得到轉化。這種愛的狀態是和宇宙能量的**重新結合**；雙方會經驗到深刻的親近，並不只是和自己與對方親近，而是和生命的一切親近。他們透過彼此的相遇，與萬物和諧地重新結合。

超越時空的連結

當人向自己與伴侶更充分敞開時，就開始瞥見更深的層面，看見人與人其實是連結的，不受時空限制，所以愛的狀態是永恆和無限的。永恆之愛的狀態的經驗會揭示自己和宇宙整體連結的**真相**。當人與生命一起振動時，就能跳脫使人分隔的社會角色：膚色、種族、教義和社會階級；在這種**重新結合**中，就會發現自己和生命本身是合一的，重新連結到和諧的宇宙振動。有人稱之為上帝，但我們不認為必須以這個方式來稱呼。

如果能在一粒沙中找到全世界，就也能在生命的微小之處中找到靈魂本身，命運在此交會，心與心在此交織。

——湯瑪斯·摩爾[15]

全然活在愛的狀態中的人

人在成熟的關係中，會經歷本章描述的愛的狀態的諸多面向。在彼此的對話與欣賞中，這個課題會持續發展、永不止息。在我們友誼的起點，煥祥送給基卓下面這首詩，從此之後，這首詩對我們兩人就一直具有永不止息的意義。

向一位朋友致謝

你先是用我覺得陌生的方式愛我
就好像羽翼未豐的小鳥對氣流感到陌生，
給我支持卻不要求我拍動雙翼。
當我信賴你，
當我不由自主以全人信賴你，
你以信賴接納我的信賴。
你接納我的愛和我的依賴
對你信賴的人充滿信心。
你教我看你的前面，看見你所看見的，
聽見你聽到的聲音，讚揚你所讚揚的聲音，
那是你的聲音，還有我的聲音。
我飛入完美之愛的靈魂之流
哼著真愛的朝露之歌
永遠品嘗生命樹的果實
因為你愛我卻不占有我，

因為你沒有努力說服我，
因為你屬於我所屬的生命
你深知我們同屬的生命，也讓我得以深知。
現在，我心中的感謝
可以放在金杯中
獻給你嗎？
這只是：你過去付出，現在又付出的，
我也付出，而且永遠付出。
因為它與你同在，也必與我同在。
所有可能知道的，而且是歡樂的知道，
就是真正朋友的價值。

——布萊克（Theodore Black）[16]

15　Thomas Moore, *Soul Mates*, p.259.

16　Attributed to Theodore Black, source unknown.

和諧的花園

花園如果只有一種植物,就很容易照料、維護,可是會令人厭煩。所幸花園有各式各樣的人來撒種,各人帶著自己成長的願望與需求。如果只有一種澆水或施肥的方式,就無法照顧所有植物。有些植物(如黃瓜)需要較大的空間以供攀爬、蔓延,其他植物(如紅蘿蔔)種下後就在原地生長;有些需要在陽光下生長,有些需要在陰影中蔓延。發展均衡的花園會為每一種植物的需要提供理想的機會。

良好的關係就像花園一樣,會為各人的需要提供不同的條件。有人可能喜歡私自獨處的時間,另一人可能喜愛社交聊天;一個人喜歡古典音樂,另一人可能喜歡激烈的搖滾樂。重要的是能體認沒有任何人的選擇是錯的,只是彼此**不同**罷了。人通常會因為差異而覺得不安全、受威脅,所以常常把相異之處評斷為差錯,然後用一連串顯著或隱微的策略想要改變別人,而在關係中形成許多權力爭奪。這種爭執想達到的結果是要一方放棄自己想要的東西,以對方想要的為主。

蕪菁渴望整個花園都是蕪菁,通常和蔬菜(比如紅蘿蔔)在一起會覺得比較自在,以為彼此相似才能唱出甜美的和聲。花園裡出現其他族類會造成緊張狀態。當差異愈大時,就覺得聲音愈刺耳。

然而,任何關係中都有許多差異;和聲有時會顯得刺耳。一開始,雙方會投入大量精力想要改變對方,為了和睦相處,其中一方(有時甚至是雙方)會**妥協**,放棄自己想要的。在這種情形下,放棄的東西會深埋內心,產生無法明說的怨恨,就像膿包裡的膿液,最後必然會爆發。伴侶之間或國際間以這種方式訂立條約,以取得暫時的和平,短時間內,雙方唱出相同的歌曲或某種和音,卻為下次的危機埋下伏筆。

愛的狀態

除了屈服於對方的願望，暫時哼出討好的和聲之外，其實仍有可能讓雙方繼續唱出各自的曲調，起初似乎刺耳，但後來可能擴大自己的視野，欣賞不同旋律和差異產生的刺耳和聲。這種欣賞並不是出於**忍耐**，否則表示仍然認為對方是錯的；欣賞是為了真正地接納和喜歡不同的和聲。

理查‧伯恩斯坦（Richard Bernstein）說：「深深執著於自己的文化，是阻止不同的人彼此了解的原因之一。」[1]

煥祥：我年輕時非常不喜歡巴爾托克[2]所作的曲子，我覺得他的音樂刺耳、令人不舒服。在我心中，貝多芬和蕭邦才是真正的作曲家，因為我喜歡他們的和聲。巴爾托克錯了！但我後來知道有許多人欣賞巴爾托克的音樂，才開始懷疑他的音樂可能並沒有錯，也許錯在我不會欣賞！我這樣想以後，開始一遍又一遍聽他的音樂，想找出喜歡的部分，經過一段漫長而艱難的過程，開啟了我的視野，讓我能欣賞更多不同的音樂。我沒有窄化自己的世界，而是學習擴大視野和覺察力，以整合各種不同的經驗。這是從巴爾托克的音樂開始的，但直到今天，我對他的音樂的喜歡程度還是很有限！

我們的世界愈來愈注意**多樣性**，可惜通常是從政治觀點的角度，而不是從人的角度來看多樣性。在權力的世界，多樣性會製造階級制度，某些差異較受到歡迎，有些則否。民主社會或家庭都是由多數人掌權，可是少數人會用怨恨和受害者的伎倆反擊，他們的立場是要矯正掌權者造成的錯誤。就像法國大革命，一開始的理由是出於善意，卻經歷偏移（dérapage）的過程，[3]結果逐漸轉向相反的方向。同樣地，始於善意的關係常常從健康有益的意圖墜落成破壞性的氛圍。如果對重要的問題置之不理，就像把灰塵掃到地毯下，而不是攤開

1　Richard Bernstein, *Dictatorship of Virtue* (New York: Vintage Books [Random House, Inc.], 1994), p.6.
2　譯註：巴爾托克（Bartok, 1881-1945），匈牙利鋼琴家和作曲家。
3　Ibid., p.3.

來討論、加以重視,特別會出現上述情形。

關係的這些原則可以直接應用在世界舞台。幾百年來的歷史顯示條約不能確保長久的和平,經年累月後,受壓抑的敵意會爆發出來,等待訴諸武力的藉口,使原本以為的安全世界陷入爭鬥。其實,長久的和平是不可能的!因為和平是建立在忍耐與沉重的道德規範上。如果把追求和平所耗費的資源、時間和精力轉移到拓展各方的意識,可能會有更大的收穫。真正欣賞不同的和聲,才能讓世界各種不同的旋律得到安身之處。

健康的花園會充滿各種顏色、形狀和大小的植物,健康的關係也是如此。如果每一個人(或團體、國家)都有完整的界線,就可以吸收陽光,具有可以與別人不同的權利。用否認與壓抑製造出的相同性會導致未來的衝突。我們心中最好能為差異留下空間,而這個空間必須透過意識的擴展才能延續。與差異和諧共處能引發我們的好奇心,而不是害怕與評斷。只有不斷顯露這些差異,我們才能擴大尊重的眼界。關係中的這種態度能促進成長與內在力量,讓我們的視野得以拓展,這就是健康的關係花園。

在彼此全然的關係中經驗到奧祕又自然升起的愛,能轉化我們的視野,不只看見摯愛的人,也看見整個世界。

——艾倫・瓦茲(Alan Watts)[4]

---

[4] Alan Watts, Nature, *Man and Woman* (New York: Pantheon Books, 1958), p.29.

健康與療癒

我不是機械，一個不同部件的組合物。
我也不是因為機械的運轉出了問題，
　　所以生病了。
我病了是因為靈魂受了傷，
　　那深層的情感我受了傷
而靈魂的傷口需要很長、很長的時間，
　　唯有時間能癒合它
還有耐性，以及某種崎嶇難行的懺悔之道
漫長、艱辛的懺悔，以了悟錯誤的人生
　　從中解脫
不再永無止境地重複這
全人類選擇去認可的錯誤。

　　　　　　　　　　　　　——勞倫斯（D.H. Lawrence）[1]

---

[1] D.H. Lawrence, *The Complete Poems of D.H. Lawrence*, edited by V. de Sola Pinto and W. Roberts (New York: The Viking Press, 1971), p. 620.

在病症與健康中學習

疾病不過是異境下的生命狀態。

——魯道夫・菲爾紹（Rudolf Virchow）[1]

病症的受害者

亙古以來，人類便試圖避開自然界的危險和不友善的環境，好能健康地活著。既然人類可能正因為如此才存活了下來，這麼做往往便是明智之舉。與此同時，懷著危機感和不確定感的人類，也對可能會恣意傷害我們的強大靈魂和神祇產生迷信。近幾世紀以來，科學研究發現了許多可能危害人體健康的病原體（細菌、病毒及化學物質），於是人類也對這些存在物產生了許多迷思；從某個角度來看，它們已然成為我們現代的魑魅魍魎。合理的防範與偏執之間的界線經常因此變得模糊不清。

在與環境的關係中，人們經常置自己於一種偏執、對立的立場，有時也因此帶來一些嚴重的後果。比方說，我們可能會認為除非採取一切措施來防範病毒的侵害，否則就很可能會罹患感冒；並因此把它們當成無視於我們的健全與福祉的侵害者，而把自己當成可能的受害者。過度擔憂這些外力，可能會讓我們避開所有可能的感染源，包括其他人，或大張旗鼓地清理環境。這種偏執的態度似乎愈來愈普遍；因為這樣的觀點，人們需要時時保持警覺，以免病痛上身。他們加強自己的防禦力，免得被這些無所不在的有害物侵入；這麼做的同時，他們也在自己與環境之間製造了愈來愈嚴重的疏離。

---

[1] Rudolf Virchow quoted in K. Menninger, M. Mayman and P. Pruyser, *The Vital Balance* (New York: Viking Press, 1963), p. 41.

另一種選擇：罹病的責任與意義

許多這些「敵人」是無所不在的，它們在我們身邊與我們和諧共存，甚或安逸地隱藏在我們體內。感冒病毒就是一個簡單的例子，大多數人喉嚨裡經常都帶有這種病毒，但為什麼我們只在某些時候感冒呢？一般的說法是，病毒一直都在伺機「入侵」我們的身體，也許是當我們太累或吃錯東西時；另一個可能是，感冒不見得是壞事，因為它導致的無力感可能對我們有利。也許感冒可以讓我們名正言順地休息，要不是感冒，即便我們非常需要休息，也可能會因為良心不安而繼續工作。

當然，我們自童年起就知道無助可以帶來許多次級利益——我們可以得到注意力，或偷懶、不必上學或工作，甚至還能吃到特別的食物。有沒有可能即使我們長大了，還眷戀著感冒帶來的各種福利呢？

如果我們承認這一點，或許就能為自己的疾恙負責，而不是把自己當成它的受害者。也或許我們會承認自己需要休息，然後休息，而不必把感冒當作休息的手段！

我們應當為自己的疾恙負責，這個觀念或許能說明一些看似費解的行為——為什麼肥胖的人繼續暴飲暴食、酒精中毒的人繼續喝酒，或患有心臟病或肺氣腫的人繼續吸菸，即使這些行為是在殘害他們的生命。雖然這些人可能認為他們是這些癮症的無助受害者，但他們似乎也從這些症狀中得到了某些利益。也許肥胖的人試圖填充自己的身體，是為了迴避親密關係；也許酗酒的人是因為害怕面對失敗的可能性所以喝酒，這樣就不會有人對他寄予厚望；也許吸菸的人是在試圖控制他的情感，因為表達真實的感受（例如憤怒或熱情）可能會把別人嚇跑。無論需求是什麼，身體都會配合，以一種病程的症狀來滿足他特有的需求。因此，每當一個人出現症狀或被診斷出罹病時，或許都有一個潛藏的意義有待挖掘。身體會告訴我們嘴巴不能或不會說的！

利用症狀來安頓自己

人要面對的其中一個課題就是找到自己的定位，為自己打造一個世界。深陷於不安與焦慮的人類，苦心孤詣地尋求某種可靠的保障。不可思議的是，許多人是在苦厄中找到了安定感。生病雖然不好受，但他們會逐漸熟悉這些過程，甚或不願擺脫他們的症狀，因為害怕一旦脫離了所熟悉的生活方式，就會感到無所適從。人雖然不樂於受苦，但它是可以預測的、是熟悉的。因此，疾恙和各種症狀以及其他苦厄，就可以讓一個人找到自己的定位。

氣（能量）和固著的概念

古代中國人認為生命力是一種能量，稱之為「**氣**」。[2] 他們認為這股生命能量是在受孕時形成的，長存於一個人體內，直到這個人死亡。在人的一生中，**氣**不斷在經絡裡流動；氣的流動模式構成了能量基體（matrix）或能量體，也就是一個人的生命基模。這個能量體是放射性的，會顯現在一個人的各個層面——靈性、情感、身體、智能，甚至會超越個體，影響周遭的環境。在古人的觀點裡，如果能量在基體裡的流動是平衡且和諧的，這個有機體就能運作自如，沒有病痛。能量體裡的鬱滯會干擾**氣**的流動，影響其和諧與平衡；這個現象會以失調或疾病的症狀體現在各個層面。每個人多少都有氣鬱的現象；導致特定人格特質的潛在因素，就是這些鬱滯模式。如果氣鬱現象惡化或持續很長時間，就會以疾病的形式體現出來。就能量的觀點來看，我們並不止於自己的皮相以內，我們與其他人的能量模式以及自然界，始終都在充滿動能地相互作用著。一如人會生病，環境也會生病。人類的活動導致大氣層含有過量的二氧化碳，就是一例。

2　D. Connelly, Traditional Acupuncture: *The Law of the Five Elements* (Columbia, MD: Center for Traditional Acupuncture, 1979) and our own *The Illuminated Heart: Perspectives on East-West Psychology and Thought* (Gabriola Island: The Haven Institute Press, 2012), Part IV.

既然氣鬱現象是生活型態和態度的產物，每個人就都應為自己的疾恙負責（但不是自責）。生成和維持氣鬱的，也許是下意識的過程；雖然個人覺察不到這個過程，但在某種程度上，維持鬱滯模式、讓它體現為疾病的，畢竟是他自己。

　　這與存在主義的觀點一致：人可以選擇如何面對自己的人生境遇。所以，人應當為自己的健康或不健康負責，因為那是自己選擇的生活態度所促成的。無論疾恙出現在哪個層面——感、身體、靈性、智能或環境——人都應當為製造和維持那些反映疾恙的模式負責。重申一次，負責並非自責；負責只是承認自己是這個過程的參與者。願意為自己的健康狀況承擔責任，一個人就能克服和擺脫病態模式，進入健康和開放的生命狀態。他會在這個過程中意識到自己的動機和固著，進而對自己隱密的生命面向有較多的發現。

　　中國人的能量理論有一個中心思想，那就是生命的不同層面實則是一體的。互補醫學療法講求的就是「身心」合一，完整地說，應該是「身體、心智、情感、心靈、環境」合一。身、心、靈、情、境表面上的分立，反映的是我們特有的人類觀點，它是我們的神經系統和生命機制的一個產物；但在基底層次，我們的不同「部分」是密不可分地彼此相連，它們就是彼此。一個層次的病症會顯現在其他層次上，因此，從這個觀點來看，沒有所謂的生理疾恙，它們與心理鬱結是無法分割的。靈性上的問題會反映在心智狀態、身體，當然還有環境上。一開始，病態會顯現在其中一個層面，但也會逐漸地擴散到其他層面，因為它們是一體的。接下來，我們要分別討論不同層面的固著，但切記，它們其實是一體的。

情感上的固著

　　不願表達情感，會使得一個人的能量基體產生阻滯現象，致使氣的流動陷

入混亂模式。這些受阻的模式會以病症的形式體現在其他層面（身體的疾病、心理或情緒障礙、心靈上的鬱結，或環境的破壞，如水和空氣的汙染等等）。退縮、壓抑及否認等等都是抑制情感表達的機制。情感受到壓抑時，呼吸會變得侷促；學會深呼吸，將肺部填滿，人們就比較能夠表達他們的情感，也比較能與自己相連。覺察到這些機制的本質，一個人就能學會去表達而不是壓抑情感。情感愈能流暢地抒發，生命能量就愈能順暢運行，治癒力和覺察力也會隨之提高。人經常會遇到覆蓋在堵塞情感之上的層層恐懼，不去逃避那些恐懼，人們就能讓那些情感浮現；與其壓縮自己，人們其實可以開放地迎向更多的學習，從而成長。

身體上的固著

病症也會在身體層面生成並延續。缺乏運動會導致精神萎靡和疾病，但一個人若是懷著強烈企圖心，目標導向地從事某些運動，也可能會讓身體處於緊繃狀態，進入一種特異的模式，導致能量受阻和鬱滯。這些身體上的阻滯相當於一個僵化的能量基體。目標導向地投身運動往往會延續這種僵固的模式；注意，造成阻滯的是目標導向的心態，而不是運動本身。表達式的運動，如自由揮灑的**太極拳**和自由創作的舞蹈，通常能促使能量順暢地流動。任何運動只要能讓一個人發揮創意地表達自己，都可以幫助人敞開自己；任何目標導向的活動則會引發收縮反應。不過，如果某些人是屬於目標導向類型，一味地否定自己的傾向也是不智的；實際上，即使在力圖達到目標的同時，人們也可以學習讓能量流動得更順暢。

能否維繫暢通無阻的健康狀態，也取決於一個人所攝取的東西。均衡的飲食可促進健康與成長，不當的飲食則無法提供必要的營養。酒精、尼古丁和其他藥物的濫用也會造成堵塞，限制本然的自我表達能力。

靈性上的固著

疾恙也可體現在心靈層面；心靈層面的鬱悶同樣會引發病症。維克多・弗蘭克（Victor Frankl）說：「探索意義，是人生中的一個根本動力。」[3] 創作可以讓人們突破自我的局限，去表達生命的意義。弗蘭克引述了尼采的一句話：「一個知道自己為什麼而活的人，幾乎沒有他承受不了的考驗。」[4] 當這種意義感喪失時，病態模式就會取而代之；疾恙往往就這樣變成了意義。找到自己的人生意義，並將能量導向富有創意的活動，可裨助心靈的重生，繼之帶來健康、幸福和成長。

過度自律的靈性活動也可能阻礙自由的表達。野心勃勃地投入瑜伽、冥想、特殊飲食和其他類似的追求，都可能會限制一個人，而非擴展其覺察力。[5] 靈性上的企圖心，將某種心靈狀態奉為理想，往往是促使人們過度自律的動力。這樣的企圖心及其所導致的強迫性行為，會造成能量基體的緊繃，使體內產生收縮現象。力圖拓展靈性，結果反而會讓身體陷入收縮狀態。反轉這種收縮現象的第一步，往往就是覺察到過度的靈性自律可能會引發收縮反應；這樣的覺察可以增進靈性的擴展和無礙的自我表達。

心智上的固著

心智的開放和彈性可維繫健康和成長。固著的心智模式會限制生命，而導致一個人生病。心智的工作是將生命經驗象徵化，它的一個主要功能就是溝通。因信奉某些思想而去排斥其他思想，會導致僵化的妄加批判的態度。我們相信這樣的態度經常會反映在能量狀態的收縮上，而衍生出許多病症。承認自己的僵固，提升心智的彈性和包容性，可促進療癒和成長。相信態度會助長病症的生成和延續，一個人就能把症狀當作生物回饋，藉由它去警覺到態度僵固的可能。我們相信透過這個覺察的過程，一個人便能對自己的能量狀態發揮很大的影響力。

環境上的固著

上面談到的任何一個層面的固著,都會顯現在我們周遭更大的環境裡,包括其他人的生活和自然環境;同樣地,環境層面上的固著,對我們其他各個層面的福祉也有深遠的影響。今日,在這個錯綜複雜、環環相扣的關係裡出現的混亂現象,顯然已經惡化到了前所未有的地步。雖然這個主題不在本書討論的範圍裡,我們仍要在此指出,許多人在看待氣候問題上,顯然抱持著固著的是非對立立場。通常,懷著這種固若金湯的立場,要想認真探究如何在人類及其環境之間締造更平衡、和諧的關係,大概是不可能了。

關係中的病症與健康

固著也會顯現在關係裡,人們經常因為恐懼或沒有安全感而提防彼此。這種自我防衛的姿態會讓能量陷入緊繃狀態,最終演變為病症。

曾經長期忍受暴力或界線遭到侵犯的人,大都不願與人親近。他們相信退卻可以保障自身的安全(很可能這麼做曾經發揮了作用),而發展出退縮或防衛模式,以保護自己免於受到侵犯。這種自我保護的措施會讓他們陷入緊繃狀態,並為疾患播下種子。

有時候我們會發表一個名為「關係讓我生病」(Relation-ships Make Me Sick)的演講。標題很詼諧,但它有一個很嚴肅的重點:病症源自一個人於早期關係裡習得的固著姿態。這些緊繃的狀態會持續出現在日後的關係裡,它們

---

3 V.E. Frankl, *Man's Search For Meaning* (New York: Simon and Schuster, 1962), p.

4 Ibid, p. 76.

5 An example from our own experience is "Yogic Bliss" in Bennet Wong and Jock McKeen, *In and Out of Our Own Way*, (Gabriola Island, B.C.: PD Publishing, 1995), pp. 34 - 35.

會在生命的各個層面引發鬱結，最終體現為嚴重的病症。而導致病症的就是在關係中的退縮姿態。演講中我們也談到親密關係就好比一座花園，人們可在其中發現自己、自己的愛的狀態、自己的意義，以及自己的健康與活力；但要做到這些，一個人需要有面對難題的勇氣。

所以，雖然人會被卡在關係裡，但人也可以在關係裡得到釋放。如果他們願意投入一個持久、坦誠相見的親密關係，就有機會去面對與另一個人親近的恐懼，從而發展出能力去經營他們與伴侶、與自己、與生命的關係。如此一來，關係就會成為一個療癒之所。

學習為健康而對話

我們四十多年來一同從事的工作，始終都聚焦在關係這個領域上，而且愈來愈相信病症大都是某種分離狀態的體現。重新結合顯而易見的分離，就能產生療癒作用。許多人的疾恙都來自有缺陷的關係，物化與孤立是人與人無法親近的癥結。向彼此展現脆弱，敞開並揭露自己的真實本質，包含彼此的世界，人們便可恢復健康。透過對話，人們便能開始欣賞、認識並喜愛彼此和自己。

對我們來說，所有的療癒都來自對話。關於對話的療癒作用，我們在《存乎一心》中有更深入的探討。

人們來參加海文學院的課程往往是為了尋求幫助，經常懷著指望專家治癒他們的傳統心態來求助課程帶領者。如果課程帶領者禁不住這樣的誘惑，學員就會一直依賴他，而不去善加利用團體的功能。在團體活動中，會邀請學員說出他們內心的想法和感受，展現脆弱地與彼此交流。在數天的課程中，他們會漸漸與其他團員建立較深厚、更親密的關係，並能更自在地表達自己。他們練習坦誠的溝通，並習得實用的技巧，以便日後當他們選擇與其他人坦誠相見時即可應用；這個團體就像一個學習實驗室，是一個培養親密能力的地方。學習

並演練這些技巧，人們便可將這些能力帶入他們生活中的重要關係（與家人、配偶、情人及同事的關係），去建立並維繫持久的親密關係。在這樣的氛圍下，他們學習敞開心房，釋放人與人之間的能量堵塞。當堵塞解除了，生命力便得以自由流動；如此一來，人們便能在他們建立的親密關係中得到療癒。

在健康、開放的狀態下，人們可以成長、成熟，在深度及廣度上達到充分展現自我和個體化的境界。但這並不代表他們能避開所有的疾恙，而是意味著我們可以擁抱疾恙，且從中學習。的確，即使最嚴重的疾患，都可以是一個自我發掘的契機。詩人羅伯特·鄧肯（Robert Duncan）曾如此刻骨銘心地寫道：

醫藥能夠治癒身體，但靈魂與詩歌，是能夠寄身、嚮往、選擇疾病的。唯有最狂熱的癌症研究者，才能領會詩人的這個概念：癌症是花朵、是探險、是與生命的私通。[6]

在罹病的過程中，伴侶若能分享彼此的感受與體驗，他們的親密關係有時候便能以讓人意想不到的方式進入更深的層次。恩尼·麥克納利（Ernie McNally），一位長期在海文學院授課的核心教職員，在生活中身體力行他所傳授的道理。在寫下下面這段文字時，他正因危及性命的腦瘤接受治療。他選擇去肯定他與妻子凱西以及和朋友、家人的關係，並與他們分享他的挑戰和洞見。每一天他都活得很充實、很有生命力，肯定生命和關係。他寫道：

我相信關係。我堅信，以我被診斷的病情而言，我的健康狀況之所以超乎任何醫界人士所預料，乃是因為我內心那源源不絕的力量。那力量來自關係，來自我與你們充滿關懷、愛、誠實、撫觸的互動。因為關係，我清楚地意識到自己的生命有了一種不同的深度和廣度，並感受到此生從未體驗過的情感。我在各方面都更健康了，因為我愛以及被愛，因為我給予並接受。我實踐著一個

---

6 Robert Duncan, in The New American Poetry edited by D.M. Allen (New York: Grove Press, 1960), p. 403.

好友所說的「言無不盡」。由於我的信念，我活得很好，我有關係為我的身、心、靈……甚至我的腫瘤……提供健康與療癒。[7]

---

[7] Ernie McNally, personal correspondence.

過敏症與畏懼症：關於自我界定的問題

兩個故事

在不知情的外人眼裡，珍是不折不扣的人生勝利組。她美麗動人，受過良好的教育，擁有一個待遇優渥的好工作。但在她外顯的成就下，藏著一顆騷動不安的心，嚴重攪亂了她的整個生活結構。過去幾年，珍看了一個又一個醫生，希望有人能解釋她所經歷的這些極端卻又莫名的症狀。雖然許多專家提供了治療、建議和關注，但她仍然為種種症狀所苦，沒得到什麼紓解。她困惑、沮喪，對可能發生在自己身上的事感到驚惶不安。她的內在生命是一個別人看不到的煉獄。過去神采飛揚的她，如今愈來愈無法應付每日的工作。晚上，她睡睡醒醒長達十三個小時；整天都覺得疲累，所以沒有多餘的精力投入其他嗜好或維持人際關係。朋友不再打電話來，她也愈來愈習慣一個人待在家裡，躺在床上。在掙扎著度過一天又一天的同時，她的人生夢想逐漸枯萎。醫生告訴她，她的頭痛、無精打采和鼻子的症狀是一種過敏症候群。在採行醫生指示的特殊飲食後，她覺得好些了；但卻開始擔心自己永遠都好不了，無法重拾過去快樂、無憂無慮的日子。

奧德莉的情況似乎不同。她住在離珍很遠的一個城市裡，但有著和珍類似的疲乏症狀。因為對外出有著強烈的恐懼感，她被告知患有「特定場所畏懼症」。她幾乎足不出戶，家人和朋友得到她家來找她。雖然在家掌控事業相當成功，但她開始意識到自己的生活愈來愈讓她喘不過氣來；晚上出門對她來說是非常可怕的事，因此她一概拒絕任何約會。限制自己的活動，以及每日服用大量的鎮定劑和抗鬱劑，讓她數年來的極度焦慮得到顯著的改善；然而隨著焦慮的降低，她的感覺也變遲鈍了。這個迷人的年輕女子，日益被自己的病情挾持，逐漸陷入了社交癱瘓的狀態。

界線問題：自我界定上的共通性

　　許多人也過著同樣受限的生活。表面上，也許他們看起來沒事，但內心卻總覺得哪裡不對勁，並為此感到十分惶恐。很多這樣的年輕人看似為不同的症狀所苦，深層卻有著令人不可思議的共同基調。醫生的診斷有時是「畏懼症」，有時是「過敏症」，甚或「全身型過敏反應」。儘管病症不同，但可以確定的是，貫穿在這些不同故事裡的是相同的脈絡。這眾多問題的共通性究竟是什麼？

醫學的觀點：界線生理學

　　免疫系統是一個生化綜合體，負責保護有機體生命的健全。有著各種抗體和神經化學機制的它，就像是一支抵禦外來侵犯的軍隊。免疫系統維繫著生命體的界線，區別什麼「不是我」、什麼「是我」，並將前者隔離在外，將後者保持在完好的狀態。當免疫系統故障時，病態就會應運而生。過敏症即是對外在的某些狀況（如花粉熱、藥物過敏、食物過敏）產生了機能亢進反應；也就是防禦過度了。而如果免疫系統功能低弱，一如在極度虛弱的狀態下，或罹患愛滋之類的疾病時，這個人的身體就很容易遭到平常可能無害的環境因子入侵。比方說，免疫防禦功能較低的人比較容易罹患傳染病，也比較不能有效地對抗它們。

心理學的觀點：分離與個體化

　　根據客體關係理論，嬰孩是在自我發展的過程中，從母子的「共生二元一體」中「孵化」出來的。對孩子來說，這個發展課題的目標，就是獲得一種與母親區隔開來（進而與環境區隔開來）的自我感，成為一個分離的個體。當今的研究顯示，當胎兒還在子宮裡時就已經展開這個分化過程了，而且非常幼

小的孩子對環境的覺察，包括他人的渴望和動機，都超乎了我們過去的想像。當然，這個分化過程在孩子兩歲時就已經顯而易見，孩子開始學習從父母和照顧者身邊走開，但仍指望大人保護他，提供他一個愛他、接納他的環境。就這樣，孩子展開了一個分離的過程（學習在心理上及身體上與母親分開），以及個體化的過程（在個人的生命經驗裡建立一個獨特的自我感）。

對許多孩子來說，這並不是一個平順的過程；有的孩子過於倉促或過早地，而非逐步、順其自然地與父母分開，也有的離不開父母，始終與父母保持著精神上的共生和依賴關係。也就是說，孩子不是發展出難以相處、刻意的分化界線（心牆），就是在某個程度上依舊與父母處於未分化狀態。前者就如機能亢進的免疫系統；後者就如不足以對抗外在世界的免疫系統。這些早期的防禦模式，不論是毫無連結的斷絕關係，還是不分你我的融合，多半會在日後的關係裡重現。許多我們稱為「過敏症」和「畏懼症」的現象，很可能都是這些心理過程的體現。

中醫的觀點：土元素

在傳統中醫的五行架構裡，土行代表體現；換言之，人的身體是生命其他面向表達和顯現的媒介。一個人的自我界定是透過土能量的調節而有了具體的樣貌。土行議題與關係、生命體、分離／結合、母子互動及滋養，息息相關。一個人若在能量基體的土行上出了問題，就會在身體、關係和自我界定上顯現出症狀。因此，從中醫的觀點來看，過敏症和畏懼症是能量體土行失調的現象。

過敏症和畏懼症底下的故事

在幫助過敏症和畏懼症患者時，我們開始在他們的個人經驗裡注意到其他

特有的相關基調。這些人以相當令人匪夷所思的方式，體現出我們認為在這個病程中扮演核心角色的界線議題。我們遇到的這些人，通常都有很高的悟性和創造力；正因如此，他們不太願意追隨制式的人生道路。但同時，內在湧現的熱情又往往令他們驚惶不安；他們常對自己的性衝動感到恐懼，對自己的高能量感到焦慮，對閃過腦海的那些不尋常的念頭感到害怕。這些饒富創造力的人不想庸庸碌碌地活著，但因為沒有充分發展的界線來幫助他們決定如何在這個世界上安身立命，他們被拋進一個充滿焦慮和不確定感的大漩渦裡。他們不願屈從標準的文化模式（工作、結婚、養兒育女）所提供的安全感，亦不肯冒險嘗試自主自決、富有創意的生活，於是被困在平庸與獨特之間的偏鄉僻壤。他們築起心牆，把尋常世界隔絕在外，自己卻開始生病了；也可以說，他們開始對平庸「過敏」了，或患了可保護他們不致淪為凡夫俗子的「畏懼症」。

在內心深處，這些人體驗到的是絕望，因為他們沒有全心投入生活；而這股絕望通常就被他們的症候群給取代了。他們將自己大部分的創造能量用來製造一個疾患隱喻，好能無可厚非地活著。與其致力打造一個充滿創意的生活，他們寧願逐漸被自己所製造和維持的疾患系統奴役。從某方面來說，有了這些疾患，他們就不必冒險去充分發揮自己的創造力，又能為自己的與眾不同找到一個社會可接受的藉口。創造力的不確定性，被簡化成病症的可預測性（「我不可能去」或「我應付不了」）。

這些人通常都不到四十歲，異常聰慧、迷人。他們全都體驗到不同程度的焦慮、疲憊、萎靡不振、混亂的睡眠模式（比方說，每天睡十三、十四小時卻仍感到疲倦）、身體緊繃，以及眼、耳、鼻、喉方面的症狀。他們在人際關係上愈來愈孤立，雖然他們經常將之合理化（我過敏，所以不能去那……吃那個……做這個；我就是得睡足十二個小時；我晚上不敢出門——是一種畏懼症），但潛藏在內心深處的往往是對親密的恐懼。他們的關係通常是依賴性的；不敢冒險嘗試親密和相互扶持的關係所需的自我展現脆弱，因為那會帶來不確定感。

總言之，這些人害怕面對在他們體內奔流的熱情與創造力。他們害怕受傷，所以懷有強烈的掌控欲。他們覺得自己是生活的受害者，並認為「是生活把我折磨成這樣的」。他們通常認為那些墨守文化常規的人是奴隸，如同行屍走肉；然而，他們卻困陷在自己的受害者立場中，禁錮在他們的病症所打造的牢籠裡。

當事人的觀點

這許多年來，我們認識不少被診斷出有這類問題的人。在幫助他們的過程中，我們發覺這些人大都有界線不明的問題。他們的症狀體現出一個事實，那就是他們基本上還沒學會界定自己。

以下是我們這些年來在工作上聽取到的一些陳述。

我為自己製造了全身型過敏症候群。我非常害怕變成一個容易受傷的人；在我的人生裡，我也因為那樣的恐懼，經常去否定親密關係。

我對生命的感受也非常強烈；我的情緒可以攀升到喜樂甚至狂喜的巔峰，也能墜落到哀傷與痛苦的深淵。從中體驗到的反覆無常，讓我在生活中感到非常絕望，所以我試圖讓自己穩定下來。

我認為全身型過敏症候群是我與我的自性脫節的結果，也是我否認自己的本然生命的一個反應。

我非常害怕如實地做自己。我覺得自己是一個被生命震懾、對生命中的悲痛充滿恐懼的小男孩。

另一個年輕人說：

我的病症是缺乏自我展現的結果。

另一個人：

基本上，我發現在身體的每個過敏反應背後，都存有某種情感或心理因素（亦即根深柢固的態度、行為，以及壓抑的感受、需求和渴望）。覺察到這些潛在的因素改善了我的症狀，也讓我大多時候都能控制它們。

還有人：

我日復一日、年復一年地投身於千篇一律的俗塵瑣事，以便掩飾我人生中該面對的挑戰。

我創造了恐懼，這些恐懼幫助我存活，但也迴避了自己本該正視的存在恐懼。

我無從知道什麼才是我的人生「價值」……現在我知道我必須找到自己對價值的定義，然後心誠志堅地去實踐它。

這片荒涼之地在我的模式裡扮演了一個很重要的角色；它反反覆覆地出現，記憶中，它早在我童年時就開始了。

在海文學院這裡，我領悟到自己對終將死亡的命運所採取的頑抗態度，只不過是加劇了我的恐懼和焦慮。我也發覺自己在這種時候會將他人隔絕在外，因而變得非常寂寞。

解脫之道

過去四十多年來，許多我們協助過的人，在這些症狀上都得到了顯著改善。他們努力地為自己及其生活境遇（包括他們的症狀）承擔較多的責任，上面的陳述就是這個奮鬥過程的見證。當這些人開始意識到焦慮不過是體內奔流的生命能量時，也就學會去擁抱愈來愈多的焦慮。對焦慮的容忍度增加了，他們就能面對自己最大的恐懼之一：與另一個人親近。因為愈來愈能對自己的病程負責，他們開始了解疾恙隱喻的密碼；開始視症狀為來自內在生命的信息，

召喚他們與自己再度結為一體。就這樣，病症，過去的敵人，變成了朋友。追根究柢，他們是害怕非存在狀態，害怕無依無靠，也害怕面對另一個人，所以他們要不是孤立自己，就是藉由維持依賴關係，以避免親密接觸。

下面這些話說明了他們的改變：

我了解到可將焦慮視為體內流動的能量。

我不再設法將自己塑造成我認為該有的樣子。我只想做我自己，按照自己獨有的節拍大步前行。

所有我悶在心裡、鎖在心裡的東西都會讓我生病。我需要也想要跟那些能讓我釋放的人在一起。

我相信我是健康、完整、漸趨統合的……我相信我已經學到並知道在這個世界上健康地活著和展現自我所需的一切。此時我需要和想要做的，是培養我的自愛與自信，去信任並實踐它們。

我也領悟到我必須臣服於痛苦和悲傷，才能體驗生命所賜予的喜悅與親密。

我開始向內尋找勇氣，去臣服並體驗人生。

接受疾恙

我們在面對這些困境的人身上見證到的勇氣，給了我們很大的啟發。因為能夠為自己的病程負責，他們再度開放地迎向自己的人生和創造力。與其對抗疾恙，他們學會承認它、接納它並與它合作。有個人是這麼說的：

我把過敏和症狀當成我的良師益友，因為它們可幫助我與自己保持協調，並走在健康、成長的路上。那是一個持續不斷的歷程。是一個起點，不是終點。

多發性硬化症、癌症及難治之症：
我們的進路

　　本章要特別談的病症是多發性硬化症，因為過去這些年來，我們在輔導這類患者方面有很特別的心得；不過，在這篇論述中闡釋的原理，對了解和回應許多其他病程應該也有幫助。你從這一章學到的很多東西也可應用在，比方說，癌症、心血管疾病、關節炎和許多其他難治之症上。

什麼是多發性硬化症

　　多發性硬化症（擴散性硬化症，英文簡稱 MS）是一種慢性的神經系統病變，好發於年輕成人和中年人。雖然它的原因不明，但有專家表示它跟先天體質以及環境和傳染因子有關。這種疾病可能與緩慢病毒或其他感染所引發的自體免疫功能損傷有關。無論如何，一旦發病，包覆腦部和脊髓神經的髓鞘就會受損，留下硬化的纖維瘢塊；這樣的損傷可能會透過神經系統擴散開來。

　　臨床上，它表現出來的神經系統徵兆和症狀可說包羅萬象，在醫學文獻裡均有詳實的記載。這種病症很可能會反覆地復發與緩解。一般初期的症狀包括四肢無力和笨拙、單眼或雙眼視力模糊或複視、肢體上的刺痛與麻木、眩暈、走路不穩或平衡感不佳。膀胱也可能會受到感染，導致頻尿、急尿或排尿困難。第一次發作時，症狀常在幾個月後完全消失；但往往兩年內就會復發。有些人復發後會緩解；有些人會進入病程的下一個階段，繼續衰退。除了喪失行動能力，還可能有閉尿或尿失禁、口齒不清以及伴隨情緒不穩的心智變化，如沮喪或狂喜。目前沒有根治多發性硬化症的療法，處方藥有時可以暫時緩解症狀的發作，而最近的證據顯示這些藥劑也可能對部分患者產生長期的療效。

我們的觀察

在我們一同帶領體驗課程的四十多年裡，遇到並幫助過數十位多發性硬化症的患者。在那段時期裡，我們對這個病程及罹患這種病的人逐漸有了一些認識，並可大致歸納出這些人的人格特質。

總的來說，這些人在生活中有強烈的控制欲求。他們常有超乎一般人的智力，往往是目標導向的高成就者，也因此有著高度的自我憎恨心理。在他們獨立的外表下，通常都潛伏著牢固的受害者立場；私底下他們常覺得自己的生命遭到他人控制，所以變得極為獨立，以茲代償。他們常有拖延的習性；對他們來說，將想法轉化為行動是很困難的事。他們能言善道、有很多計畫，但在面對將夢想付諸行動的挑戰時就癱了（有時身體就真的癱了）。雖然其中有些人過去酷愛運動，但他們通常都會覺得愈來愈虛弱，還會有肌肉緊繃與顫抖的現象。

這些年來，我們都會請患有多發性硬化症的學員提供一個摘要，陳述他們對自己的病程的看法；事實上，我們對患有其他病症的人也會提出類似的要求。過敏症、畏懼症和慢性疲乏症候群的患者都會毫不遲疑地提供這樣的摘要，陳述他們個人對自己的病症模式的理解，唯有多發性硬化症患者不願配合。所以，這麼多年來，只有少數幾位提供了我們要求的資料。因此，本章所引述的，除了來自我們收到的幾份書面報告之外，其餘則來自我們的訪談和直截了當的提問。

我們發現多發性硬化症患者對於如何處理提供給他們的資訊，有非常顯著的性別差異。無論男性還是女性，他們在課程中要做的和學習的，全都跟他們的孤立、高度的控制需求，以及與離棄其身體有關。我們相信我們在課程中對兩性學員是一視同仁的，然而當帶領他們做呼吸練習，以及要求他們與朋友展開對話時，女性學員的配合度通常比男性高出許多。女性似乎比較能持之以恆，也比較願意面對自己，她們會專心地呼吸、發表感言，完成整個過程；相

對地，男性通常似乎比較容易鬆懈、半途而廢。因為如此，女性得到的療癒一般會比男性扎實。男性經常不以為然地表示要遵循一套固定的呼吸法太難了；在男性抱怨的同時，女性二話不說地投入練習。這或許表示女性有較高的耐性與毅力，但從負面的角度來說，也許她們只是比較習於服從指示。

一位患有多發性硬化症的女性專業人士說：

女人比男人了解自己的身體，因此女人比男人能夠找到進入身體的路徑。女人有分娩和月經的經驗，因此大體上對身體的感受比較熟悉；她們對自己的身體有一些認識，也比較願意安住在那裡。男人向來都不了解自己的身體，他們只把它當作是一個工具或一種機能，所以很難找到回家的路。

一位男性在課程的激勵下，學會不用拐杖走路；但回家後沒有持續練習，結果倒退到坐輪椅的地步。一位來自同一個城市的女性，為了籌錢參加另一個寄宿課程，變賣了她的輪椅；療癒成為她的目標後，她很快就恢復了健康，回家後也依然如此。

在本章的其餘部分，我們要進一步檢視我們在這些人身上最常看到的幾個基調。我們相信這些基調跟多發性硬化症的病程有關，事實上跟其他病症也有關聯。

歸咎

我們所接觸的這些人經常喜歡歸咎，不是怪罪自己得了這種病，就是怪罪外在因素（比方說父母或某種傳染源）。我們相信這種歸咎的心態會強化病程，甚至成為病程中的一個因子；根據我們的經驗，歸咎會阻礙症狀的改善。一位女性在課程開始時大肆抱怨主辦方對這個混合群組裡的殘疾人士顧慮不周；她不在自己的能力上下功夫，反而一味地將情境政治化。當她深陷於此

時，她就沒有時間或精力去檢視自己與病程的關係了。我們觀察到一個人只要持續抱持著受害者立場，不斷責難，他的多發性硬化症病程也會持續下去。人們經常將自我負責誤解為自責，以至於當他們開始嘗試為自己負責時，經常會從一個受害者立場轉而將發生的事歸咎於自己。一位患有多發性硬化症的學員說：

我知道我該對自己生病的這件事負責，但我認為這一切都是我的愚蠢造成的。我讓自己的防禦力降低，所以才被一個外在因子感染了。我得到多發性硬化症，而不是感冒，只能說我運氣不好。被外在因子攻擊，我也莫可奈何。

我們相信認清自責、怨天尤人和自我負責的不同，對療癒是有幫助的。

孤立

人若陷在歸咎的心態裡，便無法超越自己的世界觀，也就無法進入真正的對話中。他們持續將自己孤立在自己的牢籠裡，而且似乎找不到那會隨著自我負責與人際對話而來的療癒。下面的表述可說明這一點：

當情勢變得棘手時，我就龜縮到自己的世界裡。我很早就學會只信任自己。不需要別人的幫助被扭曲成了無助。我最不可能推心置腹的對象就是我的父母。退縮是順理成章的選擇。

執著

我們認為多發性硬化症患者經常錯用了他們的意志力。我們接觸到的這些人，往往不是憑藉自己的意志力和決心去貫徹一項計畫，而是將意志力用在防衛性的「執著」和抗拒上。執著的人會在生活中不斷鞭策自己，有時候只有生

病能讓他們放鬆、休息。他們通常拚命履行自己對別人應盡的義務，因此陷入了自我憎恨循環。當他們試圖為自己的病症負責時，又往往執著於恢復健康，反而進一步固著了多發性硬化症的病程。執著和意志力是不同的，從下面這段話即可看出端倪：

我不想運用我的意志力，因為它會帶來更多痛苦。我並不真的相信所有的事情都能有所改變。

高成就者

之前說過，我們輔導的多發性硬化症患者很多都是高成就者，他們也有因力爭上游、否認自己、對自己不滿的人生態度所帶來的種種問題。他們驅使自己：

我必須出類拔萃。
雖然有很高的成就，但我總覺得自己不夠好。我猶豫不決，因為一旦做出不智的抉擇，我的卓越地位很可能就不保了。
我就是停不下來。

因為這些人當中有太多高成就者，我們開始納悶會不會是因為多發性硬化症給了他們一個休息的理由；若非如此，他們是不會停歇下來的。說實在的，只有病倒了，他們才會願意休息和接受別人的幫助。

誤解

我們輔導的這些人，個人背景裡常有牢不可破的成就倫理，以及相信自己被誤解而產生的寂寞感。一位父母都在學術界工作的年輕男士說：

我必須仰賴自己。在與我父母的關係裡，我總覺得自己好像在大學聽課一樣；我從來不覺得他們了解我，對他們來說，我的痛苦和悲傷一點都不重要……他們總是要我「全力以赴」、堅強一點。

我們後來結識了這位年輕男士的父母，並且發現他們的想法跟他有很大的出入。根據我們與他母親接觸的經驗，我們相信事實上她很關心他的痛苦和悲傷。也許這位年輕男士的多發性硬化症跟他特有的視界有關，他相信他的父母不愛他，只寄望他出人頭地。問題不在於他父母的教養方式，而在於他對這種教養方式的體認。

對應的心理現象

我們屢屢在接觸到的多發性硬化症患者身上觀察到顯著的心理倦怠現象，以及伴隨的肌無力症狀。過去卓越有成的他們變得非常迷惘，偶爾才會展現出蓬勃的朝氣：

我活在一種半植物人的狀態，少有雀躍的時刻。

我充滿了自我挫敗行為，所以一事無成。既然沒有完成任何事，別人就無法評斷我，我也就有了藉口。但真正的原因是我害怕失敗，害怕受到非議。

我一向優柔寡斷，是個沒有行動力的人。我的想法和行動是分開的。想法無法轉化成行動。我覺得我的整個人生是癱瘓的。

在我們接觸到的案例裡，至少有一位出現了潛在的精神錯亂跡象。這位特別的年輕女士始終緊繃著身體，每天僵硬地執行她的經理職務。她控制著自己，控制她所掌管的業務；然而內心裡，她是一個驚惶不安的孩子，擔心自己會發瘋。當她終於卸下心防，說出自己的恐慌與焦慮後，她不但與自己的人生伴侶變得比較親近，其多發性硬化症症狀也消退了。她必須說出她對發瘋的恐懼；她曾看到其他家庭成員瘋狂的一面，所以她嚴格地控制自己，以免失去理

性或崩潰而陷入瘋狂。

自我憎恨

我們在學員身上看到，原本可導向療癒的自我覺察往往被自我憎恨心給阻斷了：

我一直很害怕審視自己——因為當我這麼做時就會與自己為敵。不管我在自己身上看到了什麼，我都會用來譴責自己。

我們輔導的這些人，因為始終達不到完美而感到沮喪，即便他們敢於嘗試非常艱鉅的挑戰。所以，雖然完成了很多目標，但他們並沒有收割到辛勤換來的果實，反而經常陷在自我憎恨的漩渦裡，只因他們沒有達到那些不切實際的自我期許。

只要夠努力、意志夠堅定，你就可以成就任何事——我以為是這樣。結果我什麼都做不好，總有人做得比我好。我把博學多聞的十九世紀作家當作我的標竿，卻始終達不到那個境界。

拖延

在牢固的成就倫理裡，通常夾雜著拖延的習性。在這方面令我們印象特別深刻的是一位女士，她對自己的病程極感興趣，甚至學會透過專注的呼吸，在幾分鐘內扭轉她的肌無力症狀。她申請進入研究所，想把自己的多發性硬化症經驗寫成一篇博士論文。多年來，她魂縈夢牽地琢磨著這篇論文，卻始終定不下心來寫，即便她已經蒐集到所需的資料，只待統整。在我們撰寫本書的一九九八年版時，她仍然沒有完成她的博士論文。後來，我們得知她終於透過

一個非正統的學校完成了它，而且她的多發性硬化症如今也在緩解中。

我們輔導的這些人往往聰穎過人，經常做著不切實際的夢，而不致力於務實的追求，因此他們幻想、拖延，並不全心全意地投入於生活中。許多人逐漸對自己的病程有了透徹的了解，卻不採取任何行動。他們知道自己該做什麼，但似乎只願意想卻不願意做，而且其合理化的能力十分明顯。他們就像馬力強大的汽車，但傳動裝置鬆脫了──無法發動車子！同樣的現象似乎也顯示在他們的肌無力症狀上：他們有充分的體能，但通常不願使力。

我的性格基本上是有缺陷的。我很聰明，但性格上的缺陷使得我無法將自己的智力運用在真實世界裡。我耽溺在極為荒謬的自我理想化的幻想中，以之取代了行動。

拖延和不切實際的夢想似乎取代了實際行動和體現。他們似乎無法將想法轉化為行動。他們離棄了自己的身體，選擇住在心智的夢想世界裡。

與身體脫離

我們認為多發性硬化症是與身體脫離所引發的一種疾病。我們遇到的這些人經常對自己的熱情感到恐懼，不願臣服於體內湧現的能量，常對自己的性能量感到不安。在透過壓抑和自我否認，去對自己的感受和表達進行愈多的控制時，他們的身體也逐漸陷入緊繃狀態。他們似乎離開了自己的身體，大部分時間都住在自己的心智裡。

在多發性硬化症的案例裡，身體大多是遭到忽視的。在這些人的經驗裡，身體通常是一個工具，而不是愉悅或任何其他身體感覺的來源。身體的多種感覺都被忽略了，他們對性欲的壓抑往往也隱藏在症狀裡。因此，對多發性硬化症患者來說，療癒之道就是體現。在這個過程中，他們常會顯現出對親密的恐

懼，以及對身體感覺（特別是性能量）的惶惶不安。一位年輕女性不願意「顫抖」（深呼吸時常會出現的動作），因為她覺得這個動作很「噁心」。在中醫的五行理論裡，多發性硬化症是屬於土行的疾病，是一種無法充分體現，無法臨在、安住在身體裡的現象。根據中醫的觀點，它會造成「**意**」（目的或意圖）的混亂。相關的界線和關係問題，也是土行失衡的現象。

我們輔導的這些人不大能感受到他們的身體是自己的一部分，他們經常覺得自己是被一個病程給挾持了，成為它的受害者。確實，有時候他們會形容自己的疾病是住在他們身體裡的惡魔。一位四十多歲的女性力圖掌控她的病程，學習運用呼吸來放鬆她緊繃的肌肉。例如，她本來已經無法出門購物，因為在購物中心逛了幾家商店後，她的身體就會開始痛苦地收縮。潛心練習呼吸後，她學會接受呼吸時出現的緊繃狀態；那感覺就像某個內在的惡魔在反抗她放鬆的意圖。她會在緊繃狀態中持續呼吸，然後她的肌肉就能再度放鬆了。有一天，她竟然能在家鄉的小木屋附近，繞著湖邊走了好幾英里，這讓她欣喜若狂；因為身體的緊繃，數年來她幾乎無法享受在大自然裡散步的樂趣，即便只是一小段路程。來參加我們的課程是一個自主自決和自我界定之舉。她的病程讓她感到緊繃和疲累，試圖阻止她去改善自己的狀況。她常說：

我脫離了我的身體。

這位女士發現她的緊繃並非無跡可尋；她會在不表達自己的感受時繃緊身體。特別的是，雖然她已將性能量停擺，但她在一個教育課程中發現，當有魅力的年輕男性出現在她身邊時，她的身體就會開始緊繃。學會對這些具有吸引力的年輕男性表達之後（但她無意將之付諸行動），她開始比較能自在地面對這些感受，症狀也消退了。同樣地，當她學會比較坦率、直接地表達憤怒時，她的症狀也減輕了。過去，她總是戴著「和善」的面具來掩飾自己的感受（常常連自己不開心都不知道）；當她學會去辨識自己的負向感受並表達它們時，她的症狀顯著地緩解了。所以，多發性硬化症可說是表達受到了限制，不敢接受和正視自己的熱情所導致的結果。當一個人接受身體的感官感受和愉悅時，

他就會開始復原了：

我現在做的是我自十七歲以來就不曾做過的事。

控制

　　一般而言，我們輔導的這些人都很怕失控，所以他們通常都不肯透露自己的症狀，也不願意談他們的肌無力或視力減退所帶來的恐懼。他們設法在別人面前維持一副掌控自如、不需要任何人的樣子。因此，他們經常是身居要職、看起來很有能力的人。

　　他們的恐懼和痛苦是不能說的祕密，正因為如此，他們體會不到與朋友或同事分享自己的感受和經驗可帶來的慰藉。他們孤立了自己，總是想獨自面對一切。

　　我們發現多發性硬化症往往跟支配／屈服及臣服的議題有關。因為被別人強勢地控制或強勢地控制別人，多發性硬化症患者在不斷鞭策自己（和他人）的情況下，身體似乎時時都處於僵硬的狀態。他們只會心不甘情不願地屈服於權威，所以當他們必須屈服時，經常會以消極的方式抵抗。為了支配自己的身體和心智，他們可能會殘酷地對待自己。他們習於使用自己的身體，而不是安住其中或體驗它。我們注意到這種身體僵硬的武裝姿態通常是透過非常侷促的呼吸來維繫的。基本上，他們不在自己的身體裡，所以需要學習透過一個臣服的過程，才能回到他們的身體裡。當這些人學會深呼吸，他們（通常痛恨）的症狀會傾向加劇，他們會顫抖得更厲害，有時還會體驗到恐慌或焦慮。這時他們會傾向再度繃緊身體去抵抗這些症狀，因而遏阻了那可隨著深呼吸而來的感受和能量的呈現。當他們繃緊身體和抵抗時，即是對那些長期挾持、支配他們生活的症狀，採取了屈服的應對方式。然而如果他們持續深呼吸，並臣服於繼之而來的釋放，往往就能恢復他們的肌力，也就有較多的能量去從事體能活

動。但他們常會對此感到驚恐，因為那意味著要安住在過去被他們拋棄的身體裡。他們會很想屈服於緊繃的症狀，將身體拋諸腦後，而非臣服於他們的感受。

他們經常會表示害怕在練習呼吸時出現的顫抖現象，因為對他們來說那是一種失控的表現；我們鼓勵他們釋放自己，臣服於身體的自然反應並放鬆。在別人面前顫抖常令他們感到難堪，但當他們學會分享這種顫抖現象而非隱藏它時，就已然進入臣服過程了。

照顧

扮演照顧者，是一個屢見不鮮的基調。我們認識的多發性硬化症患者經常在關係中扮演著解決問題、照顧他人的角色，其中還有一些人認為，照顧父母親是他們身為子女的責任。

人若一生都在照顧別人，有時他們唯一能放鬆的途徑，似乎就是自己生病，然後讓別人來照顧他們。或許，把關係視同為照顧的心態，是多發性硬化症病程的一個特徵。這些人並非真的與人連結，他們大都認為關係的內涵就是照顧別人，或被別人照顧。在一個案例裡，一位成年男性發現無微不至地照料他的母親想要搬離他所居住的城鎮；兒子為此感到不開心，於是母親打消了念頭，因為她擔心他的症狀會惡化。她沒有把這件事直接告訴兒子，而只是說給朋友聽。這顯示這對母子之間沒有真正的對話；母親物化了兒子，因為她認為兒子無法面對這些問題。她擔心自己要是搬走了，會加重兒子的病情；也就是說，她相信兒子的健康掌握在她手中。她成了兒子的病症的犧牲者，這位男士的其他家人和朋友也都陷入這種受害者姿態以及伴隨的物化現象。母親就這樣限制了自己，屈服於兒子的控制需求，免得他因母親搬到較遠的地方而焦慮。

取悅

我們發現多發性硬化症患者在行為舉止上往往過於溫順。他們渴望被人喜歡與接納，因而具有一種隨和的氣息，和一貫的通情達理、討好他人的特質。他們因為太害怕被人排斥，所以千方百計地取悅他人。過去他們往往是「好孩子」，取悅父母的期待，長大後也是適應社會的成人。他們因此否定了自己的熱情，害怕表達憤怒或負向感受，並藉由限制負向感受的表達來控制自己（和別人）。

他們通常善於政治化的操作而非人性化，善於控制而非展現脆弱。他們喜歡議論事情應該如何以及社會或其他人的缺失，提出這些看法時往往也顯得非常冷靜、理性；但內心裡他們卻經常充滿憤怒（對配偶或家人，或對疾病本身），可是他們不去直接表達它，而是將這股怒氣轉化為政治性的議論。

狹隘的視界

多發性硬化症可說與狹隘的視界有關。我們在這些學員身上頻頻注意到的一個基調，那就是他們不願相信他們能為自己的病程負起較多的責任。比方說，我們通常會建議慢性病或重症患者盡可能密集地練習呼吸——每天四次，每次長達十五分鐘。我們也建議多發性硬化症患者做一些規律的運動，來增進肌肉協調運作的能力，通常，我們會建議他們到健身房鍛鍊肌肉，或是開始走路或做柔軟操。

我們發現很多人不去執行這些建議，反而去找權威或靈性上師指點迷津；他們似乎寧可找別人去重新解讀他們的病症，也不願鼓起勇氣在自己內心探尋生病的意義。這種狹隘、依賴場域的視界，使得他們持續對自己充滿憎恨，因為他們力圖達成他人的建議（父母、治癒者、上師等等），而不去自己迎向生命的挑戰，為自己的處境做決定。這些非常聰穎能幹的人，往往有過長期聽從

導師和權威的經歷，我們遇到的很多人寧願尋求上師的指點，告訴他們如何得到靈性上的開悟，也不願面對那麻煩、日復一日的功課：透過呼吸和自我負責的態度，進入自己的身體。

回復視界得到療癒

能夠促進療癒的是「回復視界」（revision）——直白地說，就是以全新的角度去理解那來自內在的東西。在我們輔導的人當中，有些人過去曾具備這種自我導向的視界，但後來失去了它，也有人從來不曾培養出自己「觀看」的能力。所以，他們生病是狹隘的視界導致的；要想療癒，就需要更新或改寫他們的自我觀，以及他們對別人的態度。他們通常把父母、權威人物和自己全都物化了；有了更新的視角後，他們會顯得很不一樣。這樣的改寫需要勇氣，而人若缺乏勇氣，就會屈服於自我憎恨。下面是一位很有勇氣的人寫的一段話：

我就是我的疾病。以我過去的立場來說，這是我思想上的一個徹底反轉。現在的我，願意去改變情勢。我也許仍患有多發性硬化症，但這個疾病就是我的生活模式，所以只要改變我的生活，我就不會生病了。

絕望往往能將人推向自我發現的邊緣：

麻痺的現象加劇了，我愈來愈無法將自己的想法化為行動。我右側的身體已經麻痺兩個星期了。我相信全身麻痺是遲早的事，而且我非常害怕。我無法行走，看樣子我得徹底改變自己的生活了。

跟許多其他病程一樣，多發性硬化症的一個普遍核心問題就是固著的心態。而當一個人意識到自己在病程中扮演的角色時，他的療癒之路便展開了。一位男士說：

我持有的假設是一條條的死胡同。我沒辦法痊癒，因為我的身體固著了，它基本上就是一個容器。我採用了「收銀機」的人生態度——我蒐集經驗，並將它們存放進收銀機裡。我以為只要蒐集足夠的經驗，我就能改變。

當他們開始改採新的態度，去了解自己的病症並為它負責時，也就啟動了療癒的機制：

聽了朋友的忠告，我意識到自己可以做點什麼。現在我領悟到自己不是受害者。

改變看待能量的方式，可以很有效地改善多發性硬化症。一個案主過去相信他的能量就快枯竭了，他那製造和儲存能量的身體正在衰敗中。後來他開始採納中醫的針灸理論，相信每個人都有充沛的能量，只不過是在病況中被阻塞或固著了。於是他開始用心打通鬱滯的能量（透過呼吸，以及與重要他人的坦誠對話），進而感到比較有活力了：

我有了一個新的觀點。我相信能量體；我和這個能量體在不斷流變、轉化。

針灸，以及其他能量療法，可以發揮很大的療效：

針灸之後，我真的開始脫胎換骨了。你們依然認得我，是因為我還保有不少過去的習氣。

要有效幫助患者改善病情，治療師除了扮演專業角色之外，還可與案主為友，但要保持恰當的分際。治療師可與案主建立有利於他學習的關係，幫助他擺脫專橫暴戾的超我對他的嚴酷要求。對於有人伸出援手，在他們連自己都無法接受自己時肯定他們，人們通常會表達感激之情：

你像朋友一樣地接納了我。

透過覺察進入行動

有了覺察，多發性硬化症患者就能學著抗拒與人疏離的傾向。他們就能投入生命，帶著比較健康、比較積極的態度前行。能夠笑看一切，就有利於病情的改善：

我不必屈服於這個缺陷。現在，生平頭一次，我感到快樂。我能夠為自己負責了。現在的我，學會嘲笑自己，不再把我的理想我和超我那麼當一回事了。

當他們對貫穿病程中的主旋律有較多的覺察時，就能學著去了解，並為自己承擔起較多的責任。通常，他們會承認自己其實知道病症會隨著他們的態度和生命經驗而消長：

在內心深處，我一直都知道是怎麼回事。

嶄新的態度

當人們發覺自己的病程是自我的一種呈現時，他們就不再需要與自己和疾病對抗了。他們可以開始投入學習的過程，接受和領會其病程所代表的意義。我們相信對許多其他病程而言亦是如此，不只是多發性硬化症。有人這麼說：

我現在的好奇心大於我的恐懼。
我現在的計畫就是傾聽自己的超我，然後就去忙自己的事了。得到多發性硬化症看起來是禍，但其實是福。這段時間以來，我一直在學習領會我的症狀。

我們相信要治癒多發性硬化症，一個人必須改變他與自己、與別人，以及與世界的關係：

無論與誰互動，都會讓我改變。關係具有療癒作用。療癒的過程就在互動中。

當人們開始將病程視為一個學習的機會，而不是所罹患的一種疾患時，症狀往往就能改善。他們會開始想了解自己的人格結構，並愈來愈能了解自己的態度和舉動如何左右他們的病程：

了解自己的行為模式讓我有了這些覺察。

他們不再那麼熱切地追求最終的康復結果，而比較熱衷於了解病程本身：

我仍留存的症狀會慢慢消退的。

人們會逐漸開始對自己有新的理解，不再將自己與他們的疾病畫上等號，而開始自視為體驗生命過程的人。

意識到我不必生病，是一種無與倫比的經驗。我不再有多發性硬化症。不過我的神經科醫生有不同的認定系統；他認為我仍患有此病，只不過是處於緩解期。

建議

最後，對於學習如何有效地面對多發性硬化症的相關議題，我們提出以下建議做為本章的總結：

- 了解自己的受害者心態，接納它，並為它負起責任。
- 即使害怕，也要勇敢地採取行動，而非坐視生命的流逝。
- 呼吸！症狀經常會隨著例行的呼吸練習而消退。學員在呼吸練習後，都覺得比較有力量和活力，雖然他們也覺得更加焦慮和無所遁形。
- 多發性硬化症患者離棄了自己的身體，因此不願去體驗他們的感受（從而限制了自己的性能量和創造力）。所以要學習安住在身體裡。
- 與他人坦誠相見地溝通，有意義地互動，承認物化，但不聽任於它——這是過對話通往療癒的路。
- 學習接受不穩定、沒有安全感和顫抖的現象。
- 比較直接地表達憤怒和其他不安的感受，這樣一來感受才不會卡在身體裡，繃的現象便會逐漸消退。

一個激進的想法

多發性硬化症的預後非常不易掌握，即使最嚴重的案例也可能在驟然惡化後出現驚人的改善。所以，當有人病情改善時，我們很難評估那是疾病自然的消長過程，還是某種有益的活動或治療促成的。我們有一個激進的想法是：也許疾病本身並不會消長，但它可能反映出當事人在其他層面的改變，而這些改變就以症狀的改善或惡化體現出來。

我們見過不計其數的人在生活中做了一些鍥而不捨的改變，並顯著地減輕了他們的症狀。有些人在病情上的改善十分顯著，以致他們似乎擺脫了疾病。傳統醫學認為神經的損傷依舊存在，但基於一些不明原因而處在靜止的狀態。我們很好奇那些中樞神經系統的損傷是否可能消失，換句話說，這病真的永遠無法根治嗎？我們見過有人在經過一次身體療程後，他朝上的足趾反應就變成朝下的正常反應了（此乃一種醫學診斷檢測；刮足底會引發足趾的自動反應。如果神經路徑是完好的，通常大拇趾會朝下；朝上的拇趾反應是中樞神經系統功能障礙的徵象）。也許靠呼吸和安住在自己的身體裡，能讓損傷出現變化。

若果真如此，我們就必須重新思考我們對其他重症（如癌症和心臟病）的許多假定，包括它們基底生物過程的不可逆性。

擺脫憂鬱

許多人都有憂鬱的經驗。對某些人來說，憂鬱是一種長期的折磨，是讓他們失能、讓生命的喜悅黯然失色的事實，而其他人體驗到的憂鬱則跟生命中出現的種種境遇有關。多年來，我們遇過也協助許多人成功克服了憂鬱的過程，他們的勇氣和學習讓我們對這個普遍的問題有了更深入的了解。

雖然憂鬱的型態很多，但我們在這些不同類型裡看到了一些共同的元素，包括內在的鬱滯，以及生命能量受阻所體現的症狀。憂鬱是生命遭到抑制的結果。

無論一個人體驗到的憂鬱是生活的常態抑或間歇性的，憂鬱似乎涉及生命能量的縮約。憂鬱的人會對過去看重的事物失去興趣，無論是工作、伴侶、家人、休閒活動、社交場合，還是教會、學校等社群活動。莎士比亞筆下哈姆雷特的獨白：「上帝啊！上帝啊！這世間的一切作為在我看來是如此累人、陳腐、單調又無益。」應該很能引起他們的共鳴。

在這些人的世界裡，少有喜悅；他們缺乏自動自發的精神、心情低落、所有經驗都覆蓋著一層陰鬱的棺罩；他們失去了希望和樂觀的態度、懷著強烈的孤立感、找不到人生的意義，並且長期處於百無聊賴的狀態。他們的能量很低，以致任何事情都顯得無比艱鉅，不可能完成或不值得嘗試。他們往往有很嚴重的睡眠障礙——也許是無法入睡，或是很早醒來就再也無法入睡，抑或老是想睡覺。有時候，睡眠障礙還伴隨著代償性的機制，如飲食失調（因此不是暴瘦就是暴肥），或愈來愈多的成癮行為。整體而言，憂鬱症會讓人逐漸從生活中抽離出來。

基本上，我們認為憂鬱是能量鬱滯的一個跡象。當人受到抑制，生命力不再流動時，很容易會陷入固著的狀態，而那經常就叫做「憂鬱」。

悲傷與放下：西方及東方的觀點

　　悲傷和憂鬱是不同的。悲傷跟其他感受一樣，會在一個人的生命中，隨著不同的處境來來去去。它是正常且健康的，甚至能賦予生命經驗深度與豐富性。一個人可能會在悲傷時感受到強烈的生命力。憂鬱則是生命能量固著或表達受到抑制的結果，因此會削弱一個人的生命力。

　　在中國的五行裡，季節的循環意象是健康的生命動態和運行的寫照。情感之於人的內心世界，一如氣溫變化之於外在環境，所以人的內在會有周而復始的情感、心緒變化。夏季的高溫、明亮，對應的是開闊的熱情和歡欣的樂觀態度。冬季的濕涼、乾冷，對應的是孤立及封存、壓縮的情感。一如春季充滿了生機和新生命型態的迸發，人的內在世界也充滿了期待、希望、變動，有時還帶有侵略性。到了秋季，當資源被採集，以期來年的生長時，空氣中會夾雜著一股哀傷的氣息；這與人們心中的哀傷是相似的，那哀傷是如此自然和美好，讓經驗有了深度和意義。

　　每個人內在週期性的哀傷季節都不一樣。一個人在成長與發展過程中不斷會有新的斬獲，同時也必須揮別過去擁有的。哀傷就是隨著這些放手而來的感覺——哀傷是生來固有、不可避免的存在經驗。一如時節氛圍的變化，從秋天的寂靜轉變為春天的欣欣向榮，人的心緒也會轉變，它會再度充滿朝氣——進入行動、充滿意義的成長週期——除非一個人失去信心，變得神經緊張，想要留在原地。一旦人們失去信心，通常就會埋下憂鬱的種子。

　　中醫裡的這些意象說明放下的必要，西方心理學也有。對有些人來說，憂鬱可能是幼年經驗裡未能充分體驗和無法放下必然的失落所導致。

　　比方說，精神分析學家梅蘭妮・克萊恩（Melanie Klein）認為必要的放手是「兒童發展過程中的核心課題」，不放手會演變成「嬰兒期憂鬱心理位置」（infantile depressive position），這現象相當地普遍。她說，孩子必須「走過

並逐漸克服」對失去的愛戀對象（最早是母親）的「哀傷」（pining），才能完成統合的成長。[1] 悲傷是伴隨捨離經驗的自然感受，一個人若無法完成這個捨離的過程，很容易會陷入憂鬱。裘蒂絲・維奧斯特（Judith Viorst）寫了一本非常值得一讀的書《必要的喪失》（Necessary Losses），對這個主題有深入的探討和延伸。[2]

檢視一個人的童年，找出他成年憂鬱的根源，可以讓人得到重要的洞見。然而這麼做也有其風險，因為人們可能會將當下的困境歸咎於他們的童年、父母，或自己過去的挫敗。這麼做無異於是把自己當成過去經歷的受害者。雖然負責任地表達自己對過去的感受，可以幫助一個人迎向未來的人生，但若固著於責難很可能會讓情況雪上加霜。歸咎是一種以權力為本的人生態度，而我們鼓勵的是培養力量和自我負責的態度，去面對過去以及現在的經驗。誠如維奧斯特在書中闡明的，一個人終其身，不只是童年，都有練習放手的機會。

以教育的觀點看待憂鬱

我們在工作上發展出一種教育式、而非治療式的進路，來幫助人們面對生命的種種議題，包括憂鬱。在治療上，醫生謹慎開立的藥劑，也許可以發揮短期功效，但常會產生一些副作用，而且藥效終究會衰退。從教育的角度來看，人們其實可以學習去了解並主導自己的憂鬱模式，無論它的起源有多麼根深柢固。在我們的經驗裡，多數憂鬱者都能從接受憂鬱的內在生成過程中受益，可藉此了解自己和在生活態度上的選擇，並發現自己在憂鬱過程中所扮演的角色。有了這種自我負責的態度，人們就比較可能為自己選擇恰當的方法，去解決他們的生命議題。當他們將這個過程與朋友或所愛之人分享時，也就從此踏上療癒之路。壓抑會讓能量陷入憂鬱；情感、接觸、分享和表達的動能，全都有助於一個人保持旺盛、敏感的生命歷程。

我們在下面提出的訊息和想法就是為了推動這樣的教育過程，對憂鬱患者

和協助他們的從業人員應該會有幫助。

憂鬱的兩大類別

除了所謂的「反應性憂鬱」,即外在事件(如家人的死亡)可能引發的反應,還有一種憂鬱是根植於早期的心理發展。從多年來在工作上接觸到的各形各色的人身上,我們發現將源自童年因素的憂鬱分為兩大類,對我們的工作很有幫助。其中一類,顯然是童年的匱乏所造成的(倚賴型憂鬱);另一類則源於長期的自我憎恨。而根據我們的經驗,顯然最常見的是這些自我憎恨型憂鬱。確實,既然自我憎恨是每個人多少都有的經驗,很可能所有類型的憂鬱都含有自我憎恨的成分。雖然了解這兩類的區別可能很有幫助,但從業人員以及面對憂鬱者的人需要謹記在心的是,這兩類憂鬱並非涇渭分明;一個人經歷到的往往是這兩類的組合。

自我憎恨型憂鬱

這種憂鬱是一個人為了追求理想我、放棄真實本質,而產生的自我厭惡心理所導致的。那是一個不斷自動循環的過程,因為當他發現自己達不到那個完美的目標時,就會更加憎恨自己。從精神分析的角度來看,那是絕不寬貸的超我懲罰自我的方式,因為自我想要表達不被容許的衝動(包括拋棄自我);嚴重的話,患者會有厭惡自己的傾向,認為自己應該受到懲罰。有時候,仁慈地對待這種將厭惡和憤怒導向自己的人,只會讓情況更糟。在面對仁慈和理解時,這些人往往會更加憎恨自己,因為他們覺得任何對他們友善的人,都是被

---

1 J. Mitchell, The Selected Melanie Klein (Harmondsworth: Penguin Books Ltd., 1986), pp. 150 - 151.

2 Judith Viorst, Necessary Losses (New York: Simon and Schuster, 1986).

他們給愚弄了；他們相信只有值得尊敬的人才配得到仁慈的對待，所以他們內在的自卑感會認定自己應當受到進一步的懲罰。因此，仁慈和理解可能會加劇而非緩解憂鬱。

當人們想解除自我憎恨型憂鬱時，我們會鼓勵他們去關注自己未完成的經驗或「完形」（gestalts），並聚焦於他們過去沒有表達的（正向和負向）情感。對許多人來說，這些情感中最顯著的就是悲痛與憤怒，而它們又經常是緊密相連的。未完成的傷痛會促使一個人壓抑情感，包括憤怒，使得憤怒可能因此轉向自己。這種自我攻擊現象可能會成為憂鬱過程中的一個核心部分，在極端的情況下會逐漸發展為自殺。我們會在下文「當人們失去所愛」中，進一步討論自我憎恨循環這個面向。

人若能找到健康的方法去表達情感，不只限於悲痛和憤怒，他們就能開始釋放那經常會導致憂鬱的氣滯。懷著勇氣和好奇心，人們便可阻斷自我憎恨循環。呼吸，以及 5A 步驟——「覺察、承認、接納、行動、欣賞」可以在這個過程中發揮極大的功效。

當人們學會與他人分享，並負責地表達過去壓抑的情感時，憂鬱往往就能消除。因此，一如我們不厭其煩建議的，接觸與分享是保持能量活化、流動的關鍵元素。當生命能量流動，憂鬱就不會固著了。

匱乏的童年（倚賴型憂鬱症）

有些嬰兒和孩子沒有得到足夠的情感、身體刺激，也有一些孩子似乎無法接受照顧者給予他們的情感、身體刺激。就像植物缺乏陽光、雨水這些必要元素會枯萎一樣，這些孩子通常會收縮、退縮，躲藏在硬殼般的心牆後面以保護自己。幼年缺乏蓬勃成長的機會所造成的障礙，會伴隨人們進入他的成年。這種「無法茁壯」的孩子很可能會成為「無法茁壯」的大人，缺乏能量、開闊的

心胸、熱忱、自發性、韌性，以及強健的心理。

我們相信，本質上，人們始終是與彼此以及宇宙萬物相連的；然而，個人並不會時時都感覺到那種連結，還時常覺得自己與世隔絕、孑然一身。確實，存在主義者認為焦慮必然是與生命、成長如影隨形的。孩子就是滿懷著這樣的焦慮，面對他們人生中最早也是最重要的抉擇之一——連結還是退縮。如果照顧者提供給孩子恰如其分的刺激，孩子就會喜歡去建立那種連結感。我們並不認為孩子需要「愛」，而是需要他們個人所渴欲的刺激。這也許可以解釋為什麼有些「無法茁壯」的孩子顯然缺乏連結感，而其他孩子卻能與同一個照顧者健康地連結，儘管這個照顧者給這些孩子的是相同質量的關照和刺激。

這種無法茁壯型的憂鬱叫做「倚賴型」（anaclitic）憂鬱，含有情感依賴及缺乏滋養的意思。在當今醫學裡，它有時會被診斷為「反應性依附障礙」（Reactive Attachment Disorder，或簡稱 RAD）。這樣的人，雖然有些能夠成功擁有至少表面看來正常的關係和工作，但其孤寂荒涼的核心結構卻讓他們在實現自我的人生道路上舉步維艱。通常，他們感覺不到興奮及喜樂，時常用「空虛」、「淡漠」或「空洞」這些字眼來形容自己的感覺。有些人為了逃避這種空虛感而沉溺於濫用藥物，企圖體驗到一些生命的「高潮」，即便隨後他們必須承受繼之而來的對等「低潮」。這些高潮可提供他們一種生氣勃勃的錯覺。

對患者而言，倚賴型憂鬱症可能很難克服。因為兒時的匱乏對一個人的影響是如此全面、深遠，以致這些人常需要治療和諮商，才能開始面對自己的憂鬱問題。漸漸地，當他們學會信任專業的助人者時，也許就能開始打開心門，接受兒時所欠缺的；有時候，他們會需要一種再撫育（re-parenting）的過程。

在這個過程中，他們開始接收並體會到另一個人的情感刺激。僅是靠被照顧是不夠的，他們真正需要的是真實、個人、對話式的接觸。躲藏已久的自我，需要一個理由去攪擾它從自己的心牆後面走出來。

最終，這些人就能面對挑戰，走出他們對治療的依賴，為自己創造一種能夠孕育關懷、支持及刺激的生活方式。小時候匱乏的，他們可以學習在成年生活中覓得並享有。負責任地溝通，願意敞開心房，展現脆弱、坦誠地與人分享，他們就能創造並維持一種有利於學習和成長的氛圍。海文學院的課程幫助了許多人克服兒時匱乏所造成的影響。當人們學會建立互相扶持和關懷的關係時，就能逐漸走出憂鬱的陰影。

兩種憂鬱類型的區別

矛盾心理是區別這兩種憂鬱類型的一個核心議題。倚賴型憂鬱者相信對他人付出情感是不智的；過去與人接觸的經驗令他們感到不滿意，甚至可能具有危害性。因此，倚賴型憂鬱症患者是沒有什麼矛盾心理的，他們深信接觸是不智的。如果一個人的憂鬱是源自匱乏的心理和情感撫慰，那麼首要之務就是提供他們某種形式的再撫育，或其兒時所欠缺的情感糧食和刺激。唯有如此，這個人才可能展開他的旅程，較充分地體驗自己以及與他人的連結。

相對地，自我憎恨型的憂鬱者內心經常充滿矛盾。他們往往與他人糾結得很深，但過去好的、不好的天差地遠的體驗讓他們感到困惑。典型的例子就是孩子強烈地依附父親或母親，但後者卻是一個不穩定或情緒反覆無常的人，對孩子的態度也很矛盾。另一種可能，就是表面十分「慈祥」的父母，不允許自己或孩子表達負向情緒，因此當孩子內心體驗到負向情緒時卻無處宣洩，只能轉而傷害自己。一個比較健康的環境——也是一個人能在日後生活中創造的——就是容許自己慣常地表達和清除這些矛盾的情緒，藉此將自我憎恨型的憂鬱傾向降至最低。如果憂鬱的根源是無情的自我批判和自我憎恨，這個人就需要透過直接的鏡映和回饋以及負責任的溝通，來建立他與別人的接觸。

因此，這兩類憂鬱需要的回應是不同的。深陷於倚賴型憂鬱症的人所需的那種情感支持，對那些為自我憎恨型憂鬱症所苦的人而言通常是無效的，事實

上,根據我們的經驗,還可能使情況變本加厲。不幸的是,許多時候,憂鬱症的病程是這兩大類別的組合,所以治療者需要隨著時間改變態度與進路。不過,同理心和理解對大多數人而言都是有益的,可以提供人們一個較開闊的視角,以及逐漸增長的自我疼惜和接納。

當人們失去所愛

相對健康、自主的人,因為某種理由而與所愛之人別離,繼而失去他時(例如:離婚、死亡或孩子離家),很可能會因思念對方而感到悲傷。但通常,關係裡更多的是矛盾和未表達的情感(未完成的完形);當事人未能將對方視為不同、自主的個體。有時候,他們可能看起來令人欽羨——從不爭吵、總是通情達理,甚或看起來相親相愛。儘管如膠似漆,他們卻是很壓抑的。離別時,他們可能會因緬懷過去的正向情感而感到悲傷,但未表達的負向情感卻會導致嚴重的併發症。有時候這些情感會導向外界,演變為對世界的憤怒,或對他人的怨懟和排斥;更常見的是,人們將未表達的負向情感導向自己,進而引發憂鬱症狀。我們說過,憂鬱的普遍徵象就是低能量、缺乏動力、無法感受和表達情感,生命因此變得呆滯又乏味。

導向自己的敵意若被否認或忽視,憂鬱就會暗中滋長。它往往會透過一個身體化的過程,體現為各種身體症狀(包括頭痛、消化問題、無力及倦怠感)。這種情況可能會演變為某種可診斷的疾病,例如:關節炎、心血管疾病及癌症;其他常見的表現方向則有強迫和成癮行為(對工作、藥物、食物或人)、過敏和畏懼症、無法工作或無法維持關係、各種障礙(例如:學習、睡眠或飲食)、失去性慾,並對什麼事都意興闌珊。若不採取恰當的行動,這些現象就可能發展為臨床的重度憂鬱症。

之前提過,想要克服這種憂鬱症的人需要做的,就是去正視未完成的完形,即未竟之事和未表達的情感和想法。除了與他人保持連結和親密之外,海

文學院所提供的課程在這方面也很有幫助。

週期性憂鬱症

現今，有一類經常被診斷出的憂鬱症候群受到很大的關注，叫做「週期性」憂鬱症，其中最嚴重的就是躁鬱症（manic-depressive）或雙相情緒障礙症候群（bipolar syndrome）。目前醫界的看法是，這種週期性憂鬱症主要是基因和天生體質決定的；因此，醫界幾乎全都採用藥物治療。躁鬱症的躁期往往受到較多的注意，因為其症狀十分明顯和極端，可能會導致界線和自我管控能力的徹底瓦解；但鬱期是與躁期環環相扣的，也可能會讓一個人嚴重失能。

病程出現這種雙相情緒障礙特徵的人，要面對的挑戰就是觀照整個週期：在體驗到亢奮的高峰時，知道接下來很可能是憂鬱的低谷；在陷入低潮時，去找到能讓自己再度穩定下來的能量。藥物治療通常可以幫助一個人走在兩極的中間，讓生活保持在比較穩定的狀態；不過，一如我們所推薦的，教育式和與人連結式的進路也可產生很大的效益。有些人會在他們與其他人的關係中獲得一種活著的感覺，那也許能降低他們對躁期高能量的依附。

個人選擇以及憂鬱的神經化學機制

有關憂鬱症的成因，眾說紛紜。一如我們在上面對週期性憂鬱症的簡短討論所指出的，目前最盛行的假設是：憂鬱症基本上是天生的。醫界的認定是所有的心緒和情感都是神經機制和神經化學機制的產物。根據這樣的觀點，有些人透過基因遺傳，生來就有一種性格，注定他們會在生命的特定階段出現憂鬱症狀。這個十分籠統的觀點，顯得既宿命又機械化。接受這種立場的人可能會完全拋棄自我負責的態度，視自己的憂鬱為基因遺傳的必然結果。

不可否認，神經機制與神經化學機制是這個問題的重要面向；然而，我們不認為它們是主要因素，比它們重要的是一個人在生命中主動（雖然大多是不自覺地）做出的選擇。我們相信基因組件提供的是做出某種決定的傾向，但一般而言最終的路徑是自己（一個人的意志與感受）。因此，先天因素也許產生了一種憂鬱傾向，但決定這種傾向是否會體現出來的情境，卻是人締造的。以這個觀點來看，一個人的神經化學機制往往是可以順應個人的選擇與行為，而不必然是決定性的。

個人選擇和先天傾向永遠都在活絡地相互影響著。雖然這兩個因素是互動的，但器質性療法將自我視為次要因子，而我們則傾向將之視為較主要的因子。這不是二選一的問題；對我們來說，重要的問題是：在過程中的什麼時候以什麼方式介入最有效？現代醫學提供藥物來改變決定一個人心緒的神經化學機制平衡。我們建議人們去學習面對那些讓他們卡住的議題，或無益的人生選擇。許多憂鬱的人在選擇這條路後，享受到神經化學機制的自然轉變，這可從他們不再被憂鬱症束縛看得出來。為了幫助他們這麼做，當然需要對憂鬱症的精神動力機制有廣泛的了解。過程中，抗鬱劑是協助患者一個有效的輔助物；然而我們發現，對許多人來說，一旦他們對自己的憂鬱過程有更多的了解，願意並能夠積極地面對它，其實就不需要長期服用這些藥物。我們總是奉勸人們與他們的主治醫師討論藥物治療的問題，以便為自己特有的狀況找到最有利的進路。

能量觀與健康

新陳代謝的能量和宇宙能量

根據許多能量理論,能量有兩種:新陳代謝的能量和宇宙能量。新陳代謝的能量是食物消化和吸收的副產品,是一種有限、可耗竭的物質能量;相對地,宇宙能量是無限的,它無邊無際、生生不息。從綜觀的角度來看,它們是一樣的;新陳代謝的能量是宇宙能量在物質世界的示現。

大多數人多少都喪失了他們和宇宙能量的連結感。因為如此,他們必須依賴新陳代謝的能量來實現他們的抱負。這種依賴心態必然會讓我們對能量的本質持有某些信念,有時也可能對我們的情感、倫理及身體健康造成可怕的後果。在這一章,我們首先要檢視這些信念和後果,然後回到我們的重點:當一個人學會重新和宇宙能量連結時,他可以為自己開啟的可能性。

能量的轉移:普遍的錯誤觀念及其後果

人們普遍認為一個人可以實際感受到另一個人的感受。確實,有些人將之視為同理心的一個定義,就像理解為一個人知道另一個人的想法一樣。人們常說他們能感應到另一個人的「振動」,意味著某種形式的能量轉移;比方說,有人認為他們能從接收到另一個人的振動中,感受到他的憤怒或悲傷。也有很多人相信,一個人的能量振動可以影響其他人的生命;這種想法意味著一個人應為周遭他人的情緒起伏負責。另一個普遍的觀念是,有些人的能量是「有毒的」,最好避而遠之,而有些人的能量則是有助滋養的。有人認為「敏感」的人特別容易接收到這種能量,而吸收它、感受到他人的感受。這種能量觀很容易促使一個人發展出場域依賴,和以怨天尤人的受害者立場為基礎的生活態度。

彷彿我們是雷達接收器，在人們放射出的龐大能量振動中，脆弱地受其左右。

這對人們看待關係的方式造成了一些嚴重的後果。因為與宇宙能量失去連結，許多人幾乎完全仰賴自己新陳代謝的能量，試圖透過影響和控制身邊的人和環境去維持他們的關係。他們的生活因此被義務和角色、物化和防衛定了調。這是一種以權力為本、政治性操作的生活態度，而不是以力量為本、個人化的生活態度。這種以權力為基礎的進路固然可能會讓一個人的生命受到很大的限制，但對許多人來說，它是一個很具吸引力的選項，因為它能為一些人提供興奮感，也能為另一些人提供意義或安全感。

人們和宇宙能量失連時，通常會加入一個系統，去照顧別人並指望藉此換取別人的照顧。他們消耗能量關照著彼此的福祉和感受。事實上，以照顧他人為宗旨的社會機構已經將這樣的系統制式化了。這些機構顯然有其功能，但它們往往將某些人永久地界定為案主或患者，而將其他人界定為照顧者。說到底，這個模式是將人視為相互和環境的受害者，而非自身經驗的創造者。這樣的態度可能會嚴重限制一個人的成長和自主能力的發展，它反映在許多治療和療癒的基本概念裡，以致患者很容易會變得理當享權、不負責任，而從事醫療保健者也可能會「油盡燈滅」，因為他們試圖達成的是不可能的任務，也就是傳送能量去治癒受他們照護的人。

有一個不同的觀點，也是我們支持的觀點，就是一個人並不會失去、消耗或發射能量，而是在挹注能量。可悲的是，人們通常都將它挹注在防衛和保護上，結果在自己體內製造了鬱滯和阻塞。他們的能量並沒有耗竭，而是被限制或卡住了。只要學會疏通阻塞，人們就能重新調動他們儲備的能量，也就不需要依賴別人來幫助或治癒他們了。他們同時也能在這個過程中學習與潛在的宇宙能量再度連結，而不需要如此依賴新陳代謝的能量資源。這麼一來，一個人就能走出權力導向的生活態度，轉而在他與別人及環境的關係中體驗到自己的力量。

宇宙能量與共鳴

我們認為在有限的新陳代謝能量之外,有一種在萬物眾生之間運行的宇宙能量。在一個人的生命形成之際,那合一的能量即被特殊化為一個個體模式,並在他的整個生命跨度裡為其注入活力。身體的新陳代謝過程是每個人利用那能量的方式;那能量並不是被創造出來的,而是被加以組織了。基本上,那能量並不屬於身體,而是屬於宇宙的。我們全都泅泳在同一個能量池裡,因此,在較深的能量層次裡,人們始終是彼此相連的。一個人的獨特性是遺傳而來的能量模式架構特性,及其家庭和社會經驗導致的能量堵塞和阻抗(威廉‧賴克的「性格盔甲」〔Wilhelm Reich's "character armour"〕)共同決定的。[1]

根據這樣的觀點,能量是不斷在所有的物體和人之間流動的,只有在遭到個人或團體阻抗時才會堵塞。當人開始鬆開這些阻抗,就能體驗到我們所謂的共鳴。這時,當有人難過時,那些在較深層次始終與其相連的其他人,就會與這個受苦的人產生共鳴,從而感受到自己的傷痛。同樣地,當人們理解另一個人時,他們會在與他共鳴時體驗到對自己的理解。這就是「認同」(recognition)的意思(它源自拉丁文的 recognoscere:再次認識,意思是對方讓我們想起自己與他相連的某個部分)。認同會刺激一個人產生共鳴,讓阻滯的能量得以釋放、流動。一個人只要不在權力欲的驅使下去照顧別人,或要求別人改變,或逃避他人的影響,就不會失去能量;相反地,能量會以共鳴的方式在其體內運行,他會因此體驗到一種生氣勃勃、圓滿及流暢的感覺。產生共鳴的人非但不會「油盡燈滅」,反而會覺得更有活力、更了解自己。因為能量不是他們自己的,而是無限的宇宙能量的示現,所以它永遠都在。因此人永遠不會失去能量,它只會被阻滯或釋放。

所以,重新和宇宙能量連結,朝著以力量為本的生活態度前進,就是在各個層面上得到健康的祕訣。人們的身、心、靈會變得更健康——並擁有更健康的關係——當他們的能量流動得更順暢時。

值得深思的能量觀

能量在健康和療癒上的應用，種類繁多。日式按摩、羅夫療法（Rolfing）、針灸、體能極性療法（polarity therapy）、賴克肢體工作（Reichian body work）、指壓，以及各種形式的按摩，全都是利用釋放深層能量的概念。不管人們稱這能量為氣，或普拉納（prana），或生命力，或就只是能量，它們的假設是相通的。一個普遍存在的錯誤觀念是：能量是物質的東西，有著物質的屬性；這是將能量具象化的操作方式（直白地說，就是把能量變成「東西」）。我們認為下面幾個假設有助於人們超越這類機械化、物質化的能量概念。在你閱讀的過程中，也許會發現在某個層次，能量不過是一系列可用來說明各種不同現象的概念。我們是這麼認為，但它不止於此。它也是生命的奇蹟，出現在當一個人的靈魂向另一個人揭露時；它是兩個人在親密對話中交會、觸動時，所發生的奇妙、難以言喻的事件。

• **能量是一個生命歷程**，不是一樣東西。沒有所謂的能量；有的只是能量這個詞所描述的活性。所以，當我們談「生命能量」時，所描述的是活性，而不是一個可度量的物質實體。一個人並不擁有那被限制、需要釋放、名為能量的「東西」，而是積極地投入這個世界，去展現自己更多的潛能，才是生命能量的展現。

• **能量概念描述的是看不見的事件**。人置身在一個活性、充滿動力的過程中。中國人形容能量就像風一樣，看不見，但有著看得見的作用，例如池塘水面被微風吹起的漣漪。能量的概念只是用來形容那深藏在一個人性格底下的

1　W. Reich, *Selected Writings* (New York: Farrar, Straus and Giroux, 1973), p. 53 and our *The Illuminated Heart: Perspectives on East-West Psychology and Thought* (Gabriola Island: The Haven Institute Press, 2012), Chapter II.6.

模式。[2]

・**能量是運作良好的關係**。根據艾達・羅夫（Ida Rolf）的觀點，身體的能量存在於身體結構與其自身的關係之中。[3]如果結構相互箝制，能量就會固著；如果結構之間有著比較流暢的關係，能量就比較不易受到限制，也就比較能充分地發揮作用。人在不同的生命階段裡，可能會出現不同的能量狀態；古代中國的五行概念就是將無數的能量狀態歸納為不同的類別。從這個角度來看，能量沒有好壞之分，它們只是一個人的生命歷程進入的不同狀態。高能量或低能量無關乎好壞；「高能量」只代表一個人處於富有變通和回應能力的狀態，而「低能量」則是退縮、較僵固的狀態。當一個人活力四射時，表示他能暢通無阻地表現充沛的生命能量；相反地，當一個人陷入生病或憂鬱的狀態時，表示他的能量表現被阻斷了。活力四射，不代表一個人擁有豐沛的什麼東西；憂鬱，也不代表一個人缺少了什麼——那只代表他的能量被固著的模式束縛了。

・**能量是一個變動的過程**。生命能量是一個不斷變動的過程，在動與靜、開與闔、擴張與收縮、進化與退化之間交替著。唯一不變的就是變動本身；即便沒有變化，也只是變動過程裡的一個暫時狀態。[4]這就是道家思想裡「周行而不殆」的觀念。

・**能量是一種全觀的概念**。頭痛醫頭、腳痛醫腳是求診病患對制式療法常有的抱怨。將能量視為一個人各個層面之間的關係，我們便可打破這種將個體化約為一個症狀集合體的趨勢。馮・貝塔朗菲（Von Bertalanffy）是這麼說的：[5]

我們可以說，現代科學慣常地以可分離的單位在一種單向因果關係中運作，已經被證明是不夠充分的。這是為什麼在所有科學領域裡都出現了整體、全觀、有機體、完形這類的概念，而它們全都意味著，我們終需以系統及其組成部分之間的相互作用關係來思考問題。

健康與療癒

•**能量具有統一與統合作用**。能量可說是一個統合的過程，它將個體的所有層面——身、心、靈、情、境——結合為一個宇宙中的全人。「能量」是存在於各個層面之間的關係，能量的概念可用來說明一個層面與其他層面的對應關係。

•**能量基體也許並不存在**。根據中國正統的針灸理論，有一個能量體存在於生命其他層面的基底，放射著能量，並生成了它們。這個能量基體被視像化為一個叫做經絡的通道系統。長年來，許多科學研究都在鑽研這些經絡到底存不存在。雖然能量理論可以解釋人們所體驗到的一些作用，但研究並沒有發現任何結構上的通道，也沒有離析出任何能量物質。不過，能量是否存在、是否在經絡裡流動，其實並不重要：基本上它是一個信念系統，可用來組織我們的現實觀。它不是一個是非題，而只是一個概念系統。一個人不需要證明能量存在才能利用能量的這個概念，就像人們不需要相信舞台上的演員等同他所扮演的人物才能被其話語打動一樣。在利用任何新的信念系統時，人們需要願意暫時不去懷疑它——停止對它的抗拒，花足夠的時間去發現這樣的觀點會讓自己看到一個什麼樣的世界。

•**能量存在連結裡**。與一個案主或朋友互動時，一個人可體會到兩股能量交會時的對話現象。在這個交會的過程中，雙方都需要更臨在地傾聽自己和彼此，如此各自的潛能才得以展現與表達。這樣的對話會發生在所有層面——身體、情感、智能和靈性。統合性療法所構想的就是會合各個層面的能量，因此，當一個人碰觸另一個人的身體時，許多其他非身體性的互動也會出現。利用能量不受限的概念，我們的觀點就有可能超越身體層面，而能深刻體認到它在連

---

2 R. Wilhelm and C.F. Baynes, *The I Ching, or Book of Changes* (Princeton: Princeton University Press, 1967), p. 235.

3 R. Feitis, ed., *Ida Rolf Talks About Rolfing and Physical Reality* (New York: Harper and Row, 1978).

4 Wilhelm and Baynes, *The I Ching, or Book of Changes*, pp. 280 - 81.

5 L. Von Bertalanffy, *General Systems Theory* (New York: Macmillan, 1984), p. 45.

結中運作的動能。

對我們來說，許多這些概念在我們運用針灸的方法上，以及將正統中醫概念融入我們的助人工作上，發揮了很好的作用。如果你參加過海文學院的「潛力甦醒營」或其他課程，可能有過中醫執業師為你把脈，然後在你身體的特定穴位扎針或按壓的經驗，那就是連結式自我探索過程的一部分。數年前，我們在一篇題為〈重點不在針〉（The Needles are Not the Point）的文章中，[6] 談過我們對這個過程的理解，現在將它納入做為本章的結語。

重點不在針

針灸理論大都是機械論的，主張透過扎針和行針來釋放能量，然而，它的療效會因不同的受針者和施針者而異。這又是為什麼呢？目前沒有一個被廣泛接受的說法能解釋這些差異。通常，針灸師的訓練強調的就是更好的扎針穴位，抑或行針力度的大小。

我們的主張是，案主——非針灸師或針——才是療癒的關鍵。要得到療癒，案主需要開放、展現脆弱，在能量上回應自己和環境。當一個人開放時，導致病態的能量固著便得以釋放。

性格反映的是能量體模式的慣性構象。一個人的態度和習性可能會因為過度僵化，而演變為長期的肌肉和締結組織的緊張——導致能量的「堵塞」，然後以病症的形式體現出來。病症是能量凍結的表現，是能量體閉合或僵固產生的現象。要療癒，當事人就需要解凍。性格中容易造成堵塞的因素，就是場域依賴和角色及義務，那些促使一個人去滿足外在要求的因子。親密地與自己和他人對話，可以讓一個人打開鬱結。所以，我們面對的挑戰就是幫助案主與自己和他人建立親密關係。

我們可以透過多種不同的方法達到釋放能量、化解固著的目的。針灸和艾灸可解除堵塞，讓能量通暢。心理治療可讓案主心理上的鬱結隨著能量的表達釋放出來。賴克呼吸法可幫助人表達情感及釋放長期的壓力，從而解除能量的鬱滯。這些都有助於打開能量體、促進療癒。我們發現深呼吸是針灸治療達到最佳效果的一個非常重要的因子。

紓解緊張的身心就能得到療癒，因為它能減輕能量的固著。以能量的動力觀來看，真正有助於療癒的不是針的運用，而是案主的生活態度。案主與針灸師的關係是療癒過程裡至關重要的環節。施針的技術或電療的應用並非造成緩解的原因——真正的原因是置身於這個關係裡的案主本身。在穴位上進行的任何動作，只是案主可以回應的一個暗示。說不定唱歌給那些穴位聽，也有助於能量的釋放。呼吸、對醫病關係的信任，以及為自己和自己的生活態度負責，都是案主能為打通鬱滯的能量所提供的助因。

我們在工作上已經走向了教育模式，我們的作法是提供人們一個團體的環境，讓他們透過坦誠的溝通去學習發掘自己。我們在這個環境裡加入的針灸、呼吸和其他自然療法都是輔助性的，真正能帶來健康的是生活態度的改變。利用「心牆」和角色與人保持距離是能量堵塞的表現，極致的表現就是疾患。放棄自己、屈從別人，一如在順從、依附型關係（溶化）裡所見的，會造成內部的混亂，而許多人解決這個問題的方式就是啟動控制和防禦機制，導致能量更加凍結。界定自我界線是維繫完整和健康能量模式不可或缺的元素。我們的課程重點就是促進溝通，以及培養能力去透過開放、直接的表達來釋放自己。現在我們所有的課程都是以團體方式進行，這樣的環境對溝通的催化作用是最全面的。在團體進行的過程中，有時初期會有情緒宣洩的部分；對個人而言，比較重要的功課則是採取一種開放、坦誠溝通的生活態度。當一個人學會與自己

6　Bennet Wong and Jock McKeen, A Proposal for a Dialogical Understanding of Acupuncture Therapy, presented at the 6th International Congress of Chinese Medicine, San Francisco, April 28, 1997.

和彼此共鳴時,療癒自會尾隨而至。

　　人們可以學習透過呼吸和清晰的人際溝通來釋放阻滯的能量、治癒自己。與家人和朋友持續的對話,可以幫助人們確立一種開誠布公的相處模式,為自己的健康帶來莫大的助益。同時,他也會在與生命愈來愈密切連結的關係中,學會疼惜地對待自己和別人。

NOTES

NOTES

NOTES

NOTES

NOTES

國家圖書館出版品預行編目（CIP）資料

生與覊：新生命花園、新關係花園合訂版 / 麥基卓 (Jock McKeen), 黃煥祥 (Bennet Wong) 作；易之新, 傅馨芳譯. -- 初版. -- 新北市：張老師文化事業股份有限公司, 2025.07
　面；　公分. -- (心靈拓展系列；D227) 譯自：Being : a manual for life, the relationship garden.
ISBN 978-626-99237-5-5 (平裝)

1.CST: 自我實現 2.CST: 人際關係 3.CST: 成功法

177.2　　　　　　　　　　　　　　　　　　　　　　　　　　　114009722

心靈拓展系列 D227

生與覊：新生命花園、新關係花園合訂版

作　　　者／麥基卓（Jock McKeen）、黃煥祥（Bennet Wong）
譯　　　者／易之新、傅馨芳
總　編　輯／萬儀
責 任 編 輯／吳冠儒
封 面 設 計／拾夢設計工作室
行 銷 企 劃／呂昕慈

發　行　人／葛永光
總　經　理／涂喜敏
出　版　者／張老師文化事業股份有限公司 Living Psychology Publishers Co.
　　　　　　郵撥帳號：18395080
　　　　　　100 台北市中正區重慶南路一段 66-1 號 3 樓
　　　　　　電話：(02) 2369-7959　　傳真：(02) 2311-5368
　　　　　　讀者服務 Email：sales@lppc.com.tw
　　　　　　網址：https://www.lppc.com.tw/　　（張老師雲平台）

Ｉ Ｓ Ｂ Ｎ／978-626-99237-5-5
定　　　價／590 元
初 版 1 刷／2025 年 7 月

法 律 顧 問／林廷隆律師
排　　　版／拾夢設計工作室
印　　　製／大亞彩色印刷製版股份有限公司

※ 書中所提家庭、人物皆經改寫，如有雷同，實屬巧合

＊如有缺頁、破損、倒裝，請寄回更換　＊版權所有‧翻印必究　Printed in Taiwan